北京理工大学基层党建工作系列丛书

党建扎根

沃土培苗

苟曼莉 ◎ 主编

北京理工大学出版社
BEIJING INSTITUTE OF TECHNOLOGY PRESS

版权专有 侵权必究

图书在版编目（CIP）数据

沃土培苗 / 苟曼莉主编 . --北京：北京理工大学出版社，2021.6
ISBN 978-7-5682-9901-5

Ⅰ．①沃… Ⅱ．①苟… Ⅲ．①中国共产党—高等学校—党的建设—北京—文集 Ⅳ．①D267.6-53

中国版本图书馆 CIP 数据核字（2021）第 115899 号

出版发行 / 北京理工大学出版社有限责任公司
社　　址 / 北京市海淀区中关村南大街 5 号
邮　　编 / 100081
电　　话 /（010）68914775（总编室）
　　　　　（010）82562903（教材售后服务热线）
　　　　　（010）68944723（其他图书服务热线）
网　　址 / http：//www.bitpress.com.cn
经　　销 / 全国各地新华书店
印　　刷 / 北京地大彩印有限公司
开　　本 / 710 毫米×1000 毫米　1/16
印　　张 / 20　　　　　　　　　　　　　　　　责任编辑 / 申玉琴
字　　数 / 298 千字　　　　　　　　　　　　　 文案编辑 / 申玉琴
版　　次 / 2021 年 6 月第 1 版　2021 年 6 月第 1 次印刷　责任校对 / 周瑞红
定　　价 / 98.00 元　　　　　　　　　　　　　　责任印制 / 李志强

图书出现印装质量问题，请拨打售后服务热线，本社负责调换

北京理工大学基层党建工作系列丛书

丛书编委会

主　　编　项昌乐

副 主 编　李德煌　张舰月

编　　委　（按照姓氏笔画排列）

丁刚毅　王　征　王亚斌　王美玲　王泰鹏
王振华　龙　腾　冯慧华　朱光辉　刘　川
刘　渊　刘存福　李汉军　杨　晖　肖　雄
何骁威　邹　锐　张　笈　张　瑜　张振华
陈　珂　林　杰　金　军　金海波　周　波
周连景　赵文祥　胡晓珉　饶晓炜　姜　艳
娄秀红　徐承俊　高伟涛　崔　嵬　董兆波
蔡婷婷　蔺　伟　管帅华　颜志军　薛正辉

沃土培苗

编委会

主　　编　苟曼莉

副 主 编　董学敏　夏国萍　沈　毅

编　　委　(按照姓氏笔画排列)

于　满　王　硕　王　鹏　卞广为
代佳欢　孙秋红　李书华　杨　菲
陈　相　周嘉林　赵会如　郝佳馨
侯明佳　秦　月　秦奎伟　聂宁宁
贾秋阳　党　莹　徐枫翔　徐莹莹
高瑞欣　陶思远　梁　昊　韩　宇
韩　笑　颜　笑　潘　欣　戴晓亚

序言

高校是培养社会主义建设者和接班人的重要阵地。习近平总书记指出,"办好中国的世界一流大学,必须有中国特色","我们要认真吸收世界上先进的办学治学经验,更要遵循教育规律,扎根中国大地办大学"。习近平总书记的重要讲话、重要指示精神为我们指明了前进方向,提供了根本遵循。高校党建是党的建设新的伟大工程的重要组成部分,高校基层党组织是党在高校全部工作和战斗力的基础。坚持和加强党对高校的全面领导,必须夯实高校党建工作基础,强化院(系)党组织政治功能,全面增强高校基层党组织生机活力。

"求木之长者,必固其根本"。高校党建就像成长的大树,党支部建设是党建工作的基础和根本,是"党建"这棵大树的根系。只有"树根"深扎沃土,夯实生命之基,"党建"的大树才能根深叶茂、叠翠千丈。基层党组织建设工作一定要落地生根、抓稳抓实,坚持联系群众,全心服务群众,从群众中来到群众中去,把为人民服务理念贯彻到实际工作中去。北京理工大学党委把"延安根、军工魂"的红色基因赓续到基层党组织建设中,把党支部建设成为师生群众的"主心骨",增强基层党员群众对党支部的信任感、依赖感。

党的各级组织是党的一切力量的来源,只有让党的组织强壮有力、有序运转、步调一致,才能抵挡住风吹雨打。党员如大树上的万千树叶,只有悉心培养，及时修剪，党员队伍才能不断更好地发展壮大。

　　本丛书把高校基层党建工作用木林做比拟，形成了生动的高校基层党建"木林景象"：从种下"红色基因"的种子开始，培根铸魂，启智润心，锻造强大枝干，为国家培养红色栋梁之才。《沃土培苗》汇编了新时代大学生党员入党的初心挚语；《木林峥嵘》展现了"十三五"时期，学校各基层党组织的特色做法与经验总结；《繁叶华章》记录了教师党员在建党百年之际礼赞党的丰功伟绩，抒发胸襟的点滴文字；《春华秋实》梳理了近年来党员群体的课题研究成果；《赤心采撷》凝结了党校干部培训中学员们对于工作的思考与体会；《党建经纬》摘录了校、院两级的党建工作制度，用制度扎起规范党员行为、组织生活开展的"篱笆"。"一年树谷，十年树木，百年树人"，高校党建以立德树人为根本，扎根中国大地，为党育人，为国育才。

　　本丛书为高校基层党建工作做出了有益示范，可以作为党务工作者学习参考的范本。

丛书编委会

2021 年 6 月

前言

一百年栉风沐雨，一世纪砥砺前行。一辈辈共产党人赓续奋斗，一代代青年党员茁壮成长。

本书精选100篇学生的入党申请书、思想汇报、个人自传、心得感悟、散文诗歌等，作为新时代北理工学子的优秀入党材料汇编成册。每一篇字里行间都蕴藏着北京理工大学学生的真挚情感，镌刻着大学生成长的思想烙印，抒发着不负韶华的青春志向。广大学子深学笃用习近平总书记关于党的建设重要论述，汇聚青春正能量，谱写北京理工大学精彩华章。

岁月更迭，历久弥坚。从1921年中国共产党第一次全国代表大会确立党的名称为"中国共产党"以来，中国共产党经历了从无到有发展壮大的辉煌历程，引领着中华民族实现了站起来、富起来、强起来的巨大征程，孕育了红船精神、井冈山精神、长征精神、延安精神、抗战精神等中国共产党人的精神谱系。一百年来，中国共产党始终站在历史和时代发展的前列，牢牢把握时代命运，始终永葆党的先进性和纯洁性，开辟了中国特色社会主义道路，带领着新中国在国际竞争中行稳致远，展现了精神抖擞的世纪雄姿。

踔厉奋发，勇往直前。1940年诞生于延安的北京理工大学，是中国共产党创办的第一所理工大学、新中国第一所国防工业院校，一直传承着"延安根、军工魂"的红色基因。学校始终与党和国家同呼吸、共命运,以党的政治建设为统领,以坚定理想信念为根基,厚植爱国主义情怀,构筑北理工特色品牌的高水平学生党建工作体系。学校坚持用党的理论铸牢信仰之基,不断做好党员的"培根铸魂"工作,坚持校党委书记为新生上"第一堂思政课",落实校长为毕业生上"最后一堂思政课",构建全方位、全过程、全链路的党员理论培训和专业指导体系。

心有所信,方能行远。习近平总书记希望广大党员特别是青年党员认真学习马克思主义理论,结合学习党史、新中国史、改革开放史、社会主义发展史,在学思践悟中坚定理想信念,在奋发有为中践行初心使命,努力为实现"两个一百年"奋斗目标、实现中华民族伟大复兴的中国梦贡献智慧和力量。延安根脉、报国情怀是铭刻在每一位北理工学子身上的基因标识,也是北理工赋予他们的气质品格。北理工学子始终牢记报国使命,勇担复兴大任,将个人理想融入国家和民族事业中,立鸿鹄志、奋楫争先,以实际行动展现了新时代有为青年不畏艰险、军工报国的精神体魄。

青春不息,踵事增华。100年的实践证明,大学生是青年党员的中流砥柱,他们始终坚持崇高理想信念,用行动诠释着经久不衰的鲜活动力。一代代中国大学生以磅礴的力量迎接共产主义建设,坚定人生航向,铭记入党初心,矢志拼搏奋斗,将爱国主义融入人生观、世界观、价值观,不断勇攀高峰、锐意进取,为实现中华民族伟大复兴前赴后继。

《沃土培苗》编委会
2021年3月

目　录

第一篇　共忆峥嵘岁月　传承红色基因

赓续奋斗精神，汇聚磅礴力量	马克思主义学院	杨文倩	(003)
百年修得同"船"渡	人文与社会科学学院	韩金帝	(007)
一世纪正青春	明德书院	丁　宁	(012)
立足发展大局，坚定道路自信	自动化学院	高润泽	(014)
壮美年华，拥抱红色	明德书院	杨宇超	(018)
苔花如米小，也学牡丹开	管理与经济学院	张　珣	(020)
深学笃用抗美援朝精神	化学与化工学院	李宝琳	(022)
危难时刻方显英雄本色	计算机学院	尹一君	(025)
70年风雨，70年成就	明德书院	祖鸣远	(028)
青春的党在路上，青年的我们在路上	求是书院	张秋爽	(030)
肩负使命，奋勇向前	生命学院	童薪宇	(033)
在西部计划的岗位上理解中国共产党人的初心和使命	自动化学院	卢建睿	(035)
聆听母亲的心跳，向祖国报到	法学院	张晶晶	(038)
功成不必在我，功成必定有我	生命学院	唐　丹	(040)
参演校庆纪念晚会，感悟红色育人路	宇航学院	李文博	(042)
重温自然科学院历史，领悟延安办学精神	宇航学院	武宇飞	(044)
祝融	材料学院	于昊天	(046)

峥嵘岁月，今朝共览	管理与经济学院	冉　惠	（047）
回望峥嵘守初心	光电学院	李建军	（048）
一颗五角星	光电学院	李中石	（049）
我深爱的土地	国际教育学院	朱信宇	（052）
乐府新题·长路好放歌	机械与车辆学院	张梓超	（055）

第二篇　坚定理想信念　永葆入党初心

青年兴则国家兴，青年强则国家强	法学院	阳　至	（061）
少年的信仰	人文与社会科学学院	肖剑桥	（064）
不忘初心跟党走，做新时代有为青年	睿信书院	傅海韬	（066）
明确初心，矢志奋斗	徐特立学院	黄　腾	（069）
不忘初心勇担当	信息与电子学院	金　岩	（073）
道阻且长，勿忘初心	睿信书院	李文博	（077）
永远跟党走	自动化学院	肖名鸣	（080）
学习党的精神，感受党的魅力	自动化学院	杨佳琦	（083）
让红色基因代代相传	宇航学院	于哲源	（086）
祖国之崛起，青年之担当	宇航学院	李传旭	（089）
向党靠近，向榜样学习	机电学院	刘振扬	（092）
爱国情怀深驻我心	材料学院	洪涓吉	（095）
奋发图强，勇于担当	化学与化工学院	赵　晴	（097）
不负于责任，无悔于担当	徐特立学院	信树辰	（099）
坚定爱国信念，投身报国实践	求是书院	昃雨萌	（102）
传承红色基因，贡献个人力量	管理与经济学院	李景涛	（106）
让青春之花在党和人民最需要的地方绽放	管理与经济学院	徐睿双	（109）
青春心向党，筑梦新时代	物理学院	汤　正	（113）
讲真话，做好事	马克思主义学院	王雅靓	（116）

功崇惟志，业广惟勤	精工书院	唐婷婷	(118)
牢记初心，砥砺前行	精工书院	杨城磊	(120)
勇担使命，淬炼品格	数学与统计学院	胡钰雪	(123)
未来将至，路在脚下	机电学院	肖　翔	(126)
贡献青春力量，彰显青年担当	材料学院	汪远莘	(128)
学习红色历史，践行青春担当	求是书院	冯孟昌	(131)

第三篇　扛起责任担当　筑牢思想根基

用实际行动践行对组织的承诺	材料学院	周坤宇	(135)
雷锋精神与当代青年责任	外国语学院	迟昕凤	(139)
风雨兼程，盛世可见	材料学院	苗雅慧	(142)
立足新时代，感悟新要求	管理与经济学院	韩佳伦	(145)
传承家国情怀，弘扬抗美援朝精神	管理与经济学院	王　宇	(149)
永矢弗谖，祈愿和平	光电学院	梁海云	(152)
奋勇前行，吾道不孤	光电学院	尤天顺	(155)
传承红色基因，追寻井冈山精神	光电学院	廖晨汐	(158)
战"疫"中践行初心	化学与化工学院	王　莹	(160)
心中有信仰，脚下有力量	机电学院	黄鼎琨	(162)
撸起袖子加油干，向贫困开战	机电学院	孙　昕	(164)
关键时刻看担当	宇航学院	吴则良	(167)
拥护党的领导，紧跟党的步伐	计算机学院	曹　健	(169)
为人民谋幸福，为民族谋复兴	精工书院	韩　杰	(171)
理论武装头脑，实践检验真理	马克思主义学院	樊泳华	(174)
奋勇向前，接好历史接力棒	马克思主义学院	郝冬洁	(176)
矢志不渝为理想，初心使命永不忘	明德书院	齐静怡	(179)
参与游行方阵，献礼祖国母亲	明德书院	方　舟	(182)
我的信仰和人生理想	明德书院	肖添翼	(185)

青春心向党，建设新时代	求是书院	李世龙 (189)
肩负使命，矢志拼搏	求是书院	战东豪 (192)
树立远大理想，担负时代责任	人文与社会科学学院	黄威威 (194)
做有担当的时代青年	睿信书院	闫慧敏 (196)
众志成城，打赢疫情防控阻击战	睿信书院	张赫闻 (199)
党的光辉照耀我成长	设计与艺术学院	杜康安 (202)
坚定理想信念，矢志拼搏奋斗	生命学院	杨 鸰 (205)
众志成城，团结奋战	外国语学院	曾航远 (208)
好事多磨，多难兴邦	物理学院	邓成志 (212)
深学治国理政，领悟全会精神	先进结构技术研究院	韩松宇 (215)
齐心协力勇担当，众志成城抗疫情	信息与电子学院	孙全德 (217)
做忠诚的青年马克思主义者	信息与电子学院	姚宏璇 (220)
共克时艰展担当，爱国力行党旗红	徐特立学院	成苒博 (223)
致敬伟大抗疫精神	徐特立学院	田宝静 (226)
投身航天科研事业，回报祖国母亲辛勤培育	宇航学院	梁福文 (229)
万众一心，心手相牵	自动化学院	刘 亮 (231)
走在阳光路上	自动化学院	刘庭欣 (234)
异国求学，心系祖国	自动化学院	吴 楚 (238)
传承抗美援朝精神，发扬优良革命传统	自动化学院	王 丹 (241)
追忆革命先贤，坚定理想信念	法学院	孙晓璞 (244)
争做热血青年，为祖国建设助力	国际教育学院	蒋若彤 (246)
增强使命担当，投身脱贫攻坚	机械与车辆学院	首懿纹 (248)
以青春之我，献礼青春之党	求是书院	苏 涵 (251)
在疫情防控一线贡献青春力量	马克思主义学院	林怡爽 (255)

第四篇 心怀鸿鹄志向 筑梦个人成长

| 愿以吾辈之青春，成就盛世之中华 | 光电学院 | 郝 伟 (259) |

延续梦想，埋下希望的种子 ……………	材料学院	高铭达（263）
传承红色基因，争做合格接班人 …………	法学院	张萧予（268）
青春的我与党同向同行 ……………	管理与经济学院	郝宏毓（272）
锤炼思想品德，练就过硬本领 …………	化学与化工学院	苗　雨（275）
昂首阔步走路，抬头挺胸做人 …………	机械与车辆学院	杨梓弘（278）
立鸿鹄志，做奋斗者 ……………………	明德书院	杨宇雅（283）
在绿色军营成长，向红色梦想迈进 ………	徐特立学院	钱宇梁（289）
莫忘初心，有始有终 ……………………	睿信书院	毛著章（294）
坚定信心，务实笃行 ……………………	宇航学院	孙云辉（299）

第一篇　共忆峥嵘岁月
　　　　传承红色基因

　　百年峥嵘岁月，恰是风华正茂。中国共产党带领亿万人民在社会主义道路上书写了一部砥砺奋进的壮丽史诗，绘就了一幅致臻赋活的历史画卷，谱写了一曲铿锵有力的奋斗赞歌。北理工学子怀揣着对伟大的党和祖国母亲诚挚的感恩之心，弘扬"德以明理、学以精工"的校训精神，通过心得感悟、散文诗歌重温艰苦奋斗的非凡历程，抒发矢志不渝的报国情怀。

赓续奋斗精神,汇聚磅礴力量

马克思主义学院　杨文倩

习近平总书记提出一系列关于"奋斗""幸福"的重要论断,形成了立意高远、内涵丰富的"奋斗幸福观"。

历经艰难坎坷"站起来"

在水深火热后,中国人民逐步迈入小康社会;在内忧外患后,中华民族重新屹立于世界民族之林;在满目疮痍后,中国日益走近世界舞台中央:中国实现了伟大的飞跃。

鸦片战争以后,中国逐步沦为半殖民地半封建社会,为了救亡图存、恢复独立自主,无数仁人志士,上下求索。

1921—1949年,28年艰苦卓绝的革命战争时期,中国共产党带领中国人民走上了一条符合中国国情的新民主主义革命道路。在国民革命时期,中国共产党领导农民革命运动,号召全国民众推翻国内军阀和打倒帝国主义;土地革命时期,中国共产党领导各地人民群众进行武装斗争,废除封建土地制度建立工农民主政权;抗日战争时期,中国共产党为抵抗侵略浴血奋战,取得近代以来中华民族第一次完全的反侵略战争的胜利;解放战争时期,中国共产党为解放全中国将革命进行到底。其间,中国共产党人用鲜血和生命铸就了井冈山精神、长征精神、延安精神、西柏坡精神等以不懈奋斗为重要品格的革命精神,成功带领中国人民完成新民主主义革命的任务,推翻帝国主义、封建主义、官僚资本主义这三座大山,建立中华人民共和国,实现了"站起来"的伟大飞跃。

1949—1978年,30年艰难探索的社会主义革命和建设时期,中国共产党带领中国人民捍卫了独立自主。中华人民共和国成立以后,面对帝国主义封锁的严峻考验,中国共产党进行了抗美援朝等斗争。在冷战世界格局下,中国为了捍卫独立自主而进行了坚决斗争；面对建立社会主义制度的历史任务，中国共产党进行土地改革恢复国民经济，为实现人民幸福奠定了基础；面对建设社会主义的实践探索，中国共产党计划用三个五年计划基本实现国家的工业化，虽然在探索社会主义建设的道路上经历曲折，但是中国共产党人勇于自我革命，在奋斗路上积累了经验和教训。其间，中国共产党人把以不懈奋斗为重要品格的革命精神转化为两弹一星精神、铁人王进喜精神、焦裕禄精神、大庆精神等为社会主义建设劳动奋斗的民族精神，成功带领中国人民走向社会主义道路，建立起了独立、完整的工业体系和国民经济体系，让中国"站"得更稳定。

为中国人民谋求从屈辱压迫到"站起来""站得稳"的幸福是奋斗追求的过程。

开创伟大变革"富起来"

中国共产党顺应历史潮流，尊重人民意愿，作出了把党和国家工作中心转移到经济建设上来、实行改革开放的历史性决策，成功开创了中国特色社会主义。在这场伟大的变革中，中国人民用脚踏实地的奋斗实现了"富起来"，成为中华民族伟大复兴历程中新的里程碑。

以邓小平同志为主要代表的中国共产党人，在不懈奋斗中开启了改革开放的宏伟序幕。1978年5月，《实践是检验真理的唯一标准》提出了实践的观点；12月，党的十一届三中全会作出了把全党工作重心转到经济建设上来的重要决定。"大包干"是中国人民在敢于奋斗的实践勇气中迈出的改革第一步，随后家庭联产承包责任制在全国推广，极大激发了农民的劳动热情；国有企业改革也进入起步探索时期，生产责任制同经济效益相结合的经济责任制逐渐形成，更多的自主权激发了企业奋斗活力，实现了财政收入的强势增长；全面对外开放的重要决策在改革成果初显时被正式提出，试点的沿海城市作为对外窗口面向世界，新的奋斗历程随之开始。在中国共产党的正确领导下、在全体人民共同奋斗下，改革的重点从农村转移到城市，从经济领域扩展到政治领域、科技教育及其他社会生活领域。对内改革和对外开放不断纵深发展，极大激发了全国人民投身社会主义现代化建设的奋斗热情，促进了中国现代化各项事业的发展。

以江泽民同志为主要代表的中国共产党人，在东欧剧变、苏联解体使社会主义建设遭受巨大打击的国际历史背景下，为实现国家和人民的根本利益而不懈奋斗，在坚持执政为民、奋斗为民的思想指导下积极实践探索，确立了社会主义市场经济体制，开创了全面改革开放的新局面，成功把中国特色社会主义推向21世纪。

以胡锦涛同志为主要代表的中国共产党人，坚持以邓小平理论和"三个代表"重要思想为指导，根据新的发展要求，深刻认识和回答了新形势下实现什么样的发展、怎么发展等重大问题，形成了以人为本、全面协调可持续发展的科学发展观。面对罕见的自然灾害和重大疫情，中国人民无所畏惧、携手同心战胜一个个磨难。中国共产党勇于变革、不畏风险，激励中国人民奋斗、奋斗，再奋斗，在脚踏实地的奋斗中切实提高了人民的幸福感，推进实现社会的全面进步。

在改革开放精神的激励下，中国共产党人勇于自我革命，直面历史形势，带领全国人民不懈奋斗、勠力前行，破解了改革开放道路上的矛盾与问题，成功地开辟并持续推进中国特色社会主义，用几十年的奋斗拼搏走完了发达国家几百年走过的工业化进程。

担负历史使命"强起来"

党的十九大向全国、向世界庄严宣告"经过长期努力，中国特色社会主义进入了新时代"。这是我国发展新的历史方位。

以习近平同志为核心的党中央，统筹推进"五位一体"总体布局，协调推进"四个全面"战略布局，推动各项事业取得历史性成就、发生历史性变革。坚定不移贯彻创新、协调、绿色、开放、共享的新发展理念，健全开放型经济新体制，发展质量和效益不断提升；蹄疾步稳地进行全面深化改革，各项改革举措压茬纵深推进，国家治理体系和治理能力现代化水平显著提高；积极发展社会主义民主政治，推进全面依法治国，民主法治建设迈出重大步伐；加强党对意识形态的领导，培育践行社会主义核心价值观，发展文化事业和文化产业，思想文化建设取得新进展；贯彻以人民为中心的发展思想，推进脱贫攻坚，发展教育事业，改善就业状况，加强社会保障，人民的幸福观和获得感不断增强；大力推进生态文明建设，制度体系不断完善，生态环境治理明显改善，生态观点深入人心；国防和军队改革取得历史性突破，着眼实现中国梦、强军梦，开创中国特色强军之路新局面；全面准确贯彻"一国两制"方针，加强两岸交流合作，推进港澳台和平稳定发展；倡导构建人类命运共同体，推动中国特色大国外交深入开展，积极主动参与各个领域的多边外交活动；全面加强党的建设，加强政治建设和纪律建设，全面从严治党成效显著等。这些历史性成就和变革，都是中国"强起来"的证明。

　　在这个崭新的时代，每个人都是见证者、开创者、建设者。在中国共产党的领导下，将每个人的奋斗力量汇聚起来就是国家向前迈进的巨大动力。目前，我国正处于新时代的发展关键期、改革攻坚期、矛盾凸显期，全党全国各族人民要更加紧密地团结在以习近平同志为核心的党中央周围，坚定信心、保持定力、锐意进取、开拓创新，为坚持和完善中国特色社会主义制度、推进国家治理体系和治理能力现代化，实现"两个一百年"奋斗目标、实现中华民族伟大复兴的中国梦而努力奋斗！

百年修得同"船"渡

人文与社会科学学院　韩金帝

习近平总书记在 2005 年 6 月 21 日发表的《弘扬"红船精神",走在时代前列》上首次科学地提出并阐释了"红船精神"。红船精神已成为新时代坚持和发展中国特色社会主义的坚强精神支撑。在建党百年之际,面对新时代的新形势、新挑战,弘扬红船精神,传承红色基因,不仅有助于发掘红船精神的时代价值,更有利于我们青年党员提升党性修养,坚定理想信念,勇担复兴大任,特立时代潮头。

红船精神的内涵

红船精神指的是开天辟地、敢为人先的首创精神,坚定理想、百折不挠的奋斗精神,立党为公、忠诚为民的奉献精神。三者是相互联系的统一体。

第一,开天辟地、敢为人先的首创精神。

中国共产党的诞生是开天辟地的大事件。在中国共产党成立之前,无数仁人志士苦苦求索,试图探求民族出路,但受限于其阶级性质和指导思想,均以失败告终。只有中国共产党人首创性地意识到必须坚持马列主义指导并同中国实际结合,必须动员工农大众,必须武装斗争,必须农村包围城市,正确地把握并回答了过去所有政党和团体都未能认清的时代命题,完成了过去所有政党和团体都未能完成的历史任务,用崭新、先进、科学的思想和工作方法带领人民站起来、富起来并走向强起来。从中共二大提出的反帝反封建的民主革命纲领,到探索我国社会主义建设道路并建成较完整的工业体系和国民经济体系,到作出改革开放伟大决策,极大地提高生产力发展水平,再到建设中国特色社会主义,团结带领人民进行伟大斗争,推进伟大事业,实现伟大理想,作出为实现中华民族伟大复兴不懈奋斗的伟大决策,其中都体现着开天辟地、敢为人先的首创精神。这背后,是中国共产党始终站在时代潮头,对时代脉搏的正确把握,对时代命题的正确回答,对历史使命的正确认知,是科学理论指导下的正确实践,也是坚定理想信念支撑下的不懈奋斗。

第二,坚定理想、百折不挠的奋斗精神。

中共一大明确将马克思主义作为全党的指导思想,把实现社会主义、共产主义作为奋斗目标。这是共产党人的理想信念,是共产党人的精神之钙。正是因为有这样科学的、正确的理想信念,才决定了能担负起民族复兴大任的只有中国共产党。正是因为有这样坚定理想、百折不挠的奋斗精神,才使得共产党人在面对复杂多样的挑战时能保持初心、砥砺前行。党的历史是一部坎坷的奋斗史。从慷慨赴义的李大钊、刘胡兰、陈然等革命烈士,到改革开放用几十年追上资本主义国家几百年的发展成果,到疫情防控期间冲锋在前的党员同志,共产党人从未动摇共产主义信仰和马克思主义信仰。不忘初心,不停奋斗,正是共产党人百折不挠的奋斗精神和坚定的理想信念,支撑着中华民族创造一个又一个奇迹,实现民族独立、人民解放、国家富强和人民幸福。这是坚定理想、百折不挠的奋斗精神,也是忠诚为民的奉献精神。

第三,立党为公、忠诚为民的奉献精神。

中国共产党是唯一一个没有特殊利益的政党。党的一切为了人民。党团结带领人民进行革命、建设、改革,根本目的就是让人民过上好日子,无论面临多大挑战和压力,无论付出多大牺牲和代价,这一点都始终不渝、毫不动摇。这源于党的性质和理想信念——除了工人阶级和最广大人民群众的利益,没有自己特殊的利益,我们党谋的就是绝大多数人的利益,不谋私利,才能谋大利;源于党的初心和使命——为人民谋幸福、为民族谋复兴;源于党对历史和时代的正确把握——站在最广大人民这一边,就是站在历史正确的一边;源于坚持正确思想理论的指导和坚定理想信念,落地于百折不挠的奋斗。奋斗精神给了共产党首创的勇气,给了共产党奋斗的目的和动力。百年来,从"人民有所呼、改革有所应"的全面深化改革、"不让一个人掉队"的精准脱贫到抗疫期间"把人民群众生命安全和身体健康放到第一位"举国之力保障人民生命安全,中国共产党做到了立党为公、忠诚为民,党员做到了危急时刻党员先上。正是奉献精神让全国人民紧密团结党中央,正是奉献精神团结了千百万真心实意地拥护革命的群众。我们党的初心使命就是为中国人民谋幸福、为中华民族谋复兴。这立党为公、忠诚为民的奉献精神正是红船精神的实质，也是我们党带领人民实现"两个一百年"奋斗目标、实现中华民族伟大复兴的底气。

青年怎样弘扬红船精神

青年是国家的未来，是中国特色社会主义事业建设力量的后备军。面对新时代的新形势、新挑战，青年更需要传承和弘扬红船精神，在时代的风雨中站稳脚跟。

第一，高举创新旗帜。

创新是一个民族进步的灵魂，是一个国家兴旺发达的不竭动力，是推动国家现代化的战略支撑。唯改革者进，唯创新者强，唯改革创新者胜。我们青年要高举创新旗帜，大力弘扬开天辟地、敢为人先的首创精神。当今世界发展越来越依赖创新，谁创新能力更强、谁就拥有主动权。我国科技对经济增长的贡献率有待提高，如何实现"中国制造"向"中国创造"的跨越依旧是巨大挑战。开启新时代、新征程、新事业，更需要我们青年担当时代责任，以开天辟地、敢为人先的胸怀和胆量高举创新旗帜，做改革创新的先行者。只有高举创新旗帜，与时俱进、脚踏实地，才能让党始终走在时代前列、永葆青春活力，才能让中华民族走在世界前列，带领全人类实现自由全面发展。青年是社会上最富活力、最具创造性的群体，理应走在创新创造的前列。青年党员作为先锋模范，更要有敢于创新的智慧和勇气，对于各种新机遇新挑战新形势，要有更加敏锐的洞察力和创造力。这要求我们青年坚持正确理论的方向指引，积极学习习近平新时代中国特色社会主义思想，推进创新驱动发展战略落实，扎实学习科学文化知识，练就过硬本领，开阔视野，提高境界，不断推进理论、实践、制度、文化等方面的创新，将创新精神贯彻生活方方面面，推动全社会形成良好创新氛围。

第二，脚踏实地，努力奋斗。

无奋斗，不青春。青年只有脚踏实地，充分发扬百折不挠的奋斗精神，积极发挥先锋模范带头作用，投身于社会主义现代化事业，投身于实现中国梦，才能真正撑起创新大旗，实现自我价值。创新不是一蹴而就的，创新扎根于脚踏实地的努力奋斗。奋斗是青春的底色，要用青春书写信仰。青年党员站在"两个一百年"奋斗目标的历史交汇点，要想在新时代书写新征程，就必须担当时代责任，勇于砥砺奋斗，不畏艰苦、攻坚克难，突破重重阻碍，让党员的光芒照耀青春，在党和国家、人民需要的地方绽放青春。我们拥有先辈提供的富裕的物质基础，拥有宽广的信息渠道，这更要求我们珍惜现有资源，刻苦学习知识，练就过硬本领，提升科学文化素养，加强实践应用能力。奋斗不是空口号，而是用无数血汗铸就的，这要求我们克服安于现状、不思进取的惰性思想观念，更需要我们青年提升思想觉悟，加强自身建设，坚定理想信念。

第三，加强自身建设，坚定理想信念。

我们在学习、传承、弘扬红船精神时，要保持人民根本立场，要求青年党员坚定理想信念，树立远大理想，热爱伟大祖国，时刻以人民为中心，加强自身建设，提升科学文化水平，锻炼品德修为，牢记初心，砥砺前行。我们青年党员应该将党性和人民性结合起来，时刻保持同人民群众的血肉联系，要能够牺牲私利为人民谋福利。我们要想战胜各类考验和诱惑，就必须加强自身建设，提升党性觉悟，自觉、坚定地做共产主义理想信念的坚守者、实践者、传播者，让马克思主义永远闪耀真理之光，用坚定的理想信念指引前进方向。

第四，发扬奉献精神。

社会主义现代化建设进入新时期，我国主要矛盾也发生变化。只有不断发扬奉献精神，坚持立党为公、执政为民，才能实现好、维护好和发展好最广大人民群众的根本利益，才能实现人民对美好生活的向往，才能不断厚植党的执政基础"两个维护"。青年党员拥有较高的文化水平和思想觉悟，要想让中华民族繁荣富强，就要求青年党员在关键时刻不计个人得失，为民族复兴挥洒热血，要胸怀大志，抛弃小我，迎难而上，挺身而出，投身于党、国家、人民最需要的地方，用行动书写共产党人的初心、使命和担当，肩负时代大任，不负党、国家和人民。这要求青年党员加强自身建设，坚定理想信念，尤其加强思想道德建设，积极自我革命，保持思想上、行动上的先进性，要求青年党员紧密保持同党、人民的联系，坚持党的领导，提升党性修养。

第五，坚持党的领导，提升党性修养。

中国共产党是中国特色社会主义事业的领导核心。党始终保持同人民群众的血肉联系，始终坚定理想信念，始终弘扬首创精神，始终努力奋斗，始终奉献群众，始终关注自身建设，不断提高自身水平，这是党保持先进性的根本所在。党的建设状况直接与国家、民族的未来发展挂钩。在党的正确领导下，我们才取得了如今的历史性成就，实现了巨大的历史性变革。因此，我们要把忠诚核心、维护核心、看齐核心作为最大的政治任务，始终在政治立场、政治方向、政治原则、政治道路上同以习近平同志为核心的党中央保持高度一致，始终坚定不移地维护以习近平同志为核心的党中央权威和集中统一领导。我们要加强自身建设，保持初心、保持清正廉洁。新时代传承弘扬红船精神，更需要高举习近平新时代中国特色社会主义伟大旗帜，紧密团结党中央，坚持党的领导，积极学习党的先进思想并贯彻实践，这是保持青年党员自身先进性的要求，也是为青年党员发展指明的正确道路。

一世纪正青春

明德书院 丁 宁

近百年犹未老，一世纪正青春。

1921年，在那风雨如磐的中国诞生了伟大坚毅的中国共产党：像一道永不熄灭的光芒，冲破了漫漫长夜的黑暗；像一轮冉冉升起的朝阳，给沉睡的大地带来希望的曙光。那一刻起，马列主义的星星之火逐渐在中华大地燎原蔓延。烈火中永生！在它的感召下，中华民族有了更加挺拔的脊梁，这个光荣的集体有了更加坚定的理想信仰，在黑色的灰烬中涅槃出一个崭新的中国。

青春的我，百年的党。我看到了金菊含笑，听到了枫叶流丹，闻到了硕果飘香，触到了山河无恙，感到了盛世情怀，两弹一星、北京奥运、神七飞天、蛟龙探海、复兴高铁、射电望天、嫦娥揽月、奋斗潜渊、抗疫先锋、脱贫攻坚、墨子升空、北斗天眼……

岁月不居，时节如流。十一届三中全会上，以邓小平同志为主要代表的中国共产党人，总结新中国建设以来正反两方面的经验，解放思想、实事求是，提出了改革开放这个具有跨时代意义的重大决策，开辟了社会主义事业发展的新时期。回首往日，再看当下。中国共产党团结全国各族人民，把贫穷落后的旧中国变成了一个日益繁荣富强的新中国，使中华民族的伟大复兴事业展现出美好前景，中国人民在党的引领下大力发展中国特色社会主义，向着"两个一百年"奋斗目标，向着全面建成小康社会，乘风破浪，扬帆起航。

风雨不息，奋斗不止。从嘉兴南湖的红船，到掌舵中国发展之舰的领航者，中国共产党以实际行动昭示：中国共产党永远代表着最广大人民的根本利益；坚持中国共产党的领导，是历史的选择，得到全体中国人民的拥护。

伟大的中国共产党历经战争的洗礼、革命的探索、抗日的硝烟、解放的炮火、社会主义的改造和建设、改革开放的历史抉择，迈上锐意进取的新征程；中国共产党同全国各族人民始终牢牢团结在一起，同呼吸、共命运、风雨共担，荣辱与共。

迈入新征程，迎接新时代。我们正站在实现"两个一百年"奋斗目标的历史交汇点上，全面建成小康社会胜利在望，全面建设社会主义现代化国家前景光明。

推进伟大事业，必须坚持中国共产党领导，自觉增强政治意识、大局意识、核心意识、看齐意识，坚决维护以习近平同志为核心的党中央权威和集中统一领导。青年一代有理想、有本领、有担当，国家就有前途，民族就有希望。初入大学的我们，正是重塑"三观"的关键时刻。通过丰富多彩的党课，我们一同回顾中国共产党的伟大历程，展望国家发展的美好未来。在不断的学习中，我懂得了一代人有一代人的使命、一代人有一代人的担当，坚定了理想信念，为实现中华民族伟大复兴的中国梦不懈奋斗。

不积跬步无以至千里。观一隅而知全局，从细节看执行的决心。从现在做起，从自己做起，勤学、修德、明辨、笃实，使社会主义核心价值观成为自己的基本遵循，并身体力行将其推广到全社会去，努力在实现中国梦的伟大实践中创造点缀自己的无悔青春。

工欲善其事，必先利其器。在我看来，找到自己的定位，将个人理想融入时代大潮，是个人价值在历史洪流中得以体现的最好方式。唯有用马克思列宁主义、毛泽东思想、邓小平理论、"三个代表"重要思想、科学发展观、习近平新时代中国特色社会主义思想来充实自己，增强"四个意识"，坚定"四个自信"，做到"两个维护"，才能在复杂的社会现象中锤炼理想信念，在专业领域中超前识变、积极应变、主动求变，直面挑战，奋起直追。

言出必行。在应该奋斗的年纪，就不应该选择安逸。因此，我将加强学习，做好吃苦耐劳的准备，在学业上脚踏实地，关心时事，矢志艰苦奋斗，用汗水和智慧凝聚蓬勃力量，用勇敢和无畏走出象牙塔，不断锤炼自我、升华自我。无奋斗不青春，我将以青春之我、奋斗之我，为祖国建设添砖加瓦，让青春在党和人民最需要的地方绽放绚丽之花。

立足发展大局，坚定道路自信

自动化学院　高润泽

"以铜为镜，可以正衣冠。以史为镜，可以知兴替。以人为镜，可以明得失。"唐贞观年间，直言敢谏的魏征去世，唐太宗感慨地说了这段话。历史是鲜活的教科书，读历史故事可以知兴替，回味历史人物可以辨得失。

自1840年鸦片战争以来，近代中国深受列强的侵略和凌辱。千年灿烂的中国文明处在毁灭的边缘，割地、赔款……山河破碎，民不聊生，中国逐步沦为半殖民地半封建社会，中华民族遭受了前所未有的苦难。面对这种困境，中国人民没有放弃斗争和探索，但是由于没有先进政党的领导，缺乏科学理论的指导，缺少群众的大力支持，这些努力都失败了。

十月革命一声炮响，为我们送来了马克思主义。1921年，伟大的中国共产党诞生了，拯救中华民族的历史重任交给了中国共产党，中国革命的面貌从此焕然一新。但党一路走来并不是一帆风顺的，也经历过几多波折，一些迷茫。历史是最好的教科书，党依靠自身鲜活的生命力，最终克服了困难，夺取了全国的解放，翻开了中国历史新的篇章。以下，我将结合自己的感悟与历史背景，总结党在革命斗争中的历史经验和对个人成长的启示。

顺应历史潮流，眼中有大局观

彼时，站在决定命运的十字路口上，万马齐喑，是亡国论还是速胜论？人们是迷茫的。在这样一种普遍的社会心态和舆论环境中，毛泽东《论持久战》以问题的提出为开题，针对两种错误观点提出了：战争的过程究竟会要怎么样？能胜利还是不能胜利？能速胜还是不能速胜？为什么是持久战？怎样进行持久战？为什么会有最后胜利？怎样争取最后胜利？对抗战形势的分析判断。论述围绕这些问题渐次展开。

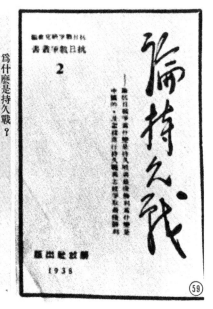

问题是事物的矛盾，但处在矛盾之中往往意味着不能一窥全局。人们只看到事物的这个或那个方面，不能将问题统一、辩证地看待，更不能看到矛盾之中敌我力量的变化和历史的走向，即大局观，因此很难坚定踏实斗争的决心。而以毛泽东为代表的中国共产党人则审时度势、实事求是，指出在三个条件下中国能够战胜并消灭日本帝国主义，即中国人民抗日统一战线的完成，国际抗日统一战线的完成，日本国内人民和日本殖民地人民革命运动的兴起。且就三个条件来说，中国人民的大联合是主要的。

后来果然如毛泽东所料。需要说的是，这是基于长期实地的调查和思考，是中国共产党人将呼吸、命运与人民群众融到一处，探测到的国家兴亡的脉搏。这是历史大势，是在积蓄着力量的、不能被阻挡的汹涌潮流。

时空移位到现代，中华民族经历改革开放40年的发展又到了一个十字路口，如国内经济发展模式亟待转型，如国际形势发生复杂深刻的变化等。这些都是和以前不一样的问题，需要谨慎地处理。但也应认识到，中国已经积蓄了足够的力量，在工业、科技、教育等方面都不可同日而语，我们具有对抗风雨的实力，并且这种实力还在增强。这是当前的历史潮流、大势。

现在，党和国家审时度势，充分研判，开展了包括云计算与大数据、网络协同制造和智能工厂、新能源汽车、智能机器人等30余个重点研发计划学科群,以及其他各级、各类科研项目的研究。中国制造业的特点是规模巨大,涉及门类十分广泛,是一个非常庞大并且有发展空间的市场,但目前缺乏的是先进技术的指导和落地。随着这些项目的深入开展,以及与起决定作用的市场主体充分合作,我国制造业将会有质的提升。同时也要认清,这是一场不会一帆风顺的持久战,必然有内部的、外部的困难,但这并不可怕。坚持党的领导,紧跟国家发展大势,实实在在攻坚克难、解决问题,这就是我们在校学生、科研人员的历史使命、努力方向。

重视组织建设,团结就是力量

1927年,秋收起义部队到达江西三湾村,进行了重要的三湾改编,其中最关键的是"支部建在连上"。三湾改编确认了党对军队的绝对领导,更有利于在军队中发挥党员的模范带头作用,将中央的指示贯彻到连队。这样,便形成了稳固的战斗力。

组织得当使原本的个体迸发出强劲的力量,对党、对人民忠诚,效率高,战斗力强,如臂指使。但是组织建设不是凭空而来的,必有纲领。这纲领还需要让人民信任,愿意追随。

现在依旧要重视组织的建设,团结起同志们,紧密围绕在党中央的周围。作为青年学生,我深刻地认识到,无论是科研还是工作中,唯有团结同志、汇聚力量,彼此无间合作,才能克服困难,响应中央的号召,真正干事创业。

做好自己的事情,走出道路自信

咬定青山不放松,任尔东西南北风。中国人民在长期的实践中走了很多路,有君主立宪,有军阀统治,也有资产阶级共和国的尝试,但这些都失败了,最终跟随中国共产党走向了共产主义道路。党在艰苦的斗争中积累了许多经验,一开始我们是新生的团体,受苏联和共产国际影响较大。遵义会议是重要的转折点,党第一次独立自主地运用马克思主义解决问题,从此探索如何将马克思主义与中国实践相结合,走上自己的革命道路。

毛泽东思想是中国共产党人集体思想的结晶,是马克思主义中国化的第一个重大理论成果。党在抗日战争和解放战争中,面对国内外的质疑,没有动摇和退缩，坚持做好自己的事情，走自己的道路，逐渐发展壮大。在我看来，做好自己的事情是指坚持初心，潜心发展，带领中国人民寻求自由和解放；走出道路自信则是说相信我们的方向是光明的，通过我们的努力，人民群众会站在我们一边，攻守强弱之势终会变化，最终建立社会主义新中国。同时，实事求是是毛泽东思想活的灵魂，坚持自己的道路不意味着故步自封，而是善于学习、总结经验，以人民群众和斗争实际为师。

回到当前的时代背景，中国依然有着丰富的发展机遇和潜力，做好自己的事情是最关键的。但树欲静而风不止，部分国家不会坐视我们发展壮大，必然并且已经在设置障碍，这是不争的事实。但是，中国不是小池塘，狂风暴雨可以掀翻小池塘，但不能掀翻大海。作为新时代青年，这一点是务必清晰的。我们处在学习知识、增长本领的关键时期，也担负着未来中国发展的重任，认清所处的道路是至关重要的。埋头苦干，做好自己的事情是发展的基础。对个人成长来说，关心党和国家的时政要闻，自觉学习党中央最新讲话和精神，有助于我们明晰方向，坚定信仰，怀抱希望，努力前行。

壮美年华，拥抱红色

明德书院　杨宇超

> 当我们落在这片赤诚的土地上时，满心的，都是些一往无前、不再回头的决心。这片土地经历了几千年，孕育出我们新生一代的时候，注定给了我们披挂上阵、在崛起之路上驰骋的使命。百年的中国共产党，正期待着我们这代"后浪"的拥抱。
>
> ——题记

精神底色

忆昔百年征岁月，风华少年领风骚。戎身挥墨报国志，后浪承波续往时。

中国红，不仅是中华民族的颜色，也是工人阶级和工农联盟的代表色。这红色从何而来？十月革命的枪声，嘉兴南湖的誓言，那年南昌城中的三次鸣枪，那年天安门上的庄严宣告……更是每一个中国人，每一个无产者心中永不磨灭的理想信念和追求美好生活、建设美好世界的努力。党的红色，来自全心全意为人民服务的宗旨，来自每一个党员的先进意识，更来自中国人民的信任和拥护与百年历史郑重的选择。当仰视党旗、手捧党徽时，眼中闪过的，仍是先辈们抛头颅、洒热血的身影。此时的我们正值壮美的年华，党正期待着我们这代追梦人，接过时代的接力棒，与我们的祖国一起，从这个胜利走向下一个，再下一个胜利。

红色是我们精神的底色，面对时代赋予的使命，我们时刻准备着用一生的岁月去奉献于我们生长的神圣大地。

历史见证

西出百岁狼烟散，大漠万年落日寒。烽火秋风楼兰梦，铁马楼船四海畔。

我们见证了历史。见证历史的人们,会有怎样的感受?或许身处其中的我们并不能够有多么明显的感受,但是我们能够想到若干年后,当我们的祖国真正完成社会主义现代化建设之时,那时的史册会如何记录这一伟大的时刻,如何书写我们这一代追梦人的奋斗历程。前途似海,来日方长,可以肯定的是未来的我们将以一种不同于我们的父辈的方式去奉献,去努力。

中国走向世界舞台中央是不可逆的客观事实,我们不可仅仅低头走路,也要仰望星空。日常生活中的我们,需要时刻注意自己的形象,因为自己的一言一行代表着自己的祖国。国家的形象构建是一个长期的工程,需要若干年、若干人,讲好中国故事,说好中国话语。

见证历史的我们应该做好这些准备。

再下一城

燕然石下四顾旸,驻足北望征路茫。必知后世覆前浪,幹难野渡神州方。

"两个一百年"奋斗目标,第一个已然胜利。而当"全面建成小康社会"的目标转移到"全面建成社会主义现代化强国",从一个胜利走向下一个胜利时,我们又应该以一种什么情感去看待这一切?但是我们不应该盲目自大、盲目乐观,可以预见,这将是一个难度不亚于全面建成小康社会的艰难的任务。如果说,精准扶贫是全面建成小康社会的最后一关的钥匙,那么全面建成社会主义现代化强国的钥匙又是什么呢?我想,可能是更平衡、更充分的发展。然而何以平衡、如何充分,这是摆在我们面前的难题。祖国的各个部分面临不同的问题,有的亟待转型,有的亟待寻找新的经济增长点,这都是第二个百年奋斗目标需要解决的问题。一个尚未完全步入社会的青年,固然暂时想不到什么具体的举措去解决,但我们应该对未来可能面对的机遇和挑战做好充分的思想和心理准备。我们的祖国需要不断的改革,唯有如此才能有不断的发展。当下应当沉下心来,充分地总结过往经验,分析当下的条件和未来可能的新条件,像"精准扶贫"那般"精准改革",或许,便是寻找钥匙的思路。

今日拾笔征前路,娄山腊子又何难?

苔花如米小，也学牡丹开

管理与经济学院　张　珣

"云母屏风烛影深，长河渐落晓星沉。嫦娥应悔偷灵药，碧海青天夜夜心。"几百年前，诗人总是对天上那一轮皎皎明月充满着无数的幻想，想象着嫦娥，想象着玉兔，想象着桂树……而在几百年后科技发达的今天，我们终于可以揭开那一轮"白玉盘"的神秘面纱，看清神秘面纱下的月球究竟是什么样的景象。没有嫦娥和玉兔，没有吴刚和桂树，却有着别样的凄凉孤寂。而带领我们看清这一神秘星球的人们，正是致力于中国探月工程的工程师们。

2020年12月1日，"嫦娥五号"在月球正面成功着陆，开始了中国航空人的又一次探月之旅。本次探月旅行的任务，除了让五星红旗首次在月球表面动态展示外，还有一项重要任务，就是从月球表面打包2 000克的月球土壤，带回地球进行研究。目前为止，世界上除了美国、俄罗斯之外，尚未有国家能够实现从月球带回土壤进行研究，可以说这是中国航空史上的又一大进步。

伴随着本次"嫦娥五号"升空，发射"嫦娥五号"的"嫦娥姐姐"崔艺晗"火了"，指挥"嫦娥五号"升空的"大姐"周承钰"火了"。在这些"火了"的背后，更多的是当代社会对我们这一代"90后"接过先辈们建设祖国接力棒的认可和鼓励。

1919年5月4日，一群青年人高喊"废除'二十一条'""还我青岛""外争主权，内除惩贼""拒绝在巴黎和约上签字"等口号走上街头游行示威。他们情绪高昂，号召国人奋起救国。从此，中国拉开了新民主主义革命的序幕，无产阶级登上中国革命的历史舞台。

20世纪50年代，美帝国主义挑起朝鲜战争，趁机挑衅中国东北地区，中国政府深谙唇亡齿寒的道理，决定派遣军队，抗美援朝。一群群朝气蓬勃、热血方刚的青年志愿军踏上了抗美援朝的征途。他们不畏军事装备先进许多的美军，为了祖国和人民的利益，英勇顽强，舍生忘死。

20世纪60年代，不甘心的美军仍不停在新中国的领空盘旋，动不动就用原子弹威胁中国领土安全。中国政府明白只有自己真的强大了，才能让敌人偃旗息鼓。因此，从国内各高校及海外留学生中，召集了一大批学者，研究中国自己的原子弹，摆脱核威胁。

历史舞台上，一代又一代的年轻人承担起了自己的历史使命，为振兴中华而努力。而现如今，这个接力棒传到了吾辈手中，吾辈也应该不辱使命，接继奋斗。

在科学技术迅猛发展的今天，在互联互通的今天，在信息数据爆炸的今天，世界各国之间的竞争是科学技术的竞争。虽然，目前，我国拥有先进的5G技术，也是世界上拥有最完全制造业产业链的国家，但我国在芯片技术、新型材料、生物技术等高精尖技术方面仍受制于人，缺少自主权。但我们不应因此而感到自卑，就此甘于人后。反而应该以此为鉴，鞭策自己努力学习，在自己的专业领域为中华民族的伟大复兴尽自己的一份力。

"白日不到处，青春恰自来。苔花如米小，也学牡丹开。"所有的事物都将经历黑暗，所有的事情都不会一帆风顺，我们不应该因为一点小小的挫折，而就此放弃自己的人生理想，就此否定自己，认为自己终究是小人物，无法有大成就。我们应该摆正自己的心态，相信黎明前的黑暗最黑暗，相信我们每个平凡人都将是新中国建设中的螺丝钉，钉子虽小，但每一个都不可或缺。我们每个人都是那一朵朵渺小的苔花，但尽管如此，也要努力学着像牡丹那样盛开。

就像崔艺晗、周承钰那样，她们那样渺小，在近千近万人的航天局里，很少人知道她们的名字；但她们又那样伟大，在"嫦娥五号"的整个发射过程中，尽职守责，缺一不可。时代的号角已经吹响，历史的接力棒已经在手，我们作为青年人，尤其是作为中国共产党创办的第一所理工科大学的学生，我们更应该迎风而上，不畏艰难，为中华民族的伟大复兴，为中华民族屹立在世界民族之林，进一步提高中国话语权，贡献出自己的一份力量。"苔花如米小，也学牡丹开"，我们应秉持"苔花"精神，不自卑，不自弃，摆正心态，脚踏实地，为国家发展做贡献，在各行各业遍地开花，不负时代的期冀，不负祖国的重托，为我们的下一代人交出一份好成绩。

深学笃用抗美援朝精神

化学与化工学院　李宝琳

2020年是中国人民志愿军抗美援朝出国作战70周年，我们观看了纪录片《抗美援朝保家卫国》。这些最可爱的人用鲜血保卫了祖国边疆的和平，展现了中国人民英勇顽强、舍生忘死的革命英雄主义精神，为了祖国和民族的尊严而奋不顾身的爱国主义精神，为了人类和平与正义事业而奋斗的国际主义精神。

抗美援朝，保家卫国

"雄赳赳，气昂昂，跨过鸭绿江，保和平，卫祖国，就是保家乡……"伴着《中国人民志愿军战歌》的歌声，中国人民志愿军在彭德怀司令员的率领下入朝作战。70年前，中华人民共和国刚刚成立，在举国欢呼雀跃声中，毛泽东主席收到朝鲜的求助电报：美国进攻朝鲜，战火烧到了中朝边界鸭绿江边。一边是中华人民共和国刚刚成立，百废待兴，一边是美帝国主义在边境频频示威，为打破美帝国主义的图谋，维护国家边境和平，毛主席下了一个非常艰难的决定——抗美援朝，保家卫国！

家是最小国，国是千万家。只有打退了敌人的侵略，才能守卫住祖国，也就保护了家。正是这种"保家卫国"的家国情怀影响，70年前，为了保卫和平，反抗侵略，中国人民志愿军与美国进行了"钢"与"气"的较量，中国人民志愿军将士以"钢少气多"力克"钢多气少"：冒着枪林弹雨勇敢冲锋；顶着狂轰滥炸坚守阵地；用胸膛堵枪眼，以身躯做人梯；抱起炸药包，手握爆破筒冲入敌群；忍受饥饿和寒冷，决不退缩；烈火烧身岿然不动……涌现出杨根思、黄继光、邱少云等英雄儿女和顽强抗战的功臣集体，谱写了惊天地、泣鬼神的雄壮史诗。

气壮山河，英雄赞歌

纪录片的开始画面是打开一道道封闭的大门，里面存档的是一卷卷在抗美援朝战场上发生的真实故事，是将士们为了心中的信念，为了民族大义勇赴战场、舍生忘死、保家卫国的英雄事迹。档案室里的胶卷透出了将士们那颗炽热的红心，他们为了边境的安宁，以大无畏的气概谱写出气壮山河的英雄赞歌。

纪录片中一幅幅画面令我震撼。入朝的时候，志愿军没有先进的装备，火炮也屈指可数，当时志愿军的火炮大都是战场上缴获的，种类杂、射程近、威力小，而美军采用的是先进的装备、完整的作战体系，敌我实力悬殊。但中国人民志愿军不惧生死、不畏艰险，敢于斗争、敢于胜利，迎着敌人的枪林弹雨逆流而上。纪录片记载了这样的一段历史：云山笼罩在浓重的雾气中，志愿军已悄悄潜伏在敌军阵地四周，渐渐将美军包围在其中，炮弹划破长空的呼啸声和急促的连环爆炸声，这是朝鲜战场上第一次出现志愿军集团火炮急促射击的壮观景象，没有飞机、坦克，缺少大炮，中国人民志愿军依然取得胜利！毛主席曾说："你打你的，我打我的，你打原子弹，我打手榴弹，抓住你的弱点跟你打，最后打败你。"狭路相逢勇者胜，只要敢于斗争，敢于胜利，什么敌人都能打败，什么困难都能克服，这一信念支撑着中国人民志愿军，在艰难的环境中，取得最终胜利。

在抗美援朝的斗争中，中国人民志愿军肝胆相照，与敌人殊死搏斗，展现了中国人民坚强不屈的民族意志和伟大的革命精神。中国人民志愿军在武器落后的条件下，克服不利条件，在东线严寒中殊死决战，历经5次战役，与朝鲜人民军共同抗敌，把侵略者从鸭绿江边打回"三八线"，一举收复了朝鲜北部广大土地，从根本上扭转了朝鲜战局，为最终到来的停战谈判奠定了胜利基础。这一场战役重塑了中国的形象，洗刷了百年来的屈辱，给美国的侵略以强有力的打击和严重警告，为中国争取到了较长时间的和平建设环境，撕碎了帝国主义霸权，维护了世界和平。

抗美援朝战争沉重打击了不可一世的帝国主义，粉碎了美帝国主义不可战胜的"神话"，使得美国陆军上将克拉克成为美国历史上第一个在没有取得胜利的停战协议书上签字的将军，打出了中国的国威军威，大大提升了中国人民解放军的威望和中国的国际地位。

不忘初心，展望未来

今日，和平与发展成为时代的主题。但在实现中华民族伟大复兴的征途中，依然会遇到各种各样的困难，因此必须进行具有新的历史特点的伟大斗争。实现伟大梦想，必须进行伟大斗争。共产党人的斗争是有方向、有立场、有原则的，大方向就是坚持中国共产党领导和我国社会主义制度不动摇。

70年来，伟大的抗美援朝精神一直是中国人民宝贵的精神财富，爱国主义精神是抗美援朝精神的内核，深刻地教育一代又一代的中华儿女，化为中国人民的精神标识，激励着中华儿女砥砺奋进，创造了一个又一个人间奇迹，谱写了中华民族伟大复兴道路上振奋人心的乐章。世界正处于百年未有之大变局，在中国共产党领导下，中国人民必然能克服种种困难，把中国建设成为富强民主文明和谐美丽的社会主义现代化强国，实现中华民族的伟大复兴！

危难时刻方显英雄本色

计算机学院　尹一君

新冠肺炎疫情来势汹汹，让刚刚过去的这个冬天显得格外寒冷。在疫情最严重的地方，每日持续增加的病例数字和死亡数据并不是冷冰冰的数字，而是一个个鲜活的生命。疫情就是命令，数以万计的援鄂医疗队员们，星夜驰援疫情最严重的地方，他们成为寒冷冬日最美逆行者。

曾经在老一辈看来，出生于改革开放之后富裕年代的"90后"的代名词是叛逆、任性和娇气。长辈总是认为我们这群"90后"多是独生子女，在这个和平年代里，我们没有经历过战乱，也没有经历过饥荒，是典型的在蜜罐中泡大的孩子。在长辈的眼中，似乎是指望不上我们这群没成熟的孩子撑起一片天空。

然而"90后"在疫情发生时给大家上了生动形象的一课。在4.2万余名驰援湖北的医护人员中，有1.2万多名是"90后"，其中相当一部分还是"95后"，甚至"00后"。还有千千万万青年日夜奋战在疫情防控的各个战线、各个关口、各个岗位。在他们之中，有的人动用所有力量劝阻家人居家隔离，不为国家添麻烦；有的人推迟婚期、坚守一线；有的人日夜兼程，骑自行车四天三夜奔赴岗位；有的人和家人一起走上抗疫的战场……他们主动请缨、勇挑重担，留下了一个个刚毅果敢、充满活力的身影。

一支支青年突击队日夜奋战在科研攻关、医院建设、物资生产的第一线，及时建立了抗击疫情的生命线；300万青年自愿报名，组成一批批青年志愿者队伍勇毅前行，穿梭在乡间街头，坚守在社区卡口，筑起了保护群众的屏障。作为所谓的"温室里的花朵"，我们"90后"用实际行动证明了自己是抗疫战场上的勇士，为祖国和人民撑起了一片天。

危难时刻方显英雄本色，作为在祖国繁荣强盛时期长大的一代人，爱国之情早已深深地扎根在我们这一代青年的心里。面对来势汹汹的疫情，与疫情做斗争的大家把祖国的安危看得比自己的生命还重要,把浓浓的爱国之情化作坚定的报国之行,"武汉加油!中国加油!"成为当下新时代中国青年的最强音。

面对世界上的复杂形势和全球性问题,任何国家都不可能独善其身。同样,面对疫情,任何人也不能置身事外。防控疫情,是我们每个人的义务。新冠肺炎疫情的发生,让中华大地瞬间变为众志成城、万众一心的抗疫战场。面对疫情,这里没有旁观者。在这场没有硝烟的战争中,普通民众也默默地用行动支持着身边的每一个人,演绎着一段段暖心的故事。平时,他们是教师、律师、城管队员、村居干部。而面对疫情,他们第一时间"变身"成为省界道口的"守门员"、小区居民的"代购员"、抗疫知识的"广播员"、一日三餐的"外卖小哥"、法律服务的"在线主播"……在全中国自上而下的努力与动员下,在医护人员的无私奉献与不懈奋斗下,中国的抗疫取得一次又一次阶段性胜利。

在我的父亲主动请缨去机场高速公路的疫情防控检测点进行野生动物流通检测后，我作为本科生党支部的一名大四的预备党员，在 2020 年 2 月 9 日疫情防控的紧要关头，也积极响应家乡党委号召，主动参加成县店村镇尹寨村疫情防控检测的大学生志愿者活动。我与来自青海大学、西北民族大学和兰州大学的同学们每天在检测点喷洒消毒药剂、为进出村的人员和车辆进行扫码信息登记、测量人员体温，并做相关记录，为有特殊需求的村民开具出入证明等。在防护用品紧缺的情况下，我还捐献了自己网购的一次性医用口罩 20 个。在为期一周的志愿活动中，我付出了时间和精力，同时也收获了很多。作为一名大学生预备党员，我虽不能像医护人员那样奋战在疫情一线，但也为疫情防控贡献出了一份力量。在国家面临重大考验的时刻，我们能够保证自己的安全、主动居家隔离，不为国家添乱，其实也就响应了"一方有难八方支援"的呼吁。

乐观、向上、从容、自信，这是疫情当下的"90 后"青年给人们留下的主要印象，更是这个伟大的时代赋予我们的精神力量。当代青年生逢强国时代，国家的强盛不仅为我们提供了丰裕的物质条件，更为我们打开了广阔的成长舞台和梦想空间。当疫情来袭之时，这份乐观与自信，既来源于我们战胜疫情的实力和勇气，更来源于我们对祖国强大、万众一心的坚定信心。我们相信我命由我不由天，在危险和困难面前处变不惊，始终保持着昂扬的斗志。正是有我们青年人的乐观从容，给予了困境中的人们冲破黑暗、战胜疫情的信心与力量。

其实哪里有什么白衣天使，只不过是一群孩子换了件衣服，跟随着前辈的脚步，从死神手里抢人罢了。青年一代主动肩负时代重任，这是"长江后浪推前浪"的历史规律，也是"一代更比一代强"的青春责任。有人说，苦难是人生的财富，我并不认同，因为苦难真正宝贵的地方，是人对苦难的思考及这种思考所带来的成长。我们"90 后"这代人已经长大，应当勇敢肩负起时代赋予的重任，肩负起实现中华民族伟大复兴的中国梦这一使命，而挫折，带给我们更多的是思考与成长，我们终将战胜眼前的困难，迎来鸟语花香的春天。

70年风雨，70年成就

明德书院　祖鸣远

2019年10月13日，我有幸与来自明德书院、人文与社会科学学院的同学们一起来到北京展览馆，参观庆祝中华人民共和国成立70周年大型成就展。参观完毕，我感受颇深。

此次展览的精妙之处在于展览按照时间顺序，将中华人民共和国成立以来的大事一一罗列，并配上文字、图片、展品等，处处相得益彰。

一进门，便是中华人民共和国成立以来各届领导人的画像。我看到不少人在画像前合影留念，我深知他们的画像排在门口的意义何在，他们是中国在各个历史时期，带领中国共产党人不断前进、不断奋斗的领袖。马克思列宁主义、毛泽东思想、邓小平理论、"三个代表"重要思想、科学发展观、习近平新时代中国特色社会主义思想，它们在我脑海中一一浮现。每一个思想

都具有划时代的意义，都代表一个时代的思想结晶，引领着祖国不断走向繁荣昌盛，屹立于世界民族之林。

往里走，历史的画卷逐渐展开，时间被推到了1949年中华人民共和国成立。面对眼前这张黑白照片上的祖国——我此刻脚下的这片土地，经过多少的风吹雨打，受尽多少辛酸苦楚。反观如今祖国繁荣昌盛的场景，我恍如隔世，我知道这一切都是中国共产党人不断奋斗而来的。我感叹前辈们的智慧与坚韧，心中由衷地升起敬佩和赞美之情。

继续参观，我看到了祖国无数个"从无到有""由弱变强"的跨越，感慨万千。中国共产党人刚舒展了些眉头，新的困难便接踵而至，并且这些困难并不比之前经历的风雨容易攻克，反而更加复杂。但无论是经济的发展，还是医疗、军事、科技的发展，新中国的发展成就数不胜数，这些都来之不易！十九大报告中指出，中国特色社会主义进入新时代，我国社会主要矛盾已经转化为人民日益增长的美好生活需要和不平衡不充分的发展之间的矛盾。曾经那个存在人民日益增长的物质文化需要同落后的社会生产之间的矛盾的时代已经一去不复返，中国正扶摇直上。

中华人民共和国成立70周年，每一年中国都有新成就，这一切都来源于中国共产党人领导全国人民孜孜不倦地探索。在过去的日子里，他们砥砺前行，才造就了如今的现世安稳。我意识到，我切不可把现在的幸福生活看作是轻而易举、理所当然的。我很庆幸，我能在中国这样一个具有完善教育体系的国家成长起来。我现阶段的大学学习，与将来为祖国做奉献从来都不是割裂开来的。在大学阶段所受的教育，如果说仅仅是知识的积累，这样理解未免太过狭隘，课本知识的积累当然是一切的基础，然而如何运用这些知识、深化这些知识，则是我们更应思考的。今天在展览馆里，无疑也是在教育我要将知识与现实结合起来，切不可光学不做，党的伟大历史实践与时代探索无一不是将理论知识和实践相结合的。

这次展览，让我将思想融入历史的长河中，见证了祖国在党的领导下迅速发展的光辉历程。少年强则国强。我更加坚定了自己跟着中国共产党的步伐，不断要求进步的信心和决心。在未来，我会更加严格要求自己，加强自我批评和自我反省，主动积极地完善自身的不足，不断增强自己的专业知识和技能本领，为未来更好地建设祖国而积蓄力量。

青春的党在路上，青年的我们在路上

求是书院　张秋爽

中国共产党是中国工人阶级的先锋队，也是中国人民和中华民族的先锋队，是中国特色社会主义事业的领导核心，代表中国先进生产力的发展要求，代表中国先进文化的前进方向，代表中国最广大人民的根本利益。十八大报告提出"两个一百年"奋斗目标：第一个一百年，是到中国共产党成立100年时，即2021年，全面建成小康社会；第二个一百年，是到中华人民共和国成立100年时，即2049年，建成富强、民主、文明、和谐、美丽的社会主义现代化强国。党的十九大报告中更加明晰了时间线——2020年全面建成小康社会、实现第一个百年奋斗目标的基础上，再奋斗15年，在2035年基本实现社会主义现代化，再奋斗15年，把我国建设成为富强民主文明和谐美丽的社会主义现代化强国。

青春的党在路上

红皮烫金字，在我眼前的是《中国共产党章程》。翻开，字里行间写着一个自1921年起就被党员铭记的称呼——"人民"。想到"人民"一词，与之相关的是一系列扶贫政策，是疫情之下党员冲锋的身影，是日益丰富的物质文化生活。

党，离我们遥远吗？不，尽管我们好像在政治书、新闻、会议上才能听到、看到"党"，但并不遥远。

通过网络与"远邻"交流、用5G网络畅游各类视频、在商店看到心仪的商品、在学校里学习新的知识——这些场景下你或许都没有看到、想到"党"，但这些其实都是党的一系列方针政策实施后的成果。中国共产党领导人民发展社会主义市场经济，领导人民发展社会主义民主政治，领导人民发展社会主义先进文化，领导人民构建社会主义和谐社会，领导人民建设社会主义生态文明——社会发展的各个领域其实都有党的身影,领导着广大人民。

再次回顾中国共产党在社会主义初级阶段的基本路线:领导和团结全国各族人民,以经济建设为中心,坚持四项基本原则,坚持改革开放,自力更生,艰苦创业,为把我国建设成为富强民主文明和谐美丽的社会主义现代化强国而奋斗。我们能深刻体会到中国共产党始终代表先进生产力的发展要求、代表先进文化的前进方向,能真切地感受到生活的发展与中国共产党的领导密不可分。

党重视脱贫,将脱贫写在历史的长卷上,细化到医疗、教育、交通、就业……一步一个脚印地落实。

党重视人民需求,提出在现阶段,我国社会的主要矛盾是人民日益增长的美好生活需要和不平衡、不充分的发展之间的矛盾,领导人民进一步发展生产力、解放生产力。

党重视生态环境,金山银山就是绿水青山的理念成为行动的指令。

2021年,是中国共产党成立100周年。共产党一直在路上。当人们为网络不良的信息困扰之时,就整顿影视行业,剔除消极信息;当病毒攻破免疫系统的防线时,党员陷阵冲锋;当"苍蝇""老虎"威胁人民利益时,就及时采取行动……

青年的我们在路上

2018级北京理工大学开始"书院制"培养第一届"书生",学校重视培养学生的各个方面。德育开题时的关键词现在依旧值得思考——自我认知、学涯规划、人际交往、生涯发展、挫折应对。这几个大块支撑起了一个完整的精神世界,直截了当地将我们与未来挂钩。现在回顾当时的期望,许多是在进行中的,许多又止步不前,未达成的目标就此转化成懊悔的心情,进一步增加着内耗。

是什么让我面对着已然在纸上的规划生出了无奈之情?大概是行动。计划不落到实处注定是黑字白纸,只有时间与行动都恰好,才能转化为成果,逐步抵达目的地。中国共产党每一次的落实都快准稳,是以"两个一百年"的规划为目标的。中国共产党,坚持维护人民的利益,大刀阔斧搞改革,最后成就伟大事业是自然而然的事情。

目标谁都有，真正扫清障碍将行动落到实处才是成功。回想 2020 年抗击疫情，便是这句话的最好体现了。目标自然是要在与病毒的对抗过程中获得胜利，每一次封城、每一回延期都是深思熟虑之下的决定。我们每一个人都行动了起来，医务人员、外卖小哥、每一个决定在家隔离的人，这些都是行动，所以收获成果。

再次看向自己写下的目标，一步步清晰而明确，现在需要的是排除杂念，将计划转变为现实。作为青年的我们在路上，在实现自己目标的路上。

诚然，行动能让我们与未来更近一些，每个正确的目标都必不可少。

"加入中国共产党，以党员的要求规范自身；将专业与国家建设相关联"被我写在德育中期的目标一栏。或许现在我还没有足够的应对能力，对自我的认知也只有寥寥数语，但我想做的是付出努力，一步步地离目标越来越近。

青年的我们，或许有过一腔热血、有过不知所措，但当我们用行动拉近与目标之间的距离时，我们便是在路上的。青年的我们，为目标而奋斗，为成果而欢欣。我们在路上奔波，在路上坚持，在路上毫无畏惧，在路上披荆斩棘。

历史证明了中国共产党以前的抉择，指示了未来的方向，历史也为青年的我们照亮了路途——与中国共产党一道，在路上。

肩负使命，奋勇向前

生命学院　童薪宇

岁月如梭，转瞬之间，中国共产党已走过百年风雨。没有共产党就没有新中国，中国共产党带领中国人民，从一个胜利走向另一个胜利，从一个辉煌走向另一个辉煌，使今日之中国巍然屹立于世界东方。

点燃星星之火。1921年7月，中国共产党从嘉兴南湖的一艘红船起锚，举起共产主义的伟大旗帜，点燃民族救亡的指明灯，拨开数年间笼罩于千万仁人志士心头的迷雾。战火纷飞的岁月，"七一"的晨曦激励着无数英雄人民为民族的独立而奋斗，以青春热血乃至生命照亮强国之路。共产党员的坚定信念，是红枪白马女政委赵一曼面对日军酷刑的宁死不屈，是年轻战士董存瑞毅然手托炸药包摧毁敌人暗堡的英勇献身，是抗美援朝战士邱少云为战斗胜利任凭烈火烧焦头发皮肉的誓死坚持。这些难以忘怀的名字，是众多不畏牺牲、奋勇向前的共产党员的缩影。而正是有了他们不惧困难、英勇奉献的革命精神，新中国得以从泥泞中站起，带领人民推翻三座大山，实现民族独立和解放，向世界证明了不屈的中国骨气。

扬起改革春风。伴随着十一届三中全会的召开，中国共产党吹响了全国范围内改革开放的号角，开启了经济发展的高速模式。"春风吹醒中国梦，笑看神州万重天。"改革的春风温暖了无数家庭，也唤醒了亿万颗期盼美好的心声。中国共产党带领中国人民迈着中国特色社会主义的步伐，实现了跨世纪的奇迹发展。昔日的小渔村变成了高楼鼎立的大都市，四通八达的公路铁路网连起中华大地的每寸土地，神舟飞天、蛟龙入海、西气东输、南水北调，勾勒出中国从一穷二白到繁荣富强的伟大飞跃。中国共产党以短短40余载的改革，走完了西方资本主义国家数百年的历程。稳步增长的人均收入，日益丰富的人民生活，愈来愈强的中国创造，不断进步的中国科技，向世界展示了迅猛的中国速度。

凝聚磅礴力量。在关键时刻、危急关头，共产党员总能冲锋在前，在党中央的统一领导下团结广大人民，万众一心、同舟共济，激发共克时艰的伟大力量。曾记得百年难遇的巨大洪灾前一面面由党员身躯筑起的防洪坝，在肆意洪水中守卫一方百姓的生命安全和幸福家园；也记得地震废墟上成立的临时党支部和指挥所，在分秒必争的生命救援中成为群众温暖的庇护和坚实的靠山；犹记得2020年伊始，在突然暴发的新冠肺炎疫情前无数党员在关键时刻挺身而出的身影，在未知的风险中不畏艰险，舍小家为大家，发挥出党员的先锋模范作用，赢得了抗击疫情的伟大胜利，向世界彰显了强大的中国力量。

　　时间的车轮将继续前行，站在新时代起点上，作为青年党员的我们即将接过历史的接力棒，肩负起时代赋予的责任与使命。我们始终记得入党誓词中随时为党和人民牺牲一切的铮铮誓言，也清醒地认识到世界背景下仍存在的风险与挑战，在未来将以更加开阔的视角锤炼自己的知识本领，跟随党的步伐，为祖国建设添砖加瓦。

　　红旗猎猎，党旗飘飘，党的光辉照耀着每一个中华儿女，引领中华民族走向伟大复兴。千万党员，坚定信念，不忘初心、牢记使命，共同创造着更加辉煌的明天。

在西部计划的岗位上理解
中国共产党人的初心和使命

自动化学院　卢建睿

"也许我是一道微光,却想要给你灿烂的光芒,宁愿让我受伤,在黑暗的夜晚,静静地为你,去孤独地照亮"《微光》中的这句歌词,总能令我联想起数千万共产党员,他们时刻在群众身边,与群众在一起,身处各行各业,就如同一道微光,在不显眼的角落里奉献着自己。而这一道道微光,汇聚起来成了助力中华民族伟大复兴的万丈光芒。

见贤思齐,我也在自己力所能及的范围内奉献自己的光和热。2019年,作为北京理工大学第21届研究生支教团的一员,我前往学校定点帮扶的山西省吕梁市方山县开展为期一年的支教工作。在岗位上,我一方面认真完成教学工作,另一方面用自己的经历和真心让学生树立起自信心和对未来的希望。

西部计划的志愿服务工作，使得我有机会在扶贫一线的岗位上切身体会到为人民谋幸福、为民族谋复兴的真正内涵。一天授课结束，一位学生跑出教室，快速地递给我一张纸，回到办公室后打开，上面写着这样一段话："老师，作为农村人，我为什么要读书？怎么样读好书？读好书应该放弃什么？"这三个问题直击我的内心，我在这一刻领悟了自己肩上的责任。尽管我每一天的工作平平无奇，却有可能给别人的人生带来积极影响，甚至是改变，我也是在为阻断贫困的代际传递而奋斗。能让我的学生对自己有信心、对未来有希望，那么平凡岗位上的我就有了不平凡的价值。给这位学生回信后，他表示自己一定会加倍努力学习，改变自己。这件难忘的小事，让我明白自己从来都没有置身于为人民服务和助力民族复兴之外。

"为有牺牲多壮志，敢教日月换新天"这句诗，不仅赞扬了当时人民群众战天斗地的风貌，也是中国共产党人兑现对国家和人民庄严承诺所做努力的真实写照。2020年全面建成小康社会，决战决胜脱贫攻坚。为此，全国数百万的扶贫工作者和西部计划志愿者夜以继日奋斗。看着人民群众的生活质量在以肉眼可见的速度提高时，我发自内心地认识到中国共产党人已经把自己的初心和使命与这片每个人热爱的土地融为一体。

长时间、近距离在中西部欠发达地区感受国情、民情、社情，让我对当地实际情况有了深入认识，让我的意志品格、能力才干得到了锻炼增长，世界观、人生观、价值观得到了升华。同时，心中一种未完待续的责任感和使命感也让我对中国特色社会主义道路有了更多理性认同，为成长为坚定的青年马克思主义者奠定了良好的实践基础。实事求是、不自以为是也成为我的人生信条。在学校，它是北理工人的学风；在中西部基层的工作岗位上，它就是北理工人的为人处事准则。这次志愿服务经历，也让我对加入中国共产党这个先进的组织有了更大的期盼。我期待自己早日成为一名优秀的共产党员，像一面旗帜一样，增强"四个意识"，坚定"四个自信"，坚决做到"两个维护"，在未来的学习和工作中，永远心怀祖国大地的广大人民，将自己的青春和生命永注于为人民谋幸福、为民族谋复兴的大江大河之中，为新时代继续为党的历史使命而努力奋斗，贡献自己的力量。

聆听母亲的心跳，向祖国报到

法学院　张晶晶

2019年暑假，我有幸参加了国庆70周年大型纪念活动，有幸从长安街上走过，为祖国母亲送上最真诚的祝福。现在回想起那一段时光，感慨万千的同时也觉得自己使命重大。

训练的日子有苦有甜，有汗水也有泪水。2019年8月，夏天还在处处留恋，秋天还迟迟未动身。我却要和家人告别，和暑假告别，坐上来京的火车，奔赴下一个战场。我不会忘记那天动员大会的情景。3 000多人济济一堂，大家身着不同颜色的队服，但胸口都有同样的标志——北理工校徽。那部热血沸腾的宣传片至今仍在我的脑海里反复闪现，"在全世界最大的舞台，聆听母亲的心跳，向祖国报到"。"祖国，北理工集结完毕"掷地有声，直入我的心灵，荡起千层波浪。那一刻，我接受了这项光荣而伟大的使命。

从那之后，除了双休日，几乎每一天在盛夏的校园里都可以看到北理工人训练的身影。手中挥舞的花球，脚下有力的步伐，脸庞不停滴落的汗水……不知不觉已经成为我生活中的一部分。现在走在校园里，处处可见用白漆喷射的白线。训练虽然结束了，但是那些在阳光照射下熠熠生辉的白线，在某个黄昏、某个清晨，依然能唤醒夏日的所有记忆。

当期待已久的10月1日来临，夜幕中激动的心久久不能平静，全

身的每个细胞比以往的任何时刻都充满了动力。此刻,看着身旁的老师、同学。我突然感觉到这两个月来我们大家的变化,每一段成长都如同竹节,有多少泪斑就有多少故事,有多少裂痕就有多少坚持。共同的目标、共同的使命,让我们从两个月前的个体熔炼成一个整体,让陌生人成为战友。

2019年10月1日,当我真正看到高精尖武器亮相,我脑海中出现了这样的画面:在那战火纷飞、个人命运飘摇不定的年代,在那个民族将亡的危难关头,有那样一群人,他们将个人利益置之度外,将同胞、将祖国永远放在第一位,不顾个人的安危,先天下之忧而忧,从上海法租界贝勒路树德里3号转移到浙江嘉兴的一艘游船。是什么让他们舍己为国,又是什么让他们匹夫有责?我想,是共产党人的使命感和责任感。

如今中国正在慢慢崛起,先辈已将建设祖国的接力棒交到我们这一代手中,我一定要为祖国的美好未来献出自己的最大力量!不忘初心、牢记使命,捧一颗赤子之心,以奋斗者的姿态,向祖国母亲报到,向党报到!

功成不必在我,功成必定有我

生命学院 唐 丹

历史从不眷顾因循守旧、满足现状者,机遇属于勇于创新、永不自满者,这是督促我们国家和人民继续前行的动力,也是我们国家在面临新冠肺炎疫情时在世界面前彰显的大国担当。当今世界正经历百年未有之大变局,我国发展面临的国内外环境发生深刻复杂变化,我国"十四五"时期以及更长时期的发展对加快科技创新提出了更为迫切的要求。这是一个由改革开放缔造的伟大新时代,而伟大新时代需要我们当代青年去进一步传承与开拓创新,以使其进一步弘扬,要以"功成不必在我"的精神境界和"功成必定有我"的历史担当,保持一茬接着一茬干的历史耐心,要努力将书本知识和实际行动密切联系起来,塑造知行统一、脚踏实地的良好形象,以此领悟活在当下、创新即机遇的真谛。

要做事,先做人,树立正确的"三观",打下人生奋斗基础。在政治上思想上,我们要坚持"四个自信",践行习近平新时代中国特色社会主义思想;在专业学术上,我们要秉承袁隆平等老一辈科学家严谨的治学精神,做到既仰望星空,又脚踏实地。在此,感谢时代给予人才的机遇,更感谢伟大的时代给予中国创新发展以及不断前进的机会。

事业因人才而兴,人才因事业而聚。北京理工大学是中国共产党创办的第一所理工科大学,隶属于中华人民共和国工业和信息化部,首批进入世界一流大学建设高校 A 类行列,入选高等学校学科创新引智计划、高等学校创新能力提升计划、卓越工程师教育培养计划,是工业和信息化部高校联盟、中国人工智能教育联席会成员,是国家培养各类理工科技人才的重点院校,肩负着光荣的历史使命和社会责任。作为北理工学子,我格外激动和自豪,因为我出生在中国,又赶上了伟大的时代。我坚信,国家的进一步深化改革和科技创新将为我们提供更多的用武之地。

我们从祖国的四面八方为了共同的目标与理想，汇集到北理工，要不忘初心、牢记使命；要学习严谨治学方法，努力参与社会实践，敢于履行共产党人的社会责任和担待；要把握好新的机遇，保持思想定力，积极参与社会实践；要将自身的人生价值紧紧地与国家的命运结合，把握好北理工这个实现人生规划的重要窗口和平台，做一个既有全局眼光又脚踏实地的实践者。

时不我待，只争朝夕。大方向是不负人民重托、无愧历史选择，小方向来说就是自己身处这样一个太平盛世，只有努力学习，朝着自己的梦想一步一步脚踏实地走下去，才能不负新时代、无愧父母，不忘记最初为什么出发。所以，身为一名新时代的研究生党员，我们要牢记自己求学的初衷，做好自己当下该做的事，力所能及地帮助他人、服务社会，把握好求学的韶华，争取成为一个对社会有用的人，积极主动地参加校园及服务社会的公益活动，为人民服务的同时不忘提升自我。在做科研搞学术仰望星空的同时，我们要脚踏实地，将理想落到实处，遵守科研诚信与学术道德，并力求将自己的研究转化为应用，力争能服务于社会。同时，我们也要经常回看走过的路，这样才能辨明脚下的路，进一步认准前行的路，就像习近平总书记说的那样走好新时代的长征路，完成不忘初心、砥砺前行的科研目标，不负党和人民的栽培。

参演校庆纪念晚会,感悟红色育人路

宇航学院 李文博

在 2020 年,记忆中最深的事情就是参加北京理工大学 80 周年校庆晚会演出。

北京理工大学作为中国共产党创办的第一所理工科大学,是在伟大的历史背景下诞生的。抗战烽火中,为了促进陕甘宁边区工业生产和保证抗战胜利,中共中央决定在延安创办自然科学研究院,1940 年春,改名为延安自然科学院,此后辗转华北,1949 年进京办学,1988 年更名为北京理工大学。几经辗转,几易校名,北理工始终跟随中国共产党的步伐,为国家培育了一代又一代的红色国防工程师。

2020 年,是北京理工大学建校 80 周年。80 载峥嵘岁月,80 年春秋更迭,北京理工大学迎来了 80 岁的生日。作为一名北理工的学生,我有幸成为北京理工大学 80 周年校庆纪念晚会演职人员之一,见证了这一激动人心的盛典。

这次纪念晚会以"光荣与梦想"为主题,通过五大篇章——延安根、军工魂、铸利剑、立潮头、开未来,再现了北理 80 年来的红色育人路。我参加演出的节目是序幕"延安根"中的《梦回延安》。它以讲述和戏剧表演的形式,展现了北理工从延安建校到迁徙北京的这段历史。

2020 年 8 月 20 日,校庆演出动员大会在良乡校区体育馆召开,全体演职人员和工作人员参加了大会。我们在学校领导和纪念晚会总导演的讲述中,感受到了此次纪念晚会的重大意义,同时总导演也提出了我们所面临的困难:筹备时间过短,演职人员非科班出身等。从那时开始,我感受到了自己身上的责任与使命,作为一名演职人员、一名入党积极分子,我一定会全力配合导演,圆满完成演出,为海内外校友展现北理工学子的风采、讲述北理工的光荣历史。

2020 年 8 月 20 日—9 月 19 日,一个月的时间里,我们要完成专业演员需要花费三个月时间来筹备的节目。想要呈现出好的舞台效果，就需要付出更大的精力。参与《梦回延安》节目演出的同学都是本科四年级的学生和研究生师兄师姐们，因在这个过程中我们还需要兼顾自己的学业和科研任务，所以同时又给我们增加了不少的挑战。身为一名入党积极分子，我知道自己要以身作则，对于高强度的排练任务，我咬紧牙关，积极配合导演和老师的安排。在空闲休息时间，如果察觉到身边同学有不满情绪时，我会积极与他们进行沟通，缓解大家的情绪，帮助他们调整心态，顺利完成演出排练。

纪念晚会的舞台设置在良乡校区，而我们《梦回延安》节目组的同学大部分在中关村校区，从 2020 年 9 月 11 日开始，我们需要乘车回良乡校区参与彩排。为了保证纪念晚会良好的演出效果，彩排需要等到天色暗下来之后，配合灯光组试演。每次彩排结束，回到宿舍的时间都在 12 点之后。9 月 19 日晚上，我们登台正式表演，完整地再现了建校初期、开垦南泥湾、发现陕北的好江南、建造中共第七次代表大会的中央大礼堂、辗转迁徙到北京、见证开国大典的历史。大家一起在舞台上合诵"祖国啊，我愿用生命深爱着你""这就是我们的红色基因，这就是我们的延安根，这就是我们的光荣和梦想"的时候，我的心情激动到了顶点，我觉得这一个月来所有的辛勤付出都是值得的，我们讲述好了北理工走过的 80 年路程中的一段历史。作为一名北理人，我相信我们所有人都是骄傲的、自豪的。

这次纪念晚会，完整地诠释了北理工建校 80 年以来立德树人的初心，为党育人、为国育才的使命，在红色育人路上的不懈探索和奋斗实践。80 周年的北理工正青春，我作为北京理工大学的一名学生，要紧跟母校的步伐，把红色作为青春奋斗的底色，勇往直前！

重温自然科学院历史,领悟延安办学精神

宇航学院　武宇飞

疫情防控期间,我在爷爷的书房翻到一本《中共党史资料·1982年第一辑》,其中《关于创办延安自然科学院的经过》一文详细介绍了延安自然科学院(北京理工大学的前身)的创办过程与历史经验。

1939年,国民党反动派发动了第一次反共高潮,加紧了对陕甘宁边区的经济封锁,边区发展自己的农工商业的需求愈加迫切。1939年6月,中国共产党领导下的第一个专门科研机构——延安自然科学研究院正式成立了,在边区财政部院内开始办公。1940年3月,中共中央书记处同意延安自然科学研究院改为自然科学院。自此,两字之变,一所正规的理工科大学诞生,从此为"抗战建国"、为陕甘宁边区开始培养急需的"革命通人,业务专家"。首任院长是李富春同志,不久老教育家徐特立同志返回边区后接任院长。

当时边区条件艰苦,衣食住行都需要师生自己动手解决,好在党中央十分关怀自然科学院的教学工作,周恩来同志亲自过问搜集当时大学的英文原版教材,中央还拨出专款修建教学楼和实验室。虽然物质条件不好,但同志们充分发扬革命乐观主义精神,通常五六个人在窑洞里围着一盏小油灯刻苦学习,课余时间聚在一起打排球、合唱抗日歌曲,每周还开展批评与自我批评,营造了严肃又活泼的氛围。

这篇文章里,我最感兴趣的部分是对自然科学院办学理念争论的描述,涉及科学与革命、理论与应用的关系,具有比较强的现实意义。争论的第一个问题是要不要办大学部。当时边区科学设备较差,师生知识水平不高,但徐特立同志提出:"有了起码的条件,只等待着条件完全具备,而不愿意在已有条件下加以创造,只知道天定胜人而不知道有人定胜天,肯定是错误的。"第二个问题是分析和课程应该侧重理论还是侧重应用。有人提出当前条件下用不着高深的理论,也有人认为应该照搬"大后方"办大学的方法。徐特立

说："空想主义和实利主义对于科学建设同样是有害的。"他坚持科学首先要为生产建设服务，理论和应用不可偏废，近期和远期需要统筹兼顾。现在我国高等教育服务国家重大战略需求的目标就是与这一思想一脉相承的。当时自然科学院在理论学习的同时注重实践应用，还制造了手术器械、纺织机械，以及肥皂、火柴等日用品，服务边区生产建设。

中国共产党从自然科学院时期起就重视科学技术人才的思想政治教育，努力培养具备无产阶级立场、服务社会主义建设的人才，这一过程同样是通过理论与实践结合的方法实现的。自然科学院的师生同样参加了当时轰轰烈烈的大生产运动，艰辛的劳动不仅磨砺了体格，更培养出与劳动人民的深厚感情。在整风运动中，学员们解决了一系列重要的观点和认识问题，如民主和集中、自由与纪律、人性与阶级性等问题，进一步深化了政治理论，最终在学习科学技术知识的同时，基本上完成思想改造，成为无产阶级技术人才。

撰写文章的三位老同志最终将延安自然科学院的历史经验总结为以下几点：艰苦朴素，自力更生；理论与实践结合，基础理论与技术并重；为国民经济和人民生活的需要服务，近期和长远的需要兼顾；批评与自我批评的作风；严肃的空气和活跃的生活；深入的思想政治工作和党员先锋作用等。

在党的领导下创办的延安自然科学院距今已有80年，延安自然科学院的创办历史及其宝贵经验，正是北理工"延安根、军工魂"精神的极好注脚。我会在这种精神的指引下，努力服务国家重大战略需求，为祖国航空航天事业的发展贡献自己的力量。

祝 融

材料学院 于昊天

始太湖之扁舟兮,拯黎民于水火。
顾来路之艰苦兮,证星火可燎原。
见国力之昌盛兮,携苍生终强国。
享长久之安定兮,福宇内泽八荒。

临江河之长流兮,望蔬果之滋荣。
建楼宇之巍峨兮,庇万民之康泰。
连九州之阡陌兮,便车马之畅通。
俯霓虹之璀璨兮,现百家之繁盛。

集广慧于众贤兮,造九章与东皇。
立天眼于平塘兮,通深渊与琼宇。
勇迈足于天地兮,置蛟龙与玉兔。
续丝绸于世界兮,兴邻邦与沿途。

民小康其既成兮,梦愿得而获逞。
扬自由于法制兮,尽肃恭于禹城。
惟唐宋之为盛兮,岂足方乎圣明!
　　休矣美矣! 党泽远扬。
　　腾我中华兮,宁彼四方。
同天地之规量兮,齐日月之晖光。
愿共产之永固兮,嘉物阜而民康。

峥嵘岁月，今朝共览

管理与经济学院 冉 惠

我于红船之上，踏浪而来，手拿镰刀，肩扛锤头。
我自豫章胜地，肩背挺立，脚踩草鞋，腰别利刃。
我在罗霄之腹，整顿精神，呼号万民，少年意气。
我上雪山之巅，俯仰人间，血肉之痛，百炼锐气。
我在遵义土窑，力挽狂澜，重整方向，气质昂扬。
我于瓦窑堡中，清查局势，明确策略，夯定方针。
我自洛川会议，立下战术，深入敌后，解放群众。
平型关传大捷，前赴后继，舍生忘死，万众同心。
敌后百团大战，号召人民，屡出奇袭，奠定胜局。
平津淮海辽沈，长江江面，百万雄师，剑指南京。
天安门城楼上，群众呐喊，伟人开怀，巨龙昂首。
鸭绿江江岸旁，彻骨冷风，漫天大雪，英雄不屈。
搞土改炼钢铁，两弹一星，东方红号，响彻长空。
复外交入五常，改革开放，沿海实验，皆乘春风。
新时代新机遇，命运与共，一带一路，彰显国力。
危机现大变局，审时度势，新冠疫情，力挽狂澜。
纵观百年时光，披荆斩棘，突破重围，巨龙腾飞。
后望明朝岁月，钟声激荡，军民鱼水，勇者无畏。

回望峥嵘守初心

光电学院　李建军

风雨飘摇河山昏，内忧外患海不宁。
十月革命冬送暖，五四运动夏逢霖。
沪京相继思共产，湘鄂鲁粤建同盟。
工农启蒙出刊物，青年团员后备军。
全国上下齐响应，共产国际影响深。
上海兴业同立业，浙江嘉兴共振兴。
救国救民始建党，反帝反封立纲领。
时局艰危寻出路，阶级矛盾大罢工。
国共合作新三民，联俄联共扶工农。
民主革命有领导，工农联盟靠群众。
分析路线论矛盾，确立指导定核心。
瑞金启程长征路，遵义扭转旧方针。
屈指二万五千里，不畏艰险精神存。
全面抗战反侵略，捍卫家国勇斗争。
为有牺牲多壮志，百团大战系人民。
和平解放为人民，当家做主焕然新。
中共八大开端好，虽有曲折亦前行。
改革开放新局面，经济建设特色明。
与时俱进稳推动，科学发展远虑深。
而今迈步新时代，回望岁月叹峥嵘。
高举旗帜共发展，不忘初心谋复兴。
全面建成现代化，不懈奋斗感党恩。
最高理想终实现，艳阳普照天下心！

一颗五角星

光电学院　李中石

我是一颗五角星，缝在一顶旧军帽上。
那一夜，我听到天地隆隆，
二百四十里的奔袭，
与大渡河的涛声一起
不问归期。

天明了，我睁开双眼：
桥岸是密林峭壁；
勾勒出峭壁的千百根灯矩；
还有迎着硝烟飘扬的红旗。
攀上铁索，
一个，两个，三个……二十二个士兵，
顶着我黯淡的光芒前进，
寸寸前进。

不久，他们的胸膛被子弹穿透，
我亲眼看着，我无能为力！
滚滚怒号吞没了身躯，
那个生命，十八九岁，落下江心，
迎着我的眼神，写满坚毅。

我是一颗五角星，印在一本笔记本上。
那一天，沉睡的黄土地不再平静，

带着我，扛着锄头，成队远行的
是一串儒雅朴素的身影。

"南泥湾"，我记得这里荒凉的曾经。
可我面前这个年轻娃娃，
他目光炯炯，仿佛要开天地的神灵！
他们写着，他们干着，从黑夜到黎明，
像一股悦动的血液，温润了杳无人烟的泥泞；
他们不知疲倦，他们又不畏风寒；
我不知道为什么，只看到灯火彻夜未停。

年轻人走进窑洞，
他坐了下来，拍了拍我斑驳的书脊。
哪有什么神灵？
要自给自足，听这改天换地的声音！

我是一颗五角星，挂在实验室的墙上。
一支队伍闯进了不毛之地：
他们闯荒漠，戴繁星；
他们战凛风，迎沙尘；
他们建起地堡和试验场；
他们告别了自己的名字，远方的爹娘。

我面前那个老人，
他的身体已是岁月的沟壑，
他的眼睛里却充满坚毅的渴望，
渴望从此挺直腰杆，渴望让子孙富强！

老人按动了电钮，
一阵摇晃，一声巨响，震彻东方。

无数双眼睛看着这一切!

下一秒,是横空出世,是万丈光芒!

"值了!"

他们用青春为民族踏出希望;

他们用生命把信仰印在胸膛。

我是一颗五角星,飘扬在一面红旗上。

我看看身后这土地:

大国长剑轰鸣着驶过广场,换来宁静,让人安详;

有人抬起头,瞥到了我,

我身后的朝阳、破云的霞光和胜利的方向。

我想,假若有来生,

我愿做一个孩子,

去嬉戏玩耍,就在五星红旗的身旁。

我深爱的土地

国际教育学院　朱信宇

我深深地爱着你,
这片神圣的土地。
你从沪上的石库门走来,
红船划过南湖的碧波,
九死一生,一路向西。
捧起一把黄河的圣水,
越过秦岭,飞过三江源,
洒落在昆仑之巅,
听见寥远激越的天籁之音。

我深深地爱着你,
这片英雄的土地。
缓步走在天安门广场,
凝望着人民英雄纪念碑,
那不是砖石砌成的记忆,
是先烈的鲜血升华凝结的国魂;
当热泪打湿我胸前的衣襟,
我仿佛听见冲锋陷阵的号角
和奋勇杀敌的呐喊声。

我深深地爱着你,
这片柔美的土地。
看一眼西湖姑娘的魅影,

太湖的白帆，姑苏的园林，
芦笙绵绵，洞箫悠悠。
是月宫的嫦娥，瑶池的仙子，
亭亭玉立，卓尔不群。
倾倒的又怎止这一个世界，
这一种人间？

我深深地爱着你，
这片富饶的土地。
春意盎然，"复兴号"穿梭美丽的田野，
似游走于黄金宝石铺就的花海。
热情的人们绽放幸福笑容，
又是一个丰收的季节。
红旗插遍山山水水，
山花烂漫角角落落，
只愿你在花丛中一切安好。

我深深地爱着你，
这片强盛的土地。
蛟龙腾飞，金猴降魔，
善良的人们在东风的吹拂下，
快意而自信地微笑。
锐利的天眼深情守望，
最明亮的恒星，
似东方明珠凝眸红其拉甫，
远隔千里却心心相印。

我还深深地爱着你，
这片伟大的土地。
你是正义的化身、和平的使者，

你是人权的卫士、民族的脊梁。
因为你的苦心孤诣,世纪沧桑砥砺,
民族的后浪不再需以命搏命地挥洒血泪;
因为你的尝胆卧薪,百年积极求索,
从此再无人敢以"东亚病夫"的恶语相加。

我深深地爱着你,
这片多情的土地。
风雨无悔,
历久弥新。

乐府新题·长路好放歌

机械与车辆学院　张梓超

悠悠五千年，文明汇长河。
甲午风云变，炸垮闭关锁。
鸦片坚船列，落后就挨打。
晚清腐败早，同胞沦帝祸。
军阀大混战，割据无中国。
仿西维新派，改良瞬夭折。
辛亥兴中会，振兴中华魂。
三民主义旗，伟大先驱者。

十月革命路，五四运动兴。
民主和科学，德赛两先生。
南陈新青年，北李主义观。
五四新文化，马列广传播。
北大研究会，上海党小组。
论战反思潮，布尔什维克。
中国共产党，应运天下福。
一大开天地，红船百年火。

二大定纲领，反帝反封建。
党章第一部，国际建支部。
海员京汉涌，罢工争权益。
国共合作始，三大定规则。
联俄联共开，扶难助农工。

激浪大革命，党建融黄埔。
工农联盟紧，四大建功绩。
支部三党员，党员迅增多。

五大蓬勃展，限共中山舰。
北伐大进军，农运讲习所。
上海"四一二"，南昌第一枪。
古田连党建，改编在三湾。
土地革命起，政权武装夺。
朱毛会井冈，六大莫斯科。
五次反围剿，长征万里行。
遵义光芒照，红星耀中国。

滔滔延河水，巍巍宝塔山。
抗日全民胜，敌后持久战。
七大新党章，指导思想定。
主席赴重庆，两手对和谈。
三大战役胜，战略转折点。
北平入城式，东交民巷过。
炮轰紫石英，决胜渡江波。
钟山风雨起，青天白日落。

睡狮正昂首，世界看中国。
东方贺新喜，人民建共和。
开国无小事，民生大事多。
四海广交友，五洲坚冰破。
中苏新同盟，国际新变格。
御美国门外，志愿之战"磕"。
五四颁宪法，五五授军衔。
一五二五启，八大矛盾变。

实事求是永,四项原则定。
春天故事美,理论新天地。
改革设计师,开放市场活。
军队现代化,永远不称霸。
一国两制度,港澳终归国。

改革不停步,延续好政策。
十五定纲领,十六建小康。
一个大中心,两个基本点。
高举一面旗,"三个代表"说。
奋斗目标定,文明两手硬。
开创新局面,执政为民生。
科学发展观,发展全掌握。
思想再解放,改革结硕果。

"嫦娥"常飞天,"蛟龙"戏深蓝。
阔步新时代,领航新思想。
命运共同体,大国利器多。
党建统领严,"打虎"去污浊。
小康建成日,扶贫大恩泽。
展望复兴路,现代富强国。
践行"十四五",山水生态车。
延安理工魂,长路好放歌。

第二篇　坚定理想信念
　　　　永葆入党初心

　　成长于祖国腾飞时代的青年学子，从小耳濡目染的一句话就是"没有共产党就没有新中国"，怀揣着一颗爱党爱国的拳拳之心迈入大学的殿堂后，对党和国家的认知从朦胧开始化为清晰。特别是在北京理工大学这一所传承着"延安根、军工魂"红色基因的高校里，北理工学子庄重地向党组织递交了入党申请书，申请加入中国共产党，以党员的标准严格要求自己，牢记初心，勇敢逐梦，为实现中华民族伟大复兴的中国梦而不懈奋斗。

青年兴则国家兴,青年强则国家强

法学院 阳 至

敬爱的党组织:

我志愿加入中国共产党,愿意为共产主义事业奋斗终身。我深知,中国共产党是中国工人阶级的先锋队,是中国人民和中华民族的先锋队,一直矗立于历史浪潮的前沿,引领时代潮流,带领全国人民为实现中华民族伟大复兴的中国梦不懈奋斗

中国共产党是中国特色社会主义事业的领导核心。党的十八大以来,以习近平同志为核心的党中央提出了"五位一体"总体布局和"四个全面"战略布局,让中国在改革发展的道路上又进一步,使中国各行各业充满了蓬勃向上的朝气。而习近平总书记在一次次的重要讲话中,特别强调青年学子对建设国家的重要性,并号召广大青年学子为社会主义现代化建设做出应有的贡献。时代的号角召唤我们,民族的未来需要我们。青年兴则国家兴,青年强则国家强。新时代的我们必须更加完善自我、锐意进取、各出所学、各尽所知,为实现中国梦贡献自己的一份力量。

中国自古以来有家国同构的理念。家是最小国,国是千万家,在世界是国,在天地是家。一批批优秀的共产党员,舍小家、保大家,用激情与热血书写生命的风采、铸就民族的未来。战斗年代,他们抛头颅、洒热血,勇往直前,殒身不恤;和平年代,他们勤勤恳恳、刻苦钻研、忘我奋斗、孜孜不倦……他们是时代的楷模、国人的榜样!阅览无数鲜活的事例,钦佩之情油然而生!

家庭环境对一个人的成长具有潜移默化的影响。而我恰好从小生长在一个具有优良党风氛围的家庭中,对中国共产党的崇敬与景仰,自记事起便生根发芽。在清静明朗的夜晚,父辈们常常充满深情地回忆着自己父母的故事。祖父那一辈见证了中国共产党的诞生与成长,真真切切地经历着中国共产党打土豪、分田地,给广大贫下中农带来的巨大恩惠。中华人民共和国成立,

更是让中国人挺起了腰板，昂首挺胸，当家做主做起了自己的主人。祖父一直心地善良、胸怀正义、大公无私，有幸在新中国初期成为一名光荣的共产党员。祖父不仅以一个共产党员的标准要求自己，而且要求家人，着实捧着一颗心来、不带半根草去。国家为普通工人每一年半发放一次工作服，而祖父却总是婉拒新衣，将用过七八年的工作服补了又补，他说："国家现在还很穷，我们要多节约啊！"家中大锅的木盖坏了，祖母从生产车间的地面上捡了一颗铁钉带回家，被祖父知晓，他大发雷霆，斥责不该拿公家的东西，责令送回……

祖父以高标准的自我要求，每天工作10多个小时，远远超过国家规定的8小时工作时间。积极奉献、为人民服务的工作态度，为祖父赢得了很多荣誉，年年被评为先进共产党员，各类奖章、奖状、证书高高码放在屋子的一隅，在地方也成了小有名气的"铁人"。1958年，祖父作为全国劳动模范的代表，被邀请登上天安门城楼观礼，并受到毛泽东主席的亲自接见……祖父的党员使命感、满腔爱国情充满分分秒秒，日出已作，日落未息，直到生命的最后时刻，他还叹息道："不能为国家做出更大的贡献了……"

由于我出生较晚，遗憾未能与祖父见过面，但祖父的故事却像是催人奋起的洪钟，教育着后代什么是一个共产党员，怎样做好一个共产党员，怎样去服务国家、服务人民。在他老人家的培养教育下，父辈中有4人都光荣地加入中国共产党。我从小生活在大家庭中，被父辈们团结、和善、正义、谦让的品质熏陶着，他们兄弟姐妹的凝聚力更是为邻里所敬佩、钦服，在一方传为美谈。

听着中国共产党红色的故事长大，一种家族的使命感和民族的责任感，强烈地告诉我，我必须要成为一名共产党员，而且必须克服困难、迎面挑战，使自己更加优秀！忆往昔，初入小学，我即光荣地加入了中国少年先锋队，成为一名共产主义接班人，每年优秀少先队员的称号让飞扬的红领巾更加鲜艳；一入初中，我即成为一名共青团员，用青春拥抱时代、用生命点燃未来，离神圣的共产党员身份又进了一步。而高考结束后，我也终于步入成年，终于能够以一个成年人的身份在大学的第一个年头提交入党申请书！

在过去的十余年求学生涯中，我一直努力做到品学兼优，追求德智体美劳全面发展。我长期担任班长、学习委员等职务，努力为身边的同学们做好服务；学习成绩一直在班级、学校名列前茅，多次获得各种奖学金；强壮的体魄更是让我能够从健身体育走向竞技体育，年年运动会能够进入前三名，至今庐江四中的校记录还为我所保持。还有校级三好学生、镇级三好学生、市级三好学生的荣誉，伴随着我的成长，见证着我的点滴进步，也激励着向更高的目标迈进。

尤其是在高中，文理分科之后我选择了文科，这样可以在政治、历史领域，更全面、更系统地了解伟大的中国共产党、伟大的祖国。而我，更加惊异于中国共产党所创造的一个个辉煌与奇迹，诞生于风雨如晦年代的中国共产党，使中国的革命面貌焕然一新。中国共产党带领中国人民不辍奋斗、创造、积累，从星星之火形成燎原之势，从筚路蓝缕、以启山林到成为挽救民族危亡的中流砥柱；中国共产党开辟了中国特色社会主义道路，形成了中国特色社会主义理论体系，确立了中国特色社会主义制度，成就了富强、民主、文明、和谐、美丽的中华人民共和国！

有幸能够在18岁的年龄步入北京理工大学，这是中国共产党建立的第一所理工科院校，与中国共产党的关系自然密不可分。而我生来即与中国共产党结下不解情缘，大学的历练又让我与中国共产党千丝万缕的联系更进一步。在前不久的北京理工大学校团委团校的招新面试中，我成功加入校团委。团委的锻炼必将使我更加深刻地了解我们的团组织、党组织，了解一切从实际出发、理论联系实际、实事求是的中国共产党，了解领导和团结全国各族人民、以经济建设为中心、坚持四项基本原则、坚持改革开放的中国共产党，了解始终代表中国先进生产力的发展要求、代表中国先进文化的前进方向、代表中国最广大人民的根本利益的中国共产党。

志不立，如无舵之舟，无衔之马，漂荡奔逸，终亦何所底乎？树立远大理想，自觉追求先进有益文化，方能在浩浩荡荡的历史长河中，成为大有可为的弄潮儿。

我愿意握紧右拳，坚定理想信念，在党旗下庄严宣告：我志愿加入中国共产党，拥护党的纲领，遵守党的章程，履行党员义务，执行党的决定，严守党的纪律，保守党的秘密，对党忠诚，积极工作，为共产主义奋斗终身，随时准备为党和人民牺牲一切，永不叛党。

实践是检验真理的唯一标准。请党组织在实践中考验我！

2015年10月23日

少年的信仰

人文与社会科学学院　肖剑桥

敬爱的党组织：

怀着激动的心情，我庄严地写下这份入党申请书。我深切地热爱着我的党，热爱着我的祖国。加入中国共产党，对于我来说便是最高的荣誉，实现中华民族伟大复兴正是我一生的追求。

中国共产党从成立之日起，就注定是一个伟大的党，注定是一个要改变旧中国命运的党。在近代中国的历史上，党经历了无数困难的考验与洗礼，终于推翻了压在中国人民身上的三座大山，建立了中华人民共和国，中国人民从此站了起来。没有共产党就没有新中国。新中国初期，百废待兴，党带领全国各族人民恢复和发展生产力，把人民日益增长的物质文化需求和落后的生产力的矛盾作为主要矛盾。如今，中国已是跃居世界GDP第二位的大国。党在我们民族和国家的振兴上起到了决定性的作用。

中国共产党是中国工人阶级的先锋队，同时是中国人民和中华民族的先锋队，是中国特色社会主义事业的领导核心，代表中国先进生产力的发展要求，代表中国先进文化的前进方向，代表中国最广大人民的根本利益。中国共产党以马克思列宁主义、毛泽东思想、邓小平理论、"三个代表"重要思想、科学发展观，作为自己的行动指南，有着科学的思想指导。中国共产党领导和团结全国各族人民，以经济建设为中心，坚持四项基本原则，坚持改革开放，自力更生，艰苦创业，为把我国建设成为富强、民主、文明的社会主义现代化国家而奋斗。发展是我们党执政兴国的第一要务。各项工作都要把有利于发展社会主义社会的生产力，有利于增强社会主义国家的综合国力，有利于提高人民的生活水平，作为总的出发点和检验标准。在新的历史时期，党又将不断提高党的领导水平和执政水平、提高拒腐防变和抵御风险的能力作为两大历史性课题进行探究。可见，我们的党是与时俱进的，是随着时代发展的脉络而不断充实完善的。加入党组织注定是一份无上的荣誉，同时更要担负起服务人民、振兴中华的历史责任。

我出生在党员世家，我的父母以及姥爷都是党员，我从小便受到了良好的熏陶。我的父母是政府公职人员，他们坚守在自己平凡的岗位上，数十年如一日，与人为善、遇事争先，起带头作用。我的姥爷经历了几十年风雨的洗礼，是一位"老革命""老干部"，88岁高龄的他仍坚持每天读书学习，坚定地跟随着党的脚步。我的家人为我树立了好党员的优秀典范。

我积极向党组织靠拢，在高一就曾递交过入党申请书，高二时被选为入党积极分子，参与相关学习和培训，在结业考试中取得优异成绩。但是由于年龄的原因，我无法在高中时成为一名光荣的预备党员，当时我的心情十分低落，但是后来我终于想明白了一件事：早入党晚入党都是要为人民服务，为了祖国的发展贡献力量，入党并不仅仅是荣誉的象征，关键是那颗奉献之心。有了这次经历，我对党的认识愈发深刻了，思想愈发成熟了。

我小学就担任大队委员，被评为大连市文明小市民；初中担任了班长、校学生会主席，被评为大连市优秀学生干部；高中时我担任班长、校学生会副主席，被评为大连市优秀学生干部，并参与了辽宁省优秀干部的评选。我觉得在这么多年的学生工作中，我学会了团结他人、学会了从其他同学身上学习闪光点等。我的初高中班主任老师也都是党员，她们教给我坦诚做人、踏实做事、谦虚好学。我觉得这些品质是成为一名合格党员的基础。我的不足之处在于对于别人的意见和批评有时不能很好地倾听，做事有时比较急躁，在今后的生活中，我要以党员的标准要求自己，克服这些缺点。

北京理工大学是中国共产党创办的第一所理工科大学，在北理工求学我更能体会到党的关爱。今后我要加强自己的党性知识学习，更加深入地了解党的大政方针，做一名有志青年。作为一名大学生，我同时要努力学习。只有学习好才能使人信服，才能真正地做一名带头人，做一名合格的党员。我还要继续开展学生工作，踏实办好每一件事，在工作中不断为老师、同学、学校服务。只有以党员的标准来严格要求自己，才有机会被党组织接纳。

我坚定地选择加入党组织是我永不后悔的选择，请党组织在实践中考验我。

2014年9月20日

不忘初心跟党走,做新时代有为青年

睿信书院　傅海韬

敬爱的党组织:

我志愿加入中国共产党,拥护党的纲领,遵守党的章程,履行党员义务,执行党的决定,严守党的纪律,保守党的秘密,对党忠诚,积极工作,为共产主义奋斗终身,随时准备为党和人民牺牲一切,永不叛党。

中国共产党是中国工人阶级的先锋队,同时是中国人民和中华民族的先锋队,是中国特色社会主义事业的领导核心,代表中国先进生产力的发展要求,代表中国先进文化的前进方向,代表中国最广大人民的根本利益。党的最高理想和最终目标是实现共产主义。

我出生于一个普通的知识分子家庭,父母都是教师。我从小便受到家中几位长辈老党员——老姥爷、姥爷、爷爷和父亲潜移默化的感染。老姥爷是革命年代的老党员;姥爷是在部队入的党;爷爷是在党的资助政策关怀下读的书入的党;父亲大学时就成了一名光荣的学生党员。家庭和学校良好的文化知识教育和品德教育,使我逐渐成长起来,从鲜红的队旗下戴上红领巾进行入队宣誓,到我戴上团徽成为一名光荣的共青团员。上了大学以后,在党组织的关怀教育和指导下,通过学习党的基本知识,以及学习马列主义、毛泽东思想、中国特色社会主义理论体系等,我更加了解党、认识党,看到了党的伟大、光荣和正确,自己更加坚定了对党的信仰。

回顾党的光辉历程,我深刻认识到,中国共产党以马克思列宁主义、毛泽东思想、邓小平理论、"三个代表"重要思想、科学发展观、习近平新时代中国特色社会主义思想作为自己的行动指南。近代以来,在救亡图存的伟大斗争中,从洋务运动到戊戌变法,再到辛亥革命,各种思想在中国大地激荡交汇,都没能带领中国人民实现民族独立、国家富强。直到十月革命一声炮响,给中国送来了马列主义,才给我们国家和民族送来了希望。以毛泽东同志为代表的中国共产党人创造性地把马列主义普遍原理同中国实际相结合，同中国工人运动相结合，建立了中国共产党，从此中国革命焕然一新。经过几十年的浴血奋战，中国人民在中国共产党的领导下，终于推翻了帝国主义、封建主义、官僚资本主义三座大山，建立了中华人民共和国，人民成了国家的主人，民族实现了独立。新中国诞生后，党和政府依靠人民的力量医治战争创伤，恢复濒临崩溃的国民经济，实行土地改革等一系列方针政策，巩固了新生的革命政权并确立了社会主义制度。特别是十一届三中全会以来，党带领全国各族人民解放思想、实事求是，把党的工作重点转移到以经济建设为中心上来，并逐步确立了以一个中心、两个基本点为主要内容的基本路线，找到了一条符合中国国情、具有中国特色的社会主义道路。

十八大以来，以习近平同志为代表的中国共产党人，顺应时代发展，从理论和实践结合上系统回答了新时代坚持和发展什么样的中国特色社会主义、怎样坚持和发展中国特色社会主义这个重大时代课题，创立了习近平新时代中国特色社会主义思想。习近平新时代中国特色社会主义思想是对马克思列宁主义、毛泽东思想、邓小平理论、"三个代表"重要思想、科学发展观的继承和发展，是马克思主义中国化最新成果，是党和人民实践经验与集体智慧的结晶，是中国特色社会主义理论体系的重要组成部分，是全党全国人民为实现中华民族伟大复兴而奋斗的行动指南，必须长期坚持并不断发展。如今，我国综合国力极大增强，国际地位显著提升，在国际事务中发挥着不可替代的重要作用。在新的历史起点上，习近平总书记提出的中国梦、"一带一路"等大政方针，体现了我们党对中华民族近现代发展历史逻辑的科学把握，展示了中国共产党人的道路自信、理论自信、制度自信、文化自信。尤其是党的十八大以来，全党全国正在向全面建成小康社会、实现中华民族伟大复兴的目标奋力前进。

进入大学以后，随着不断地学习，我加深了对党的性质、宗旨的认识，也让我有了加入中国共产党的强烈决心。入党，不仅仅要在组织上入党，更重要的是从思想上入党。在学习方面，我一直以认真严谨的态度对待，力争让自己成为学习上的排头兵。在学生工作方面，我在院学生团委宣传部担任部员以及班级的宣传委员，配合宣传部和班委做好相关工作，利用各种媒体和平台报道团员的先进事迹，开展各种健康有益的文体活动，引导团员用党的重要思想和理论构筑强大的精神支柱，充分发挥共青团宣传主阵地的积极作用。同时，这些活动让我接触到更多的人，观察到更多的事，提高了自己的组织能力和与人交流沟通的能力。

在社会工作方面，我加入了最大的校级志愿者组织——延河之星志愿者总队，在社区部担任部员。社区部志愿活动的宗旨是关爱。爱，是一种无声的诺言，只要轻轻一点火花，就能让世界充满温暖；爱，是一种无偿的交换，只要小小一缕奉献，就能让彼此真诚相待。一个人对社会的价值，不是看从社会中获取了多少，而是看对社会付出了多少。作为一名大学生，更作为一名志愿者，我愿意把我的爱心化为行动，投入到建设祖国的伟大进程中去。

在生活方面，我也没有放松对自己的要求。我每天不迟到不早退，也牢记着艰苦朴素、勤俭节约的优良传统。平日主动与身边的同学、老师交朋友，在他们遇到困难时帮助他们，与周围人建立了良好的人际关系。

然而，我发现自己还存在很多不足。比如，学习生活等时间分配不够科学；对党的理论学习还不够深入；对如何在学习和生活中践行全心全意为人民服务的宗旨领悟还不够深刻等。我想，要成为一名合格的共产党员，这些都是需要我尽快去改进和克服的。在学校里，我要珍惜每一分钟，迈好每一步，严格遵守学校各项规章制度，刻苦学习、勤练本领，在同学面前起到模范带头作用，努力做到乐学、勤学、善学，提高自己的科学文化知识水平，使自己成为能肩负起新使命、新责任的有为青年。

我将用一名党员的标准严格要求自己，用实际行动拥护党的纲领，遵守党的章程，履行党的义务，认真做好党组织交给我的任务，积极工作，争取早日加入中国共产党。如果组织暂时还不能接受我，我也不会气馁，会继续按照党员的标准严格要求自己，继续努力，争取早日加入党组织。

请党组织在实践中考验我！

2018 年 10 月 1 日

明确初心，矢志奋斗

徐特立学院 黄 腾

敬爱的党组织：

我志愿加入中国共产党，愿意为共产主义事业奋斗终身。

中国共产党是中国工人阶级的先锋队，同时是中国人民和中华民族的先锋队，是中国特色社会主义事业的领导核心，代表中国先进生产力的发展要求，代表中国先进文化的前进方向，代表中国最广大人民的根本利益。中国共产党以实现共产主义为最终目标，以马克思列宁主义、毛泽东思想、邓小平理论、"三个代表"重要思想、科学发展观为指导，是用先进理论武装起来的政党，是全心全意为人民服务的党，是有能力领导全国人民进一步走向繁荣富强的党。

中国共产党第十八次全国代表大会胜利召开后，我认真学习了党的十八大精神。十八大报告提出"为全面建成小康社会而奋斗"，从"建设"到"建成"，这一字之变，是个质的飞跃；"建设"是过程，"建成"是结果。这一字之改的"含金量"很高，为我们扎扎实实迈向中华民族伟大复兴提供了一个看得见、摸得着、感受得到的阶段性目标。报告首次明确提出全面"建成"小康社会，是对全国人民的庄严承诺，是对全世界的郑重昭告，同时指明了未来的发展方位。在报告中，86次出现"改革"，这意味着"改革"是十八大报告中最重要的关键词之一。而"人民"一词出现了145次，可以从报告的字里行间读出人民在党心中的分量。十八大报告将中国特色社会主义事业总体布局从"四位一体"扩展为"五位一体"，增加了生态文明，并将其提升到更高的战略层面。由此，中国特色社会主义事业总体布局为经济建设、政治建设、文化建设、社会建设和生态文明建设，这是总揽国内外大局、贯彻落实科学发展观的一个新部署。增加了生态文明，体现了尊重自然、顺应自然、保护自然的理念，体现着自然界的净化，对应着全国老百姓的经济、政治、社会、文化、生态五大权益。报告中提出党的建设总体布局也是"五位一体",即思想建设、组织建设、作风建设、反腐倡廉建设、制度建设,其中的反腐倡廉建设,体现的是中国共产党的自我净化。

  下面我将简述一下我个人的成长经历及在成长的不同阶段对党的认识。2001年我上小学,通过一年的努力终于在小学二年级时加入中国少年先锋队(同年级第一批),当三年级的学长在国旗下将鲜艳的红领巾系到我的胸前并且向我行少先队队礼的时候,我感觉到光荣与责任。因为老师们告诉我,红领巾是红旗的一角,是用革命烈士的鲜血染成的,我们将会成长为共产主义事业的建设者和接班人。鲜艳的红领巾时刻提醒我,要继承革命先辈的光荣传统,爱祖国、爱人民,不能让革命先辈的血白流。上了中学,学校开设了"社会"这门课,从这门课中,我了解到了在党发展的历史上,在社会主义革命与建设中,曾有无数老一辈共产党员舍生取义、杀身成仁,只是为了实现共产主义的理想。课本中,板报上,到处都有共产党员用自己的模范行为谱写出的感人诗篇。例如,刘胡兰视死如归、董存瑞舍身炸碉堡、雷锋为人民服务、孔繁森呕心沥血等无数鲜活的例子,无不在昭示着:人可以活得高尚!向党和人民献出自己的满腔热血是身为中国人最大的光荣!怀揣着这样的信念,我于2005年5月加入中国共产主义青年团,正如团歌所写的那样,"我们是五月的花海,用青春拥抱时代;我们是初升的太阳,用生命点燃未来。'五四'的火炬,唤起了民族的觉醒。壮丽的事业,激励着我们继往开来。"继往开来,承前启后!秉持着这样的信念,我在积极学习文化知识的同时提高自身道德修养,还积极参加公益活动,去敬老院服务老人,去爱心义卖将不用的东西卖给同学们,所得的钱全部捐给了云南贫困山区的孩子们。大一,我积极投身公益事业,赴河南平顶山、洛阳等5处小学支教,并用通过募捐得来的书籍为当地的孩子建立图书室。在这个过程中,我切实感受到全心全意为人民服务的快乐。至于此,我感到自己志愿加入中国共产党的动机,分为以下三个方面。

  第一,必须把实现共产主义作为自己毕生追求的理想。理想不仅仅只是一个人的奋斗目标,同时也是一个人世界观的反映。只有拥有相同的理想,才能志同道合,这也是共产党员彼此称呼为"同志"的原因。建立共产主义社会的伟大目标,是社会发展规律和最广大劳动人民的愿景。每个要求入党的同志都以共产主义为信仰，都把实现共产主义社会作为自己终身的奋斗目标。共产主义社会是人类社会中最理想的社会经济形态，但是我们也要清醒地认识到，共产主义的实现，必然要经过几代人、十几代人，甚至几十代人的共同努力。共产主义是伟大的思想家马克思根据社会和历史发展的客观规律，在经过系统的分析、严格的论证后所做出的科学设想，并不是主观臆造的。在中国，为了摆脱半殖民地半封建的积弱现状，中华民族无数革命先辈为之流血牺牲。我们回望历史，可以相信马克思主义能够改变当时的社会现状，走出一条独立自主的强国之路，但是在当时而言，革命先辈们并不能看到如今中国的繁荣景象，那么又是什么样的一种力量支撑他们，抛头颅、洒热血，不惜牺牲自己的一切呢？这就是我详谈的第二点，坚定的共产主义信念。

第二，要坚定共产主义必胜的信念。信念就是一个人立身处世、明辨是非的行事准则，是一个人世界观、人生观、价值观的集中体现。一个人是否拥有信念，并不是看他口号喊得多么响，而是看他如何行动。共产主义相对于资本主义而言，是新兴事物。新兴事物在取代旧有事物的过程中，注定是不能一帆风顺的，是一定会经历无数艰难险阻的。与此同时，既然是新兴事物，代表着先进生产力，代表着人类文明的前进方向，就一定会取得伟大的胜利。共产主义必胜，是因为资本主义无法解决生产资料私人占有与生产的社会化的矛盾，这是生产力关系和经济基础与上层建筑之间的矛盾，矛盾的运动必然引起社会形态的变革，因此资本主义社会必然会走向灭亡，新的生产方式会取代原有的生产方式，共产主义也一定会实现。只有坚定共产主义必胜的信念，我们才会即使遭遇诱惑、挫折、困厄、打击，甚至生命威胁的时候仍能够不忘初心、砥砺前行，坚持不懈地为实现自己崇高理想而奋斗。

第三，牢记全心全意为人民服务的根本宗旨。社会物质、精神财富都是由广大的劳动人民创造的，同时社会的每一次伟大变革也都是由广大的劳动人民所推动的。人民群众是历史的创造者，因此要创造灿烂的历史就必须依靠人民。只有全心全意为人民服务，切实解决人民的需求，维护广大人民群众的利益，改善人民群众的生活，我们才能得到最广大人民群众的支持，我们的党才能永远保持无限的活力。从新民主主义革命，推翻帝国主义、资本主义、封建主义这三座大山，建立新中国，到社会主义三大改造，再到以经济建设为中心，实施改革开放，我们党在各个阶段的路线、方针、政策，都是根据不同阶段社会的主要矛盾，切实解决人民所遇到的问题，以维护最广大人民群众的利益为出发点进行制定的，因此我们才能取得举世瞩目的伟大成就，才能不断书写新的历史。

中国共产党作为中国工人阶级的先锋队、中国人民和中华民族的先锋队，忠实地代表着人民的利益。我志愿加入党组织，把自己有限的生命投入到无限地为人民服务的进程中。同时我也清醒地认识到，目前的我仍然离成为一名光荣的共产党员存在较大的差距，但是我一定会在今后的学习生活中时刻以一名共产党员的标准要求自己，努力学习文化知识，加强对党的认识，不断加深对马克思主义理论的理解，积极参加党组织的活动，积极为他人服务，在砥砺自我中不断提高自身的服务意识与服务水平。

对祖国的热爱，对党的忠诚，对共产主义理想和对中国特色社会主义的理想信念的坚定和信仰，使得我写下这份入党申请。我希望在党的教育培养和关怀下得到锻炼和提高，更好地成长起来，在实现"两个一百年"奋斗目标、实现中华民族伟大复兴中国梦的实践中创造自己精彩的人生。如果党组织能批准我成为预备党员，我一定不骄不躁，继续认真学习党章，严格按照党章要求自己，经得起党组织一年预备期的考察，争取按期转为正式党员，努力做合格和优秀党员。如果党组织未批准我，我也决不会气馁，会在学习生活中继续学习党章，始终以党员的标准规范自己的行为，不断增强党性修养，争取能够早日加入党组织。

请党组织在实践中考验我！

2014 年 12 月 9 日

不忘初心勇担当

信息与电子学院　金　岩

敬爱的党组织：

我志愿加入中国共产党。

中国共产党是中国工人阶级的先锋队，是中国各民族利益的忠实代表，是中国特色社会主义事业的领导核心，我志愿加入党组织并在其中积极工作。我将拥护党的纲领，遵守党的章程，履行党员义务，执行党的决定，严守党的纪律，保守党的秘密，对党忠诚，积极工作，为共产主义奋斗终身，随时准备为党和人民牺牲一切，永不叛党。

我出生于1996年，是20世纪的最后几年，从小看着党带领我们走入新世纪、踏入新纪元。随着时间的推移，我对党的理解由儿时的好奇渐渐地变成了现在的一种信仰。时间的沉淀使我坚定了加入中国共产党的目标和为党的事业奋斗终身的信仰。

上小学时，在老师的培养与教育下，我懂得了，我们今天的幸福生活是无数革命先烈用生命和鲜血换来的。我们应该好好学习、天天向上，用自己的努力来报答教育我们的老师与家长。因此，不久后，我光荣地加入了中国少年先锋队。从此，热爱祖国的思想感情在我幼小的心灵萌芽。随着知识的积累与年龄的增长，我在思想上逐渐懂得了青年人要成才进步，必须靠近团组织，主动接受组织的教育和培养。

在小学还未毕业时，我就加入了中国共产主义青年团，成为一名"小龄团员"。升入初中之后，我是班级中为数不多的团员之一，我有责任有义务为班级同学服务。同时，我多次作为入团介绍人介绍身边优秀的同学们加入共产主义青年团。

升入高中以后，我主动申请成为班级的团支书，通过对中国革命史以及先进人物事迹的学习，对党又有了进一步的认识。雷锋、焦裕禄、孔繁森等

入党申请书

敬爱的党组织：

我志愿加入中国共产党。

中国共产党是中国工人阶级的先锋队，是中国各民族利益的忠实代表，是中国社会主义事业的领导核心。我愿意加入党组织并在其中积极工作。我将拥护党的纲领，遵守党的章程，履行党员义务，执行党的决定，严守党的纪律，保守党的秘密，对党忠诚，积极工作，为共产主义奋斗终身，随时准备为党和人民奉献一切，永不叛党。

我出生于1996年，是20世纪的最后几年，从小看着党带领我们走入新世纪、跨入新纪元。随着时间的推移，我对党的理解由儿时的好奇渐渐地变成了现在的一种信仰。时间的沉淀使我坚定了加入中国共产党的目标，为党的事业奋斗终身的信仰。

上小学时，在老师的培养与教育下，我懂得了，我们今天的幸福生活是无数革命先烈用生命和鲜血换来的。我们应该好好学习，天天

的先进事迹指引着我的成长，尤其是雷锋同志。我的家乡在辽宁省抚顺市，是雷锋同志的第二故乡，多数广为流传的雷锋同志的优秀事迹都是在那里发生的。阅读《雷锋美德读本》，参观雷锋纪念馆，雷锋的故事深深感染着我，我也想像他一样，全心全意为人民服务。

上了大学之后，我学习了《毛泽东思想和中国特色社会主义理论体系概论》《马克思主义基本原理概论》等思政课。通过这些课程的学习，我深刻认识到党的伟大。中国共产党带领全国各族人民，完成了反帝反封建斗争，确立了社会主义制度，开辟了中国特色的社会主义道路。党带领全国各族人民取得的丰硕成果，使我更加意识到党的光荣和伟大，也加深了我对党的认识

和感情，加入党组织的愿望也愈加强烈。

真正对我的内心触动很大的是考研的那段时间，刚好是十九大召开的时间，因为考研政治需要对时事政治进行考察，我对十九大的精神进行了认真且细致的学习。十九大报告题为"决胜全面建成小康社会，夺取新时代中国特色社会主义伟大胜利"。这次大会的主题是：不忘初心，牢记使命，高举中国特色社会主义伟大旗帜，决胜全面建成小康社会，夺取新时代中国特色社会主义伟大胜利，为实现中华民族伟大复兴的中国梦不懈奋斗。党的十九大，是在全面建成小康社会决胜阶段、中国特色社会主义发展关键时期召开的一次十分重要的大会，承担着谋划决胜全面建成小康社会，深入推进社会主义现代化建设的重大任务，事关党和国家事业继往开来，事关中国特色社会主义前途命运，事关最广大人民根本利益。

令我印象最为深刻的是，十九大报告对我国社会的主要矛盾作出了新的论断。1981年，党的十一届六中全会指出，在社会主义改造基本完成后，我国所要解决的主要矛盾，是人民日益增长的物质文化需要同落后的社会生产之间的矛盾。十九大报告指出，我国社会主要矛盾已经转化为人民日益增长的美好生活需要和不平衡不充分的发展之间的矛盾。我国社会主要矛盾的变化引发了我深深的思考：从"物质文化需要"到"美好生活需要"的变化，反映的是社会的进步和发展阶段的提高，而带领我们走入这个发展的新时期的正是伟大的中国共产党。

我们的党之所以能够成为全国各族人民的领导核心，是因为它有自身的先进性，绝大多数党员都有远大的理想和高尚的情操，在各条战线上都能起到模范带头作用。我要向他们学习，全心全意为人民服务，为党和人民的利益奉献自己的一切，把自己的微小力量汇集到为共产主义事业而奋斗的洪流中去，为共产主义事业奋斗终身。

在组织的关怀与培养下，我认真学习，政治思想觉悟和个人综合素质都有了长足的进步。平时我主动关心国家大事，学习党的有关方针、政策，使我进一步提高了对党的认识，增强了对党的信念，明确了党的宗旨，端正了入党动机。

因此，我希望党组织从严要求我，以便使我更快进步。今后，我会更加严格要求自己，认真学习党的重要思想，刻苦学习，全面发展，提高自身的思想和理论素质,努力为人民服务。当然,我依然存在一些小问题,虽然经常利用课余时间学习,但在分析实际问题时还显得有些不足,不过我会尽我所能尽快改正,同时还请组织给予指导与帮助。

我会用党员标准严格要求自己,自觉地接受党员与群众的帮助与监督,争取早日成为一名光荣的中共党员。

请党组织在实践中考验我!

2018 年 10 月 6 日

道阻且长,勿忘初心

睿信书院 李文博

敬爱的党组织:

我志愿加入中国共产党。

中国共产党的诞生是中国革命发展的客观需要,是马克思主义同中国工人运动相结合的产物。中国共产党是中国工人阶级的先锋队,同时是中国人民和中华民族的先锋队,是中国特色社会主义事业的领导核心,代表中国先进生产力的发展要求,代表中国先进文化的前进方向,代表中国最广大人民的根本利益。党的最高理想和最终目标是实现共产主义。中国共产党以马克思列宁主义、毛泽东思想、邓小平理论、"三个代表"重要思想、科学发展观、习近平新时代中国特色社会主义思想作为自己的行动指南。

"理想信念是共产党人精神上的'钙',没有理想信念,理想信念不坚定,精神上就会'缺钙',就会得'软骨病'。"习近平总书记曾这样明确指出。坚持理想信念,坚持共产党人精神追求,始终是共产党人安身立命的根本。每一名合格的共产党人对马克思主义的信仰、对共产主义和社会主义的坚定信念,都是其最珍贵的灵魂。我理解的理想信念,有最高理想信念,也有阶段性的理想信念。作为个人来讲,我把实现共产主义并为实现共产主义奋斗终身作为长期的、宏观的理想信念,但是,每个人在每个阶段的理想信念都应该有具体的内容,而当下我的阶段性理想信念便是全身心投入学习中,不断增强本领、锤炼品德,迎难而上、不断奋起,将自身所学与实践结合起来,做到学以致用,以真才实学服务人民,以创新创造贡献国家!

2014年5月4日,我加入中国共产主义青年团。我积极参与各类团组织活动,起初认为在团组织表现优异就可以顺利加入中国共产党(现在已经知晓自己当时没有对党组织形成足够严肃深刻的认识)。后来在高二学期有幸参加了学校的青年党校,第一次对党有了理性的初步认识:中国共产党是中国工人阶级的先锋队，是中国特色社会主义事业的领导核心，是中国各族人民利益的代表者，由共青团到共产党这一地位的上升也就要求着我们思想觉悟力、社会感知力必须有一个显著的提升。在党课学习中，我了解到共产党的发展历史，党历经艰辛开创了中国特色社会主义道路，形成了中国特色社会主义理论体系，确立了中国特色社会主义制度，发展了中国特色社会主义文化，为中华民族的伟大复兴做出了巨大贡献；学习到了中国共产党在社会主义初级阶段的基本路线是——领导和团结全国各族人民，以经济建设为中心，坚持四项基本原则，坚持改革开放，自力更生，艰苦创业，为把我国建设成为富强民主文明和谐美丽的社会主义现代化强国而奋斗。

十八大以来，国内外形势变化和我国各项事业发展都给我们提出了一个重大时代课题，就是必须从理论和实践相结合上系统回答新时代坚持和发展什么样的中国特色社会主义、怎样坚持和发展中国特色社会主义，包括新时代坚持和发展中国特色社会主义的总目标、总任务、总体布局、战略布局和发展方向、发展方式、发展动力、战略步骤、外部条件、政治保证等基本问题，由此诞生了习近平新时代中国特色社会主义思想，这是对马克思列宁主义、毛泽东思想、邓小平理论、"三个代表"重要思想、科学发展观的继承和发展，是马克思主义中国化最新成果，是党和人民实践经验和集体智慧的结晶，是中国特色社会主义理论体系的重要组成部分，是全党全国人民为实现中华民族伟大复兴而奋斗的行动指南，必须长期坚持并不断发展。

青年兴则国家兴，青年强则国家强。中华民族伟大复兴的中国梦的实现需要青年们的不断努力奋斗，作为新时代青年的我们，有义务和责任接受时代交给我们的重任。天将降大任于斯人，必先苦其心志，劳其筋骨。面对困难和挑战，我们要努力锻炼自己，用知识充实自己，不断提升自我素质修养。此外还要主动适应创新、协调、绿色、开放、共享发展的需要，适应新时代下的发展新形势，孜孜不倦，磨炼自我。

不忘初心、牢记使命。新时代是美好的，同时也是充满挑战的，但我们充满自信和热情！我们有义务和责任肩负起未来国家的希望和重任，坚定不移地跟着中国共产党的步伐。实现中华民族伟大复兴之路道阻且长，但我们要脚踏实地、志存高远、不忘初心，把自己锻炼成堪当民族复兴重任的新一代优秀青年！

作为同龄人中第一批学生团员，我有如下优点：政治思想觉悟高，综合素质强；有很强的责任感和集体荣誉感，自律意识和自控能力强；工作严谨认真，一丝不苟，有一定的创造力，在工作上能提出新颖的看法，私人情绪从不带到工作上；学习成绩优异，有吃苦耐劳、艰苦奋斗精神；性格活泼开朗，善解人意，为人热情。同时，我也仍然有一些不足，希望可以在之后的学习生活中不断提高党性，对党的章程制度有更进一步的理解。我要不断提高自己的思想觉悟，继续学习党的知识，努力为人民服务。同时积极向党组织靠拢，树立正确的人生观、价值观、世界观，肩负起历史赋予我们的伟大使命。大学生作为社会的新鲜血液，我们要动起来，为我们的党，为我们的中国梦，贡献出力量！同时培养自律意识，提高批评与自我批评的自觉性。我对党和国家的美好前景充满信心，决定义无反顾地跟随中国共产党，把社会主义现代化建设事业进行到底，为实现共产主义奋斗终身！

我深知自己的差距还很大，还有许多缺点和不足，希望党组织从严要求，以使我更快进步。我将用党员的标准严格要求自己，自觉地接受党员和群众的帮助与监督，努力克服自己的缺点，弥补不足，争取早日在思想上，进而在组织上入党。

请党组织在实践中考验我！

2018 年 10 月 1 日

永远跟党走

自动化学院　肖名鸣

敬爱的党组织：

我志愿加入中国共产党。

我怀着激动的心情向党组织提交入党申请书，我愿意为实现共产主义奋斗终身。

从孩童到青年，我一直记着永远跟党走。《唱支山歌给党听》《没有共产党就没有新中国》……这一首首深情动听的歌曲增进了我对党的认知。永远跟党走的意识埋在了年幼的我的心中。初入学的我便加入了由中国共产党创立的中国少年先锋队。少先队是中国少年儿童的群团组织，是少年儿童学习共产主义的地方，是建设社会主义和共产主义的预备队，也是我追随党的第一步。面向冉冉升起的五星红旗行少先队礼，我唱着"我们是共产主义接班人"，内心汹涌澎湃，立志将来成为对社会有用的人，做共产主义事业的接班人。步入青年，我又毅然加入中国共产主义青年团。共青团是中国共产党领导的先进青年的群团组织，是广大青年在实践中学习中国特色社会主义和共产主义的学校，是党的助手和后备军。成为共青团员意味着我离党又更进一步，在共青团内的时间里，通过对党的理论知识的学习，特别是近期对党的十九大精神的学习，我对中国共产党有了更深的认识。中国共产党是中国工人阶级的先锋队，同时是中国人民和中华民族的先锋队，是中国特色社会主义事业的领导核心，代表中国先进生产力的发展要求，代表中国先进文化的前进方向，代表中国最广大人民的根本利益。中国共产党以马克思列宁主义、毛泽东思想、邓小平理论、"三个代表"重要思想、科学发展观、习近平新时代中国特色社会主义思想作为自己的行动指南。党的最高理想和最终目标是实现共产主义。全心全意为人民服务是党的宗旨。中国共产党在社会主义初级阶段的基本路线是：领导和团结全国各族人民，以经济建设为中心，坚持四项基本原则，坚持改革开放，自力更生，艰苦创业，为把我国建设成为富强民主文明和谐美丽的社会主义现代化强国而奋斗。

自 1921 年以来，中国共产党团结带领全国各族人民进行了持续不断的伟大奋斗，从根本上改变了中国人民和中华民族的前途命运。历史证明，只有共产党才能救中国，只有共产党才能发展中国。十九大报告明确了新时代下中国共产党的历史使命。中国共产党成立以来，就把实现共产主义定为最高理想和最终目标。实现中华民族伟大复兴是近代以来中华民族最伟大的梦想。今天，在党的领导下，我们比历史上任何时期都更接近，更有信心和能力实现这一梦想。我们也应该相信，坚持中国共产党的领导，中华民族必有实现梦想的一天。这是因为中国共产党深刻认识到实现伟大复兴，必须合乎时代潮流，顺应人民意愿，勇于改革开放。中国共产党是代表人民的政党，中国共产党人把为中国人民谋幸福、为中华民族谋复兴作为初心和使命。我们更应该义无反顾地永远跟党走。

我追随着党的脚步不断成长，终于到了能够申请入党的时候。我怀着赤诚之心，写下了这份入党申请。我们要坚定理想信念、志存高远、脚踏实地，勇做时代的弄潮儿，在实现中国梦的生动实践中放飞青春梦想，在为人民利益的不懈奋斗中书写人生华章。正因为如此，我决心加入中国共产党，跟随党的领导，为实现共产主义、实现民族复兴奋斗终身。

中国共产党是伟大的党。我的爸爸也是一名共产党员，耳濡目染中，我从小就决心加入中国共产党，热情延续到了今天有增无减。作为同龄人中第一批加入中国少年先锋队和中国共产主义青年团的积极分子，我时刻以高标准要求自己，不断追求思想进步，刻苦学习，锻炼能力。在作为少先队员时，我被选为大队干部，还被评为市优秀少先队员；在作为共青团员时，我担任过班级团支部书记，认真履行团员义务，积极开展团的活动，努力学习本领，自觉维护团结。除了在少先队和共青团中，我在班级、学校事务中也贡献了自己的力量。从小学到大学我一直担任班级班长，中学时担任校学生会主席，这不仅提高了我的能力，也为将来能更好地服务社会打下基础。我深知，要实现理想就必须有扎实的知识基础，所以我刻苦努力、勤奋好学，学习成绩一直名列前茅，获得多种竞赛奖项。我虚心向学，精益求精，完善自我。我尊敬师长，孝敬父母，善待同学，富有爱心，乐于助人，正直热心，品德优秀。学习和工作之余，我还经常开展自我批评，发现自己还有不足的地方：学习上容易粗心马虎，定力不足，成绩还有提升空间；工作中有时不够果断。我一定会努力改正，希望组织给予指导和帮助。

  我以认真严肃的态度申请入党，无论艰难险阻，都动摇不了我的信念追求和入党决心，特此请求组织批准我的申请。假如能够得到批准，我一定会戒骄戒躁，遵守党的纪律，服从党的决议，做好党交给的工作，热心为大家服务，以党员的标准严格要求自己。

  请党组织在实践中考验我！

2018 年 3 月 8 日

学习党的精神，感受党的魅力

自动化学院　杨佳琦

敬爱的党组织：

我志愿加入中国共产党。

我十分渴望加入中国共产党，成为一名优秀的共产党员一直是我的愿望。我愿将我的一切献给党和人民，为共产主义奋斗终身。通过多年的学习，我对党的认识逐渐提高，而这种提高也促进了我对党的追求。中国共产党是中国工人阶级的先锋队，同时是中国人民和中华民族的先锋队，是中国特色社会主义事业的领导核心，代表中国先进生产力的发展要求，代表中国先进文化的前进方向，代表中国最广大人民的根本利益。党的最高理想和最终目标是实现共产主义。中国共产党的宗旨是全心全意为人民服务。中国共产党以马克思列宁主义、毛泽东思想、邓小平理论、"三个代表"重要思想、科学发展观、习近平新时代中国特色社会主义思想作为自己的行动指南。党在社会主义初级阶段的基本路线：领导和团结全国各族人民，以经济建设为中心，坚持四项基本原则，坚持改革开放，自力更生，艰苦创业，为把我国建设成为富强民主文明和谐美丽的社会主义现代化强国而奋斗。

随着对党的理论不断深入学习和视野开阔，我对中国共产党又有了更进一步的认识。我对党的认识由抽象变得具体，让我感受到中国共产党历久弥新，从苦难中走来，必将走向辉煌的新时代；深入学习让我了解如何将党的要求与自己的生活和职业规划结合。实现十八大以来的各项成就，提前实现解决人民温饱问题、人民生活总体上达到小康水平这两个目标，取得了改革开放和社会主义现代化建设的历史性成就，在经济建设、全面深化改革、民主法治建设、思想文化建设、生态文明建设、全面从严治党等方面成效卓著，这让我认识到中国共产党不仅仅是备受国人关注，而且在国际中的地位也是举足轻重的。中国共产党不仅着眼于人民的当下生活，还为未来描绘蓝图，

> **北京理工大学**
>
> 入党申请书
>
> 敬爱的党组织：
>
> 我志愿加入中国共产党。
>
> 我十分渴望加入中国共产党，成为一名优秀的共产党员一直是我的愿望。我愿将我的一切献给党和人民，为共产主义奋斗终身。
>
> 通过多年的学习，我对党的认识逐渐提高，而这种提高也促进了我对党的追求。中国共产党，成立于1921年7月。中国共产党是中国工人阶级的先锋队，同时是中国人民和中华民族的先锋队，是中国特色社会主义事业的领导核心，代表中国先进生产力的发展要求，代表中国先进文化的前进方向，代表中国最广大人民的根本利益。党的最高理想和最终目标是实现共产主义。中国共产党的宗旨是全心全意为人民服务。中国共产党以马克思列宁主义、毛泽东思想、邓小平理论、"三个代表"重要思想、科学发展观及习近平新时代中国特色社会主义思想作为自己的行动指南。党在社会主义初级阶段的基本路线：领导和团结全国各族人民，

不仅关注国内民族团结，还要为国际和平担当责任。中国共产党的理念是崇高的，中国共产党的能力是巨大的，这种认识坚定了我加入中国共产党的决心！

　　成为一名优秀的共产党员这一愿望很久之前便在我心中萌芽。进入大学前，我是通过课本、电视产生对党的理解和认识的。奶奶基于自身经历讲述党的故事时脸上藏不住的自豪与幸福的表情，则给我带来了更深的情感上的认识，每次作为党员的爷爷被请去村里开会时旁人的好奇与羡慕，让我对中国共产党产生了极大的兴趣，同时也伴随着巨大的疑惑——为何中国共产党

有如此大的号召力与凝聚力，吸引了如此众多的追随者？但由于那时没有专业人士为我解答疑惑，中国共产党在我心中一直蒙着神秘的面纱。

在大学里，我真正感受到共产党就在我们身边真切地存在着，并且影响着我们的生活。而让我印象最深的便是形式与政策课中老师对中国共产党深入的介绍和各种主题教育活动。这些学习解答了我心中中国共产党为何如此有魅力的困惑，让我真切地感受到中国共产党的魅力与能力。

"两个一百年"奋斗目标让我认识到自己是全面建设小康社会的建设者，是社会主义的接班人，应撸起袖子加油干，为中国共产党的发展注入新的生命力。

对照党章，我认为我基本符合党章的要求，努力学习专业知识和文化知识，服从党的命令，但我认为自己在生活方面不能做到吃苦在前、享乐在后，为人民服务的本领还不够高。因此，我决心认真学习党的路线、方针、政策和决议，学习党的基本知识，学习科学、文化、法律和业务知识，努力提高为人民服务的本领；树立艰苦奋斗、克己奉公思想，坚决服从党的要求，加强自我批评，弘扬中华民族传统美德，保护国家和人民的利益，在困难和危险时刻挺身而出、英勇斗争。

我志愿加入中国共产党，拥护党的纲领，遵守党的章程，履行党的义务，执行党的决定，严守党的纪律，保守党的秘密，对党忠诚，积极工作，为共产主义奋斗终身，随时准备为党和人民牺牲一切，永不叛党。

请党组织在实践中考验我！

2017 年 9 月 12 日

让红色基因代代相传

宇航学院　于哲源

敬爱的党组织：

　　我志愿加入中国共产党，愿意为共产主义事业奋斗终身。中国共产党是中国工人阶级的先锋队，同时是中国人民和中华民族的先锋队，是中国特色社会主义事业的领导核心，代表中国先进生产力的发展要求，代表中国先进文化的前进方向，代表中国最广大人民的根本利益。中国共产党的最高理想是实现共产主义。中国共产党以马克思列宁主义、毛泽东思想、邓小平理论、"三个代表"重要思想、科学发展观、习近平新时代中国特色社会主义思想作为自己的行动指南。

　　清朝末年，中华大地被撕出了巨大的伤口，割地赔款不断，民不聊生。在那个列强侵略帝国主义横行的时代，无数仁人志士进行各项改革、革命，试图挽救中国的命运，洋务运动、戊戌变法、辛亥革命，从技术到制度，都没能从根本上改变中国沦为半殖民地半封建社会的事实，均以失败告终。1921年，中国共产党成立。中国共产党以马克思主义为指导思想，与当时的实际情况相结合，带领广大人民群众英勇奋战，成功赶走侵略者，赢得了民族独立和人民解放，有了现在的中华人民共和国。从此，中国历史揭开了崭新的一页。

　　党的十八大以来，党领导全国各族人民，紧紧围绕、坚持和发展中国特色社会主义这个主题，坚持走中国特色社会主义发展道路，提出了全面建成小康社会目标。党的十九大在全面建成小康社会关键阶段、中国特色社会主义发展关键时期召开，鼓舞和动员全党全国各族人民继续推进全面建成小康社会、坚持和发展中国特色社会主义，不忘初心、牢记使命，高举中国特色社会主义伟大旗帜，决胜全面建成小康社会，夺取新时代中国特色社会主义伟大胜利，为实现中华民族伟大复兴的中国梦不懈奋斗。

时至今日，我们处在一个全新的发展时期，党的这些辉煌历史是中国共产党为民族解放和人民幸福前仆后继、英勇奋斗的历史，是马克思主义普遍原理同中国革命、建设和改革的具体实践相结合的历史，是坚持真理、修正错误、战胜一切困难、不断发展壮大的历史。中国共产党无愧是伟大、光荣、正确的党，是中国革命和建设事业的坚强领导核心。

我的爷爷曾经参加过抗美援朝战争；我的父亲是一名有着带头模范作用的老党员，在各项技术比赛中保持着第一的好成绩。我对党的认识，是逐步加深的。少年时代，爷爷的故事和父亲的行动就一直激励着我，在家人的言传和小学老师的指导下，幼小的心灵萌发了对中国共产党的敬慕和向往，在小学一年级时就成了一名光荣的少先队员，戴上了鲜艳的红领巾。中学时代，是我人生观初步形成时期。初一时，我成了一名光荣的共青团员。进入高中以后，我积极参加各种形式的理论学习，在党组织的教育培养下，逐步树立世界观、价值观和人生观。上大学后，我更是坚持在业余时间学习有关党的理论知识，认真学习马克思列宁主义、毛泽东思想、邓小平理论、"三个代表"重要思想、科学发展观和习近平新时代中国特色社会主义思想，用科学的理论武装头脑、指导实践。读博后，我踏实肯干，认真完成本职工作。在工作中，我任劳任怨。在生活中，我接触到了许多优秀的党员同志，他们时刻以党员的标准严格要求自己，吃苦在前，享受在后，勤勤恳恳工作，从不叫苦叫累。我从他们的身上看到了党的优良传统和作风，进一步激发了我加入党组织的决心和信心。二十多年来，我见证了我们中国社会的巨大变化，从吃得饱到吃得健康，从有得住到住得享受，从农工时代到信息时代再到智能时代，正是在党的坚强领导下才能取得这般举世瞩目的成就，坚定了"四个自信"，也更加坚定了我入党的决心。

为此，我郑重地向党组织提交我的入党申请，希望能向党组织靠拢。当前我国正处于并将长期处于社会主义初级阶段。我国的社会主义建设，必须从我国的国情出发，走中国特色社会主义道路。在现阶段，我国社会的主要矛盾是人民日益增长的美好生活需要和不平衡不充分的发展之间的矛盾。我国社会主义建设的根本任务，是进一步解放生产力、发展生产力，逐步实现社会主义现代化。这就要求必须激发劳动人民的奋勇拼搏精神，逐步消灭贫穷，降低贫富差距，达到共同富裕；必须坚持以民为本的发展思想，为人民服务，坚持创新、协调、绿色、开放、共享的发展理念，统筹推进经济建设、政治建设、文化建设、社会建设、生态文明建设，协调推进全面建成小康社会、全面深化改革、全面依法治国、全面从严治党。

  今天，我向党组织提出了入党申请，但我深知，在有了一些优点的同时，还要经常自我批评，发现自己还存在以下不足，如工作上缺乏开拓精神，积极主动性不够，对政策文件精神的理解把握有待提高等。因此，我希望党组织从严要求我，以便使我更快进步。我会尽快改正，希望党组织给予指导和帮助。

  今后，我要用党员标准严格要求自己，自觉地接受党员和群众的监督，努力克服自己的缺点和不足，争取早日加入党组织。如果党组织批准我的请求，我一定拥护党的纲领，遵守党的章程，履行党员义务，执行党的决定，严守党的纪律，保守党的秘密，对党忠诚，积极工作，为共产主义奋斗终身，随时准备为党和人民牺牲一切，永不叛党。如果党组织认为我还不完全具备党员的条件，这次不能接纳我入党。我决不气馁，会尽快克服自己的缺点和不足，继续以党员的标准严格要求自己，以更饱满的热情投入到以后的工作和学习中去，以实际行动争取早日加入党组织。

  我渴求进步，希望能将个人的发展同国家的需求相结合，希望党组织能够接纳我，我定会艰苦奋斗、努力拼搏，为社会主义的建设奉献一切。

  请党组织在实践中考验我。

2018 年 10 月 7 日

祖国之崛起，青年之担当

宇航学院　李传旭

敬爱的党组织：

我志愿加入中国共产党，愿意为共产主义事业奋斗终身，随时准备为党和人民牺牲一切。

中国共产党是中国工人阶级的先锋队，同时是中国人民和中华民族的先锋队，是中国特色社会主义事业的领导核心，代表中国先进生产力的发展要求，代表中国先进文化的前进方向，代表中国最广大人民的根本利益。党的最高理想和最终目标是实现共产主义。中国共产党以马克思列宁主义、毛泽东思想、邓小平理论、"三个代表"重要思想、科学发展观、习近平新时代中国特色社会主义思想作为自己的行动指南。

成长在祖国腾飞发展时代的我，耳濡目染的一句话就是"没有共产党就没有新中国"，因此我从小就对加入中国共产党充满着向往之情。在北理工这样一所爱国主义氛围浓厚的学校，我通过关注国家时政和军事领域的发展前沿，参加主题教育活动，学习党史党章，与身边的党员交流思想，爱国之情进一步增强。2019年，我积极报名参加了国庆70周年联欢活动，在天安门广场亲眼见证了这一令人骄傲自豪的历史时刻，这段难忘的经历让我早日加入中国共产党的愿望更加强烈。

2020年年初新冠疫情暴发，在党中央的坚强领导和抗疫一线的医务人员、志愿者们的共同努力下，"武汉保卫战"最终取得胜利，作为武汉人的我永生难忘。在这场席卷全球的疫情中，国家及时响应，控制疫情，并快速复工复产，这使我深刻体会到共产党这样一个以人民为中心、一切为了人民的政党的伟大。由此，我更加坚定了入党志向。我希望自己能够成为一名共产党员：一是可以在党组织的教育管理监督下更加严格要求自己，提升自己的思想水平和实践能力；二是能够在学习生活中发挥模范带头作用，像奔赴抗疫一线的医务人员一样，在危难关头挺身而出，为人民谋幸福；三是希望在自己的专业领域为国防事业发展贡献力量，为实现中华民族伟大复兴的中国梦而不懈奋斗。

我出生在一个党员家庭，我的爷爷年轻时参军报国，我的外公将一生献给新中国铁路建设，我的母亲现在正投身于我国的高铁建设之中。我的家人们都严以律己，在自己的岗位上默默奉献，他们深深地感染着我。在家人的培养和熏陶下，我在初中便加入了中国共产主义青年团，高考志愿我填写了"北京理工大学"，希望能够为祖国的国防事业做出自己的贡献。在初高中及本科阶段，我对党和国家的认识是朦胧的，主要源自家人的言传身教和新闻媒体的报道。随着年龄的增长，我对国家发展和国际形势的了解不断深入，结合大学期间接受的团日活动教育和与身边党员同学的思想交流，我对党和国家的认识更加深刻，爱国之情也更加浓厚。我始终怀着一颗报国之心努力学习，并开始以党员的标准来严格要求自己。本科期间我不仅通过与同学相互讨论、共同研究来巩固理论知识基础，还通过参加学科竞赛来拓展自己的实践能力和知识深度，并获得了第十三届全国大学生智能汽车竞赛华北赛区一等奖。最终我以优秀的成绩获得推荐免试研究生资格，继续在北京理工大学深造，也在毕业之际获得了"优秀团员"的称号。刚成为研究生，我便积极响应号召，参加了国庆70周年联欢活动，在训练期间我经常帮忙搬运物资，尽己所能为集体服务。2020年学校80周年校庆时，我主动申请成为志愿者，用实际行动为学校的生日献出祝福。无论是国庆还是校庆，都让我深深领悟到我国如今的繁荣昌盛是老一辈人奋斗的结果。而祖国更加美好的未来，正掌握在我们新时代中国青年的手中，中华民族的伟大复兴需要我们这一辈人继续向前推进。

这场席卷全球的新冠疫情，也让我意识到自己身上背负的责任之重。近来，我国基础研究虽然取得显著进步，但同国际先进水平的差距还是明显的，面临很多"卡脖子"技术问题。我深刻认识到，在实现中华民族伟大复兴的征程中，我们这一代青年学子的责任十分重大，我们应当去担负这伟大时代的使命。因此，我郑重申请加入中国共产党。

作为国防专业的一名研究生，我认为我的本职就是搞好学习和科研。我们正处于最好的青春年华，正是快速提升自我的重要时期，我所学的军工专业是国之利器，是国家发展的重中之重。2020年上半年，受疫情影响，我参与的科研项目被迫暂停，此时我没有放松对自己的要求，而是更加有了学习和工作的紧迫感。我咬紧牙关、勤奋学习，以严谨求实的态度去对待科研实验项目，并在工程中运用自身所学，在实践中积累真才实学，加深自己专业知识的深度，拓宽自己知识面的广度。正如习近平总书记要求的，新时代中国青年要把握住青春韶华，练就一身过硬本领。只有这样，我们当代青年才能够在工作以后继续发光发热，以创新创造贡献国家。

在学习好专业知识的基础上，我还不断锤炼自己的思想品德修为，提升爱国主义情怀，继续深入学习马克思列宁主义、毛泽东思想、邓小平理论、"三个代表"重要思想、科学发展观、习近平新时代中国特色社会主义思想，学习党的路线、方针、政策和决议，学习党的基本知识。我学习英雄人物和时代楷模的高尚品德，见贤思齐，并抵制拜金主义和极端个人主义，提升自己的思想境界。在工作和生活中，我乐于助人，在关键时刻勇于挺身而出，用自己的实际行动来带领身边的人共同奋进。在如今复杂的国际形势面前，我更应该坚定马克思主义信仰，增强"四个意识"，坚定"四个自信"，做到"两个维护"，使自己能够在各种纷繁的信息和不同的影响下明辨是非、恪守正道，始终做到爱国爱民。除此之外，我还坚持体育锻炼，强健体魄。

我深知自己在很多方面还有待提高，今后我将继续用共产党员的标准严格要求自己，使自己不断进步。我辈青年正处在中华民族发展的最好时期，我希望能够成为中国共产党这一优秀集体中的一员，担负起时代使命，以实现中华民族伟大复兴为己任，为祖国国防事业做出应有的奉献。如果党组织接受了我，我将严格遵守党章，为实现伟大复兴的中国梦不懈奋斗。如果党组织暂时不接纳我，我也不会气馁。我将继续努力，改正不足，让自己更加优秀，早日得到党组织的认可。

请党组织在实践中考验我！

2020年9月28日

向党靠近，向榜样学习

机电学院　刘振扬

敬爱的党组织：

2021年是中国共产党成立100周年，在党的100岁生日即将来临之际，怀着对党组织最崇高的敬意，我郑重申请加入中国共产党。

我是刘振扬，1998年出生于江苏省如东县一个普通家庭，本科就读于北京理工大学弹药工程与爆炸技术专业，目前正在北京理工大学兵器科学与技术学科攻读硕士研究生学位。

我的父亲是当地文化广电新闻出版局的职员，母亲是当地卫生健康委员会的职员。很荣幸，我的母亲是一名光荣的共产党员，而我的父亲则是民主人士，已担任县、市级政协委员十几年了。除此之外，我的外公，一位从业数十年的乡村医生，也是一名共产党员。在耳濡目染之下，我从小就对中国共产党有了一定的认识。

我的外公出生于20世纪30年代的抗战时期，小学毕业之后师从一位老中医学习传统医学，之后就一直行医，并于1981年正式加入中国共产党，成为一名共产党员。入党30余年来，我的外公一直坚持自我提升，学习现代医学知识，白天在乡镇医院出诊，晚上在家里为邻里乡亲看病，遇到病人不方便的情况，他还会骑着自行车上门出诊。本着为人民服务的精神，外公在家中常备常见病的药物，为病人看病时仅收取药物成本费用，对比较困难的病人甚至不收取费用。他退休之前，曾获得县卫生系统"先进个人"与"优秀党员"称号，荣获个人三等功，并成为乡镇医院院长；退休之后，他接受了医院的返聘，继续在岗位上发光发热，为人民群众贡献自己的一份力量。外公的这些行为，朴素低调，却一直潜移默化影响着年幼的我，在我心中深深扎根。

受到外公影响，我母亲卫校毕业后进入乡镇卫生所工作，后调入县卫生局，即现在的卫生健康委员会。2003年抗击"非典"期间，无论是卫生系统各机关工作人员还是奋战在第一线的医护人员，众多党员主动提交请战书，申请工作在防控第一线。在这样的特殊时刻，我母亲加深了对党的认知，受到了很大的触动，申请并加入中国共产党，成为一名共产党员。在入党后的17年内，我的母亲曾荣获县政府表彰5次、三等功1次，荣获当地卫生局"优秀共产党员"等称号。2020年新冠疫情来袭，在疫情最为严重的那段时间里，虽然不能成为医疗队的一员驰援湖北，也不能作为医护人员奋战在抗疫第一线，但是我母亲始终坚守在当地疫情防控指挥部办公室接听防疫热线电话，数月不曾休息。我想，这就是共产党员在危难来临时的担当与作为吧。

以习近平同志为核心的党中央临危不惧、临危不乱、果断部署、精准施策，率领全国人民开展抗击新冠肺炎疫情的人民战争。一声令下，人口超过千万的武汉一夜封城，及时阻止了疫情向外界的传播，几天之后，各地政府积极响应，纷纷拉响"一级响应"。高速公路设置检查站，定点设立集中观察点和发热门诊，小区出入口设置体温检查站……有效措施的及时实施，为最后疫情防控战的胜利奠定了基础。在疫情最严重的那段日子里，虽然城封了，公共娱乐场所关闭了，但是我感觉到，日常生活并没有不便，城市的职能依旧在运转，各个关键岗位上都能看到共产党员忙碌的身影。

记得我刚刚从学校返回江苏老家没几天，新冠疫情来势汹汹，一时间网络等社交媒体上疫情相关信息铺天盖地、真假难辨。但是没过几天，在各种抗疫措施与行动稳步推进的同时，央视开辟了"战疫情"24小时直播实时报道，让全国人民都能实时了解疫情最新消息。疫情最严重的那段时间，自主居家隔离的我通过"战疫情"的直播，看到了火神山、雷神山医院平地而起到进入使用的整个过程，看到了对进驻武汉的人民子弟兵的接机采访，看到了广东、江苏等全国各地医疗队伍的出征仪式，看到了一场又一场"干货满满"的防疫新闻发布会，看到了病房内全副武装的记者对患者的直播采访，看到了一批批医疗物资的生产与抵达，看到了方舱医院内轻症患者的生活状况……这些真实的画面让我对新冠病毒有了科学的认知，从而不再惊慌，更让我对"中国共产党带领人民群众集中力量办大事"这句话有了真切的认识和深深的感动。全国上下一盘棋，听党指挥，集中一切力量和资源，在医疗、生产、运输等各个方面竭尽全力保障武汉、湖北乃至全国人民的生命和财产安全。在疫情好转之后，整个社会又在党的指挥领导下快速平稳地复工复产，逐步恢复到正常化生产秩序、生活秩序和社会秩序。我体会到了身在中国，有中国共产党领导对人民是一件多么幸福的事情。

在疫情期间，我通过慈善基金会向武汉人民汇去了一点捐款，数额不多，但是寄托我的一份心意。除此之外，我还有幸作为志愿者参与了社区疫情防控工作。由于我家属于没有围墙也没有物业的老式小区，政府将出入小区各个路口封闭，仅留下两个路口设置卡口安排人员进行出入管控。我和另外两名志愿者被编为一组，共同在卡口执勤。他们负责使用测温枪测量手腕温度，我负责让居民出示"苏康码"。通过聊天，我得知他们两人也是放假返乡的大学生，其中一位还是两年前入党的党员。他告诉我，疫情发生后，他本来想去湖北做志愿者，却因客观原因没有成行，但是他还是想出一份力，就在家门口做志愿者负责小区防控。通过这一周志愿服务的亲身实践，我感受到了"为人民服务"的深刻内涵，做一些力所能及的事，就能服务身边的人，乃至对社会做出一点贡献。"为人民服务"并不需要做出什么惊天动地的大事，动一动手指头转发一些辟谣言论和防疫小知识到朋友圈就能让更多人提高认知水平，做几天防疫卡口志愿者就能让小区居民更加安心……不过，一个人的力量终归是有限的，只有形成集体，有组织、有纪律才能更快更好地做好事、做实事、做大事。疫情防控期间，很多事情都发生了变化，不变的是中国共产党对人民的重视和承诺。听到、看到、体会到了这几个月全国各地和身边周围发生的种种事迹，我的心中满怀热情，志愿申请加入中国共产党，向党组织靠拢，希望更好地服务国家、服务人民。

北京理工大学是中国共产党创办的第一所理工科大学。我作为一名国防军工学科的研究生，深感肩上的担子之重。当今，我们正面临世界百年未有之大变局，发展机遇和风险挑战前所未有。此时此刻，我真诚地请求党组织能够经过多方面的考察，批准我申请入党的这一请求。如果组织批准我的申请，我一定以党员的标准严格要求自己，拥护党的纲领，遵守党的章程，履行党员的义务，积极工作，为党的事业奋斗终身，努力克服自己的缺点和不足，为人民服务！

请党组织在实践中考验我！

2020 年 9 月 20 日

爱国情怀深驻我心

材料学院　洪涓吉

敬爱的党组织：

我志愿加入中国共产党，愿意以学报国，并为共产主义奋斗终身。

中国共产党以马克思列宁主义、毛泽东思想、邓小平理论、"三个代表"重要思想、科学发展观、习近平新时代中国特色社会主义思想为行动指南，以实现共产主义为党的理想和最终目标。中国共产党是工人阶级先锋队，同时也是中国人民和中华民族的先锋队，是中国特色社会主义事业的领导核心，有优良的传统和作风，还有极强的战斗力，有足够的能力带领我们走向更好的未来。

我是一名新入学的材料科学与工程专业博士研究生，2019年我从美国斯蒂文斯理工学院硕士毕业。加入中国共产党的决心在我硕士求学期间就愈发坚定。在我的心中，中国与共产党是不可分割的。在留学生中有一句话叫"越出国越爱国"，我们这些走出国门的学子在看到了形形色色的人和事后，愈发感受到自己国家的强大与魅力。我衷心热爱着中国共产党，也看到党探索出了一条与民族文化底蕴最相适宜的发展道路，充分融合了从古至今中华民族一脉相承的国家性格与民族特色。在中国共产党的领导下，中国人民的生活发生了翻天覆地的变化。国家慷慨热心对待国际上的友邻，在不干涉别国内政的基础上促发展、谋共赢。

从美国主动发起贸易战到2020年年初新冠疫情暴发，每一次事件都与我们的生活息息相关。我从小接受的是爱国主义教育，从少先队员、共青团员，再到如今对党组织的向往，对国家的热爱、对党的热爱是从小就深深地埋在骨子里的。我是东北人，对9月18日的防空警报声印象深刻。在每年的"九一八"纪念日上午9点18分，行人驻足，汽车鸣笛，集体默哀。这时候的默哀是祖国的下一代对家国情怀的最好体验，知国耻而奋进，老一辈无产阶级革命家用鲜血换来的和平让我倍加珍惜。

读书时有句话："为什么我的眼里常含泪水？因为我对这片土地爱得深沉。"正是一代又一代的共产党人的无私奉献，才能让我们的国家从战火中重生、在贫瘠中成长，才有了我们如今安稳的生活。从前我们是受益者，如今到了我们这一代年轻的新生力量奉献的时刻了。也许每一代共产党人的奉献方式有所不同，但根本宗旨都是全心全意为人民服务。我在和平的年代中成长，见证了在中国共产党的领导下新中国一步又一步走向强大，我们的国家在国际上越来越有话语权，我的生活、学习环境越来越好，周围的同学、普通民众道德素养越来越高，社会新闻中的暖心事迹越来越多，这些闪光点背后都是社会主义核心价值观的生动体现。

我的外祖父、我的父亲都是共产党员。我从小耳濡目染外祖父对党的深切情感，印象中最深刻的是外祖父桌柜上永远擦得光洁如新的毛主席半身像。外祖父为人严谨，提起党永远是赞不绝口。我在跟家人沟通入党意愿时，父母给予了我很大的鼓励与赞同。我已经成人，有能力为他人、为社会、为党、为国家做出一些贡献的条件下，入党是我最真实的渴望，也是一种内心的归属感。

中国共产党带领新中国走向自由，在一代又一代的领导人的思想传递下使中国的发展道路越走越宽。我作为当代青年，当用科学知识武装自己，跟紧党的步伐，在组织中更好地发挥自己的价值。

今天我怀着最真诚的情感向党组织提出加入中国共产党的请求，我立志成为一名合格的共产党员，虽然对党的认识还不够全面深入，但我会严格要求自己，努力完善自身，积极向党组织靠拢。希望党组织能够接受我。如果经过考核，组织批准我的申请，我将继续按照党员标准要求自己，不断提高理论水平，并时刻接受组织和各位同志的监督。

请党组织在实践中考验我！

2020 年 9 月 27 日

奋发图强，勇于担当

化学与化工学院　赵　晴

敬爱的党组织：

当初入大学时，我就决定要跟随着我的理想信念向党组织正式提交入党申请，希望可以在不断自我完善的基础上被伟大而神圣的党组织认同。

中国共产党是中国工人阶级的先锋队，同时是中国人民和中华民族的先锋队，是中国特色社会主义事业的领导核心，代表中国先进生产力的发展要求，代表中国先进文化的前进方向，代表中国最广大人民的根本利益。中国共产党成立以来，优秀先进的党员比比皆是，抗日英雄刘胡兰、人民好公仆焦裕禄等人身上体现的以爱国主义为核心的团结统一、爱好和平、勤劳勇敢、自强不息等民族精神更是一代代流传。他们为人民群众贡献青春、奉献生命、无怨无悔的先进事迹时刻激励着我规范自身、提升思想水平。

出生于20世纪90年代末的我并没有体会到当年百姓饱受的战乱之苦。从党史学习中我了解到，1921年中国共产党成立，冲破黑暗，曙光初现。万千革命先贤，抛头颅、洒热血，带领中国人民取得了抗日战争、解放战争的胜利，继而确立了社会主义制度，发展了社会主义的经济、政治和文化。中国共产党在不断探索中，形成了中国特色社会主义理论体系，开辟了中国特色社会主义道路。中国在中国共产党的领导下拥有了焕然一新的面貌。十八大以来，以习近平同志为核心的党中央，决胜全面建成小康社会，夺取新时代中国特色社会主义伟大胜利，努力向着实现中华民族伟大复兴的中国梦奋勇前进。

从幼时阅读革命故事，到入学后学校的爱国主义教育，幼小的我对党建立起了朦胧的认识。对于年幼的我而言，中国共产党就是启明星一样耀眼的存在，希望我也能成为发光的一分子。初中时期我加入了中国共产主义青年团。共青团是中国共产党的助手和后备军，我明确了我的入党理想。党章中规定年满十八岁才可以申请加入中国共产党，我当时就下定决心，一定要在这几年不断完善自我，在思想、学习、工作、生活上严格要求自己，多学多做，努力成为一个积极向上、奋发图强的青年。我积极参加各种知识、能力竞赛以及体育锻炼，以期全面发展。我深知，入党是要全心全意为人民服务，时时想着人民，事事为了人民。

回顾建党以来的历史，党在各项领域上都制定了相关政策。"一国两制"、生态文明、"一带一路"、素质教育等，这些政策都是党依据人民基层的真实情况，从根本上考虑问题，从而提出的解决方案。从十二届全国人大四次会议到G20峰会，从"天琴计划"的奠基到酒泉卫星发射中心用"长征二号"-丁运载火箭成功将"实践十号"发射升空……我们的国家在人民生活、国防、国际影响、科技等方面都有着更加卓越的进步。作为一名普通的学生，我经历了义务教育的改革，因此深知教育对于我们而言都是公平的，我见证着一项项新的科技进步，感受着国家强大的科技力量；作为一名共青团员，我拥有更多的机会去感受党组织的关怀；作为一名普通的群众，在党的经济建设下，我见证了家乡的巨变。在中国共产党的领导下，我们能够安稳地生活在这样一个综合国力日益强劲的国家，因此我更加迫切地想加入中国共产党，愿一同为中国的发展贡献自己的力量与智慧。

回望今朝，已经步入大学的我仍然保持着初心。作为新时期的新青年，我在生活上克勤克俭，充分实践党清正廉洁的作风，不浪费、不奢侈，严格要求自我，做到自律、自警、自省；通过日常的学习以及与老师的交流讨论，深化对党的认识，以党员的要求规范自己的言行；同时我积极参加学校组织的各种活动，在实践中提升综合素质；我积极学习党的基本理论和各项方针政策，不断提高自我政治理论修养。我从思想上、行动上积极向党组织靠拢。

恳请党组织给我这次机会，我会严谨求实、踏实负责地完成党组织分配给我的工作，我会坚定不移地忠诚于党，在学习和社会生活中起到先锋模范作用，吃苦在前，享受在后，克己奉公，多做贡献。

请党组织在实践中考验我！

2020 年 9 月 15 日

不负于责任,无悔于担当

徐特立学院　信树辰

敬爱的党组织:

我志愿加入中国共产党。

从 1921 年 7 月嘉兴南湖的游船上出发,历经 97 年风雨兼程,中国共产党将半殖民地半封建社会的旧中国建设成了世界第一大工业国、第二大经济体。"一带一路"、人类命运共同体、全面小康……中国共产党领导中国人民作为大国,提出中国智慧、中国方案,发出中国声音。这是历史选择了中国共产党,承启五四的火炬,洗雪百年国耻,驱逐外敌,推翻三座大山,建立起崭新的中华人民共和国。之后保卫新生政权,克服外界的封锁与阻拦,自力更生,艰苦奋斗,将一穷二白的农业国建成了世界前列的现代化工业国家,中国共产党领导下的新中国,创造了一个又一个的奇迹。

97 年的峥嵘岁月中,无数仁人志士追寻着初心,不畏艰难,前仆后继。从战争时代到和平岁月,涌现出一大批可歌可泣的优秀共产党员。瞿秋白、左权、董存瑞、黄继光、张大全……林俊德、罗阳、王伟……他们践行了自己的使命,高风亮节,不负时代,激励我们后来者更加矢志奋进、砥砺前行。他们让我坚定了加入中国共产党的决心,我愿追随先辈的脚步,同向同行,勇担责任,像先辈们一样坚定信仰、忠于职守、做有担当的时代新人。

中国共产党是中国工人阶级的先锋队,同时是中国人民和中华民族的先锋队,是中国特色社会主义事业的领导核心,代表中国先进文化的前进方向,代表中国最广大人民的根本利益。最高理想和最终目标是实现共产主义。

在过去近百年的奋斗过程中,中国共产党不忘初心、牢记使命,用理论武装头脑,与时俱进,自我反思,自己纠正,自我改进。在一次次艰难境况中浴火重生,走向新的天地。中国共产党的最高理想和最终目标反映了从古至今广大人民的渴望,符合人类社会的发展规律,充满理想的激情又不失对现实的考量。

在不断前行、探索与开拓中,中国共产党不断完善自己的行动指南,与时俱进,在新的发展阶段增添新的指导思想。中国共产党以马克思列宁主义、毛泽东思想、邓小平理论、"三个代表"重要思想、科学发展观、习近平新时代中国特色社会主义思想作为自己的行动指南。既不忘初心、永葆本色,又能与时俱进、永不落伍于时代,而是时代先锋。我希望我能够成为中国共产党的一分子,接触最先进的思想,保持前进,为共产主义、为社会主义现代化、为实现中华民族的伟大复兴奉献出自己的全部力量。

改革开放 40 年来,中国社会发生了天翻地覆的变化,山河犹在,国泰民安,综合国力大幅增强,实现了过去五千年没能实现的大变革。中国共产党开辟了中国特色社会主义道路,形成了中国特色社会主义理论体系,确立了中国特色社会主义制度,发展了中国特色社会主义文化,高举中国特色社会主义伟大旗帜,坚定道路自信、理论自信、制度自信、文化自信。在社会主义初级阶段,从国情出发,中国共产党领导全国各族人民走中国特色社会主义道路,为实现社会主义现代化和中华民族伟大复兴的中国梦不懈奋斗。

我的家庭与中国共产党有着不能割舍的联系。我的爷爷和伯伯都是共产党员。作为医生,他们凭借着自身的医术获得了家乡人的肯定。作为党员,他们用自己的一言一行向作为晚辈的我展示了共产党员的高风亮节。当我回忆起童年往事,总能感悟到长辈们作为党员不负于责任、无愧于家人、无悔于担当的气概,让如今的刚成年的我无比敬仰。长辈已故去,晚辈仍需努力。无论是家庭的熏陶还是个人对共产主义信仰的认可追随,都让我对中国共产党愈发信任、愈发敬佩,加入中国共产党的愿望愈发强烈。

我 2012 年 12 月加入中国共产主义青年团,高中时期曾担任学生会主席,带领学生会完成了学校布置的各项工作,被评为抚松县优秀共青团员。从那时起便对加入中国共产党产生了强烈的意愿。入学后,我努力学习有关党的各种知识和科学文化知识,立志用自己的所学报效国家。目前,我的学习成绩基本稳定,思想认识水平虽有不足,但仍在不断学习提高。加入中国共产党,不仅是家庭精神的传承,更是对强国梦想的肯定,对追求共产主义信仰的激励与鞭策。我将不断完善自我,以入党为契机,成长为胸怀壮志、明德精工、创新包容、时代担当、重理工、善文史的领导领军人才。入党是追求家人，无悔于担当的气概，让如今的刚成年的我无比敬仰。长辈已故去，晚辈仍需努力。家事国事天下事，事事关心。无论是家庭的熏陶还是个人对共产主义信仰的认可追随，都让我对中国共产党愈发信任，愈发敬佩，对加入中国共产党成为其中一员的愿望愈发强烈。

我叫信树辰，现在是北京理工大学徐特立学院的一名2018级本科生，2012年12月加入中国共产主义青年团。高中期间曾担任学生会主席，带领学生会完成了学校布置的各项工作，被评为抚松县优秀共青团员。从那时起便对加入中国共产党产生了强烈的意愿。入学后，我努力学习有关党的各种知识，也在努力学习科学文化知识，用自己的所学去投身国家建设。目前，我的学习成绩基本稳定，思想认识水平虽有不足，仍在提升，还在不断学习提高。加入中国共产党，不仅是家庭精神的传承，是时代建设的需要与呼唤，更是对自己强国梦想的肯定，对自己追求共产主义信仰的激励与鞭策。成长为"胸怀壮志，明德精工，创新包容，时

信仰、完善自我的行为，我会严格要求自己，继续提高思想认识水平，努力向党组织靠拢。

请党组织在实践中考验我！

2018 年 10 月 1 日

坚定爱国信念，投身报国实践

求是书院　昃雨萌

敬爱的党组织：

　　我志愿加入中国共产党，愿意为共产主义事业奋斗终身。受到革命先辈爱党、爱国热情的熏陶，加入中国共产党是我一直以来的梦想和追求。进入大学后，我更加坚定了这一信念。

　　我衷心地热爱党。中国共产党是中国工人阶级的先锋队，同时是中国人民和中华民族的先锋队，是中国特色社会主义事业的领导核心。党的最高理想和最终目标是实现共产主义。中国共产党以马列主义、毛泽东思想、邓小平理论、"三个代表"重要思想、科学发展观、习近平新时代中国特色社会主义思想为行动指南，是用先进理论武装起来的党，是全心全意为人民服务的党，是有强大能力领导全国人民进一步走向繁荣富强的党。

　　1921年7月1日以来，中国共产党走过了一条光辉的道路，取得了众多举世瞩目的成就。为求得人民的解放，中国共产党前仆后继，转战南北，为人民建立了不朽的功勋。中国共产党的领导地位，是在马克思主义的正确领导下，靠全国人民的支持和拥戴，靠共产党自身的正确决策和努力奋斗，在长期革命和建设中形成的。只有中国共产党，才能找到国家和民族振兴的正确道路。经过多年艰苦卓绝的斗争，中国共产党推翻了压在人民头上的三座大山，建立了中华人民共和国。此后，中国共产党领导中国人民迅速医治战争创伤，完成了社会主义改造，实现了新民主主义向社会主义的转变，广大共产党员为了各民族的利益，谱写了为人民服务的凯歌。

　　随后，中国共产党又领导全国各族人民转入全面大规模的社会主义建设。党和各族人民团结一致，经受各种挫折和考验，克服了重重磨难，取得了前所未有的伟大进步。尤其是党的十一届三中全会以来，在总结国内外经验教训的基础上，党开辟了我国历史的新纪元。

早期的共产党员，为了国家复兴探索革命的道路，鞠躬尽瘁、奋斗终身，这些怎能不令我感慨？无数战士，背井离乡，在枪林弹雨中摸爬滚打，充当后方补给的普通百姓，辛苦劳作，节衣缩食，无私奉献，这些怎能不令我动容？如雷贯耳的英雄名字时常萦绕在我的耳旁，英雄的事迹历历在目，从小聆听着前辈们英雄的事迹，我逐渐对党产生崇高的敬仰，并开始渴望加入这个大家庭。

在我心目中，中国共产党有着明晰的地位，随着年龄的增长，这一地位越发显得重要起来。共产党是为人民谋福利、全心全意为人民服务的。中国共产党为人民服务的宗旨，从根本上解释了光荣的历史和繁荣的现在，也预言了其必然灿烂的未来。因此，入党热情在我心中日益高涨，高中时期两次参加"数字党校"培训，党的形象在我心中日益清晰，"优秀学员"的荣誉称号更是督促着我尽早向着党组织靠近。

我父亲是一名中共党员，母亲是一位爱国爱党的群众。在这样一个普通而又温暖的家庭里，我健康、幸福地成长。在家中长辈的影响下，我对中国共产党有了由浅至深的认识，并逐步形成了共产主义的世界观、人生观，立下了为共产主义伟大事业奋斗终身的志愿。

2006年9月我踏入小学校门，小学的学习使我懂得，今天的幸福生活是无数革命先烈用生命和鲜血换来的。不久，我光荣地加入了中国少年先锋队，知道了自己是共产主义接班人，肩负着光荣而又重大的历史使命。五年后，我进入博山中学就读。在那里，我荣幸地成为第一批共青团员，并担任团支部书记。在父母的支持鼓励和校团委老师的帮助下，我对共青团有了全面正确的认识。高中的时光里，我在努力学习的同时也积极要求上进，通过了层层选拔，成为校团总支青年工作部部长，同时参加了学校第三届"数字党校"培训，得到老师的一致认可，获得"优秀学员"称号。

与此同时，我十分重视政治理论课和时事学习。全方位的学习使我在政治觉悟、思想修养、文化科学等方面都有了很大的提高，初步树立了世界观、人生观、价值观，进一步坚定了共产主义理想和社会主义信念。我更加深刻地认识到我们的党是伟大、光荣、正确的党，只有在中国共产党的领导下，我们的改革开放才能顺利进行，跨世纪的宏伟目标才能实现，富强、民主、文明的社会主义现代化国家才能建成。

在集体活动中总想事事参与，集体固然要关心，但是要做得好，做得有效才行。我应当在自己擅长的环节尽力，同时，为别人的努力喝彩。

我很清楚地明白"细节决定成败"，我一定保持自己的长处，并在不足之处多下力气改正。我有决心改正不足，完善自我，希望党组织多多对我进行帮助和教育。

虽然，我现在还不是一名共产党员，但我决心积极向组织靠拢，在组织的教育和帮助下，发扬成绩，克服缺点，不断进步。

当前，党和国家的各项事业正在蓬勃发展，能够在此时向党递交申请，我感到光荣和自豪，不论组织何时发展我入党，我都将为党的事业而不懈努力。

请党组织在实践中考验我！

此致

敬礼

申请人：晁雨茵
2018年10月3日

进入北京理工大学以来，"延安根、军工魂"的革命精神始终鞭策着我。作为一名积极入党的大学生，我有自己的优点，责任心强，吃苦耐劳，有坚定的爱国信念，怀着民族复兴的青年热血。但是，我还是存在很多缺点和问题。首先，及时分析解决问题的能力有限，常常质疑自己。其次，我有时表现得太过要强，在集体活动中总想事事参与，集体固然要关心，但是要做得好、做得有效才行。我应当在自己擅长的环节尽力，同时，为别人的努力喝彩。

我很清楚地明白细节决定成败，我一定保持自己的长处，并在不足之处多下力气改正。我有决心改正不足、完善自我，希望党组织多多对我进行帮助和教育。

虽然我现在还不是一名共产党员，但我决心积极向党组织靠拢，在组织的教育和帮助下，发扬优点，克服缺点，不断进步。

当前，党和国家的各项事业在蓬勃发展，能够在此时向党递交申请，我感到光荣和自豪，无论组织何时发展我入党，我都将为党的事业而不懈努力。

请党组织在实践中考验我！

2018 年 10 月 3 日

传承红色基因,贡献个人力量

管理与经济学院　李景涛

敬爱的党组织:

　　我怀着激动的心情向党组织提出申请,志愿加入中国共产党,为共产主义事业奋斗终身!

　　中国共产党是中国工人阶级的先锋队,是中国人民和中华民族的先锋队,是中国特色社会主义事业的领导核心,代表中国先进生产力的发展要求,代表中国先进文化的前进方向,代表中国最广大人民的根本利益。党的最高理想和最终目标是实现共产主义。中国共产党以全心全意为人民服务为根本宗旨,以马克思列宁主义、毛泽东思想、邓小平理论、"三个代表"重要思想、科学发展观、习近平新时代中国特色社会主义思想作为自己的行动指南。

　　自1921年建党至今,从建党之初的50多名成员,发展到现在这样强大的执政党。历史会永远铭记,人民会永远铭记,是中国共产党的正确领导才让我们结束了半封建半殖民地的历史,取得了新民主主义革命的胜利,成立了中华人民共和国,确立了社会主义制度,开辟了中国特色社会主义道路,实行改革开放,逐步实现社会主义现代化。这样丰富而辉煌的历史是离不开党的正确领导的。党在社会主义初级阶段的基本路线是领导和团结全国各族人民,以经济建设为中心,坚持四项基本原则,坚持改革开放,自力更生,艰苦创业,为把我国建设成为富强民主文明和谐美丽的社会主义现代化强国而奋斗。我会始终向党组织靠拢,坚守自己的初心和使命,永不懈怠,永不自满,始终保持敏锐的思想和进取的精神。

　　中国共产党始终以人民利益为先,带领人民群众共同进步、共克难关,实现更加美好的未来。不管是在公共事业、科技发展、民生服务还是抵御灾害等问题上,人民的需求就是党的行动指南。党组织在不断实践中总结经验、完善自己,保持正确的领导方向,带领中华民族实现伟大复兴的中国梦。

2020年的政府工作报告明确指出，越来越多的社会资源会投入教育、医疗卫生等各民生领域。我们有理由相信在党的领导下，我们会全面建成小康社会。作为一名受过高等教育的研究生，我向往和希望成为这个组织的一员，为人民、为社会主义事业贡献自己的一份力量。在这次全球疫情当中，党组织展现了非凡的领导力和行动力，快速遏制了病毒的传播和蔓延，为全球抗疫事业做出了突出贡献和示范作用，这使我更加坚定了加入党组织的决心！

习近平总书记强调："红色基因就是要传承。"中华民族从站起来、富起来到强起来，经历了不少坎坷，也创造了不少奇迹。中华民族的历史贯穿了不畏艰难和积极进取的精神。我要将红色基因传承下去，自觉履行学生义务，坚决拥护党中央和国家的方针政策，成为有为青年，为新时代的社会主义事业贡献力量！

如今，党的伟大战略构想正在焕发出前所未有的能量，我们开始了新的长征路。历史已经证明，党是时代先锋、民族脊梁。我作为当代新青年极度渴望在这样的组织中学习和工作，为人民谋福利。我不仅想成为新时代的见证者，更希望参与建设中国特色社会主义强国，这是我的荣耀、梦想、使命和责任。

学习上，我一直保持认真严谨的学习态度和积极进取的学习精神，遇到学业难题总会第一时间向老师、同学请教。同时，我认识到了时间的重要性，要求自己做事情讲效率、不拖延；在不耽误主专业学习的同时，修读获得了第二学位，并且以较为优异的成绩取得了保研资格。我积极参加科创项目和比赛，在锻炼自己的合作与创新能力的同时，掌握了多种编程语言并完成了实物模型的动态控制。我在课余时间会阅读各种书籍，开阔眼界，增长见识。实践中，我积极参加学校、社团和社会志愿活动，发挥自己的能量和激发潜力。我在学院新闻中心任摄影记者，参与多次重要会议和活动的报道；同时参与管理瑜伽社团并在首都高校的体式展演比赛中荣获一等奖荣誉；积极参加北京马拉松和社区服务等志愿活动，锻炼了应变能力，更在服务他人中获得了自我满足。同时注重将理论应用于实际，在完成金融双学位的学习后，我到银行实习，知识与实践相结合让我更加理解这个学科。我专注于发现和传递生活的美好，乐于助人，团结友善，并会一直秉承参与公益、助人为乐的优良传统，同时追求上进，用知识武装头脑，在行动中锻炼能力。

我深知成为一名合格的共产党员，在学习改造客观世界的同时更要改造主观世界，树立起正确的世界观、人生观、价值观，树立共产主义理想，接受党的教育与指导，在政治立场、政治方向、政治原则、政治道路上同以习近平同志为核心的党中央保持高度一致，这样才能有信心和勇气完成好党交代的任务。作为一名研究生，我深知肩上的责任与期望，我会全身心投入科研学习中，努力为我国乃至世界的气候变化与能源发展问题出谋划策，为美好生活环境的延续贡献力量。

  在此，我郑重地向党组织递交入党申请书，志愿加入中国共产党。如果组织接受我的申请，我将以党员的标准继续严格要求自己并接受组织的监督，时刻谨记和遵守党的纲领与章程，认真履行党员义务，严守纪律、对党忠诚，努力学习，为共产主义事业奋斗终身！如果我的申请未被批准，我也不会气馁，积极寻找差距，更加严格要求自己，相信通过我的奋斗终有一天会成为一名合格的共产党员！

  请党组织在实践中考验我！

2020 年 8 月 25 日

让青春之花在党和人民最需要的地方绽放

管理与经济学院 徐睿双

敬爱的党组织：

我怀着激动的心情向党组织提出申请，志愿加入中国共产党，为共产主义事业奋斗终身！

中国共产党是中国工人阶级的先锋队，是中国人民和中华民族的先锋队，是中国特色社会主义事业的领导核心，代表中国先进生产力的发展要求，代表中国先进文化的前进方向，代表中国最广大人民的根本利益。党的最高理想和最终目标是实现共产主义。中国共产党以马克思列宁主义、毛泽东思想、邓小平理论、"三个代表"重要思想、科学发展观和习近平新时代中国特色社会主义思想作为自己的行动指南。作为新时代青年，我渴望成为党组织大家庭中的一员，为社会主义事业添砖加瓦。

无论是家庭和学校的熏陶，还是媒体的报道，都让我深刻地体会到中国共产党的光荣与伟大。沐浴在党的阳光下，人民更加幸福，民族走向复兴，国家愈发昌盛。望来路，历史和人民选择了中国共产党，党在中华民族危难之际诞生，在斗争与风云中成长。看今朝，中国共产党带领中国人民艰苦创业、改革开放，经济腾飞，国力强盛……在中国共产党的带领下，中国从站起来到富起来，再到强起来。在中国共产党的领导下，中国坚持以经济建设为中心，坚持四项基本原则，坚持改革开放，建立和完善社会主义市场经济体制，大幅提高我国的综合国力和人民生活水平。2020年，全面建成小康社会的决胜年，为全面小康、为加快推进社会主义现代化开辟了广阔前景。

2020年年初，在全民抗击疫情阻击战中，全国上下一盘棋，集中力量办大事，党的集中统一领导与坚持以人民为中心的价值追求将疫情对我国的冲击降到了最小；党员们义无反顾地冲在了抗疫的最前线。上海医疗救治专家组组长张文宏在接受媒体采访时说："共产党员在宣誓的时候曾说，把人民的利益放在第一位，迎着困难上。这次就换共产党员上，做出应有的样子。"这是疫情冲击下，全中国广大共产党人的一个缩影。一封封热血激昂的请战书，一声声铿锵有力的誓词，一个个逆风而行的身影，共产党人用实际行动践行着他们的初心使命。

明年，是中国共产党成立100周年。南湖的一叶小舟已经承载了百年的峥嵘。一百年风雨兼程，一世纪沧桑巨变。来路漫漫，前辈们用鲜血与汗水浇铸着前行的道路，成为永远的丰碑。"党指到哪里，我就走到哪里，就坚决打到哪里。"张富清从硝烟战场出发，哪里困难去哪里，尘封功勋后，老兵精神存；"不获全胜，决不收兵！"黄文秀为百姓服务，将青春的生命定格在扶贫的前线；"在党的培养下，不断提高自己，为我国卫星导航系统建设奉献终身。"王淑芳逐梦太空，情献北斗，默默奉献，久久为功……中国共产党团结带领全国各族人民战胜各种艰难险阻，共同谱写中华民族自强不息、实现复兴的奋斗凯歌。实践证明，中国共产党是伟大的、光荣的、正确的党，跨越百年，这些不变的信念与传承的火种在我心中深深地根植，更加坚定了我加入这个伟大组织、为共产主义事业奋斗、为人民服务的决心。

青年一代有理想、有本领、有担当，国家就有前途，民族就有希望。我不禁想到梁任公的《少年中国说》"少年强则国强"。同样的厚望，跨越百年，铿锵有力，烙印在心。疫情阻击战中，一封请战书上写到"我作为一名共产党员，在党和人民需要的时候，更应该挺身而出"。对于大学生来说同样如此，作为我们北理工学子更应如此。在这样一所传承着红色基因的学府，我们北理工人更深刻地明白，无论是学术层面还是精神层面，中国前行的助力不应缺少我们的加入，我们的梦想应怒放于时代的枝头，写就北理梦的盎然生机，中国梦的春暖花开。当个人的欢笑与汗水交融于新世纪的中国之追梦与成长时，当我们的梦包容于伟大的中国梦之内时，我们会看到更广阔的画卷展开在眼前。无论是以后备军还是以冲锋者的姿态，作为青年人，时代大任应当落在我们肩上，在这个风云巨变、挑战丛生的时代，我们更应该永远奔跑，只争朝夕，不负韶华，让青春之花在党和人民最需要的地方绽放。

《钢铁是怎样炼成的》中说："人的一生应当这样度过：当一个人回首往事时，不因虚度年华而悔恨，也不因碌碌无为而羞愧；这样，在他临死的时候，能够说：'我把整个生命和全部精力，都献给了人生最宝贵的事业——为人类的解放而斗争。'"这段话道出了我想要加入中国共产党的原因。泱泱百年，涌现出的榜样与优秀事迹难以计数，那些以共产党员的身份冲在最前线的战士、榜样与英雄的力量，感动着我、激励着我加入党的队伍，我想要用自己的生命在这样伟大的事业中发光发热。同时，在生活中，我身边有很多第一批提交入党申请书的同学和已经或即将成为党员的学长学姐，我看到他们时刻以饱满的热情对待学习与工作，用党员的标准严格要求自己，吃苦在前，享受在后。我从他们的身上看到了北理工人优秀的品质，看到党的优良传统和作风，看到共产党青年新力量的蓬勃生机，这样的所见所闻进一步激发了我加入党组织的决心和信心。在党的教育和培养下，我真心拥护党的领导，加入党组织的愿望日益强烈。习近平总书记谈道："要以国家富强、人民幸福为己任，胸怀理想、志存高远，投身中国特色社会主义伟大实践，并为之终身奋斗。"我愈发认识到，作为当代青年人，想要更好地为人民服务，为国家社会的发展添砖加瓦，就应该自觉地站在党旗下，成为站在前方的冲锋者与主力军；加入中国共产党，积极主动地接受党组织的教育和培养，成就自己更光明的人生的同时，也有更多的机会参与建设更灿烂的明天。而拥有这样的理想，满怀着奋斗与奉献的人生，才是美丽且富有意义的。

今天，我郑重地向党组织递交入党申请书，这是我人生历程中最庄严的一件事，是我对既往与未来立下的一次保证、一次誓言。在此，通过对自己深入的审视，我对自己也有了更完整全面的认识。在军人家庭与书香氛围中成长，祖辈与母亲的文化浸养以及父亲对我的红色熏陶自幼就深深地影响着我，这样的成长环境让我不仅拥有坚毅的性格与爱国爱党热忱，也让我收获一颗深思而沉着的内心。作为班长，我能够很好地组织各类团日活动与班级文化活动，与班级干部们一道通过各种途径对班级同学进行正确的思想引领与帮助。但与此同时，我也真切地知道，自己的身上还有许多缺点与不足，比如，空有计划却难付诸实践，对我们党的认识还停留在不够深入、不够全面的阶段，觉悟比起广大党员来还有一定的差距……恳请党组织从严要求，同时还请组织给予指导和帮助。希望我能在向党组织靠拢的过程中，改正这些缺点与不足，不断修炼自己，茁壮成长。

如果党组织能批准我的请求，吸收我入党，我一定拥护党的纲领，遵守党的章程，履行党员义务，执行党的决定，保守党的秘密，对党忠诚，积极工作，自觉接受党组织和同志们的监督，严于律己，勤奋进取，努力做一名合格的共产党员，为党的事业贡献我毕生的精力和热血。如果党组织认为我还不完全具备党员条件，这次不能接纳我入党，我决不气馁，将尽快克服自己的缺点和不足，继续以党员的标准严格要求自己、提高自己，以更饱满的热情投入以后的工作和学习中，以实际行动争取早日加入党组织。

　　请党组织在实践中考验我！

2020 年 9 月 1 日

青春心向党，筑梦新时代

物理学院 汤 正

敬爱的党组织：

我是北京理工大学物理学院的一名研究生。我怀着无比激动的心情向党组织提出入党申请。我志愿加入中国共产党，全心全意为人民服务，不惜牺牲个人的一切，为实现共产主义奋斗终身。

我出生于 1998 年，是成长在党的阳光雨露下的青年人。听我父亲说，我出生那年中国遭遇了百年难遇的大洪灾，是无数共产党员在抗洪一线的艰苦奋斗，才有如今神州大地的国泰民安。因此从小到大，我始终对党有着衷心的向往。本科阶段我认真学习了解了党史，更加坚定了我加入中国共产党的决心。中国共产党是中国工人阶级的先锋队，是中国人民和中华民族的先锋队，是中国特色社会主义事业的领导核心，代表中国先进生产力的发展要求，代表中国先进文化的前进方向，代表中国最广大人民的根本利益。

中国共产党的诞生是历史与人民的选择。1921 年之前，中国经历了清王朝末期的腐朽堕落、军阀割据的战火纷争，帝国主义列强的侵略。面对民族的危亡，中国人民为了能够振兴中华做了无数尝试，从太平天国到洋务运动、维新变法，再到辛亥革命，但最后均以失败告终。直到中国共产党出现，中国革命有了坚强的领导核心，给灾难深重的中国人民带来了光明和希望，给中国革命指明了方向。中国共产党的成立是开天辟地的大事件。自从有了中国共产党，中国革命的面貌焕然一新。中国共产党在经历了国民革命、土地革命、抗日战争和解放战争之后，最终领导中国人民取得了新民主主义革命的胜利，结束了长久以来半殖民地半封建社会，建立了工人阶级领导的、以工农联盟为基础的人民民主专政国家——中华人民共和国。

中华人民共和国成立之初，摆在面前的是诸多问题：技术落后、生产力低下、资源短缺、国际影响力不足……面对这样的困境，中国共产党没有退缩，领导全国人民在一穷二白的基础上自力更生、艰苦奋斗，完成了"三大改造"，确立了社会主义基本制度，不断探索推进社会主义建设，为实现中华民族的伟大复兴奠定了基础。

1978年，党的十一届三中全会拉开了改革开放的序幕。改革开放是决定当代中国命运的关键举措，是一个伟大的探索。一方面，通过体制改革，将市场经济与社会主义联系在一起，创造性地提出了中国特色社会主义市场经济，为生产力的发展提供了强大动力。另一方面，通过对外开放，把中国的发展与世界的发展联系在一起，让中国与世界接轨，为生产力的发展提供了广阔的空间。2018年正值改革开放40年，我作为一名北理工党委宣传部的学生记者，有幸参加了由北京市教工委和人民网举办的"首都大学生记者团"活动，前往改革开放的前沿阵地深圳、广州以及改革开放的起点——安徽省凤阳县小岗村，重走改革开放之路，体悟40年来祖国大地的辉煌巨变。以小岗村为代表的现代化农村，是改革开放带给中国基层群众生活上改变的缩影：机械化生产的农田提高了效率，解放了劳动力；家家户户住着的小洋楼彰显着基层群众生活质量的提高。而作为改革开放的先锋城市深圳和广州，已然是国际化大都市的模样。用脚步去丈量祖国大地的变化，让我更加深刻地体会到中国共产党的丰功伟绩，也更加坚定了我向党组织靠拢的决心。

党的十八大以来，以习近平同志为代表的中国共产党人，顺应时代发展，系统回答了新时代坚持和发展什么样的中国特色社会主义、怎样坚持和发展中国特色社会主义这个重大时代课题，创立了习近平新时代中国特色社会主义思想。在中国共产党的领导下，处于新时代的中国取得了令人瞩目的成就：经济建设取得重大成就、全面深化改革取得重大突破、民主法治建设迈出重大步伐……从前那个一穷二白的中国如今已屹立于世界的东方，从前那个积贫积弱的中华民族已然屹立于世界民族之林，这一切都离不开中国共产党的领导。

在思想品德方面，我坚守原则，坚定自己的理想信念，与人为善，诚实守信，乐于助人，团结同学，尊敬师长。在学习方面，我勤奋努力，以严谨的态度和满腔的热情，不断充实自我、挑战自我。在生活作风方面，我无不良嗜好，保持良好的生活习惯和作息规律，热爱体育运动，经常锻炼身体。在工作方面，对交代给我的工作认真负责，并且在力所能及的范围内愿意给学校、学院和班级组织多做贡献。

我深知，在我身上还有许多缺点和不足，恳请党组织从严要求我。如果党组织批准我的申请，我将时刻用党员的标准要求自己，做一名名副其实的共产党员。若我的申请未被批准，我也决不气馁，同样严格要求自己，争取早日进步，成为一名合格的党员。

请党组织在实践中考验我！

2020 年 9 月 30 日

讲真话，做好事

马克思主义学院　　王雅靓

敬爱的党组织：

　　我志愿加入中国共产党，愿意为共产主义事业而奋斗终身。中国共产党是中国工人阶级的先锋队，是中国人民和中华民族的先锋队，是中国特色社会主义事业的领导核心，代表中国先进生产力的发展要求，代表中国先进文化的前进方向，代表中国最广大人民的根本利益。党的最高理想和最终目标是实现共产主义。中国共产党以马克思列宁主义、毛泽东思想、邓小平理论、"三个代表"重要思想、科学发展观作为自己的行动指南。

　　在我成长的过程中，我始终以加入中国共产党、成为一名合格的共产党员为自己的奋斗目标。我明白，没有共产党，就没有新中国，是中国共产党带领中国人民克服了前行之路的重重困难，在层层迷雾中摸索出正确的方向，是中国共产党带领中国人民走向富裕、和平的新生活。

　　在我成长的过程中，我认真学习党章，了解党的基本理论，通过不断自我学习与自我提升，深化对党组织的认识与理解。课余时光，我始终坚持着广泛的阅读。我深知，知识就是力量，只有不断加强自我学习，提高自己的个人修养，丰富自己的知识储备，才有资格向党组织靠拢。

　　我深知，若想加入中国共产党，不能拘泥于书本知识，丰富的社会实践也是充实自我、提升自我、向党组织靠拢的必备条件。我利用假期时间找了一份实习工作。工作很忙碌也很劳累，但是通过工作，我走街串巷认识了形形色色的陌生人，也见识到了城市的发展、社会的进步、国家的日新月异。实习带给我的经历是弥足珍贵的，实习给我的认知与感悟也是极其难忘的。在实习过程中，与党员同事的接触，让我看到了他们的身先士卒、服务大家、服务社会、服务国家的品质。人生于世，与其庸庸碌碌、营于私利，不如坦坦荡荡、光明磊落地服务群众、服务大家。社会的进步、国家的繁荣昌盛，需要我们有良好的奉献精神。

我始终以一名共产党员的标准严格要求自己。我深知，细微处见真章，只有切实从日常生活的每一个细节处提升自己，时刻严格要求自己，做到办事一丝不苟，行为不逾矩，才能有所提升、有所发展。或许我们不能做到名垂千古，但是只要我们做到时刻"讲真话、做好事"，我们一样可以得到精神上的升华、心灵上的满足。

我申请加入中国共产党，源自我的热爱。我以成为一名共产党员为荣。我明白，要想加入中国共产党，空有一腔热血是远远不够的，必须要落实到实际行动中，实事求是，为共产主义事业奋斗终身。我的父母始终教导我，要踏实做事、本分为人，要始终严格要求自己，不求最好、只求更好。前进的脚步永不停止，人生征途我才刚刚开始。

今天我虽然向党组织提交了入党申请，但我深知我离一名共产党员的标准还有一定的距离，我需要不断发展自己，寻求个人水平的全面提升，争取做到德智体美劳全面发展，成为一名合格的共产党员。在日后的成长之途，我将始终以一名共产党员的标准严格要求自己。前行之路，始终坚定信念，牢记使命，不放弃，不懈怠，向身边优秀的共产党员看齐。我将自觉接受群众的监督以及党组织的指导，努力克服自己的缺点及不足。俗语云："知错能改，善莫大焉。"只有不断弥补缺点和疏漏之处，才可不断全方位提升个人思想理论水平，才可向党组织靠拢，才能早日成为一名合格的共产党员。

请党组织在实践中考验我！

2016 年 9 月 28 日

功崇惟志，业广惟勤

精工书院　唐婷婷

敬爱的党组织：

我志愿加入中国共产党，拥护党的纲领，遵守党的章程，履行党员义务，执行党的决定，严守党的纪律，保守党的秘密，对党忠诚，积极工作，为共产主义奋斗终身，随时准备为党和人民牺牲一切，永不叛党。

作为一名党的坚决拥护者，我自少年时期就对党组织有着非同一般的向往之情。在成为一名共青团员后，我在学习中了解到了党组织的优越性，并有了想要加入党组织的想法。因而在上了大学后，我便决定申请加入党组织。许多我很崇仰与尊敬的前辈以及我所作为榜样的老师们都是共产党员，他们身上的浩然正气及他们作为党员的优良作风深深地影响着我。

当我看到地震灾区优秀的官兵，当我看到义无反顾地冲往前方的志愿者们，内心有尊敬，更有一份难以言述的渴望，这种渴望是对于共产党员的向往与追求。当我看到许多优秀的老师作为共产党员对党的忠诚以及无限热爱时，我便清楚中国共产党意味着一种使命与担当。功崇惟志，业广惟勤！

作为北京理工大学精工书院1807班的一名学生，身处在北京理工大学这所具有红色基因的军工院校，我不断为加入党组织而努力着。

在思想上，我不断地提高自己的政治觉悟。通过学习党的路线、方针、政策及决议，我对党组织的认知愈加全面深刻，也更加清楚地认识到党和人民的利益高于一切，个人利益服从党和人民的利益。

在学习上，我深切地体会到科技发展对于祖国的重要性，对于人民的重要性。想要实现中华民族的伟大复兴，离不开科技的发展进步，尤其是在这个时代，科技力量的强大是祖国强大的推动力。因此，我努力学习科学文化知识，希望通过所学的工科知识为祖国的科技发展出力，为中国梦添砖加瓦。

在工作上，除了担任了精工1807团支部的团支书，我还是精工书院团委部长团的一员，在书院团委承担了一定的工作。我组织开展有爱国教育意义的团日活动，帮助团支部的成员更好地了解党组织，更好地向党组织靠拢。担任精工书院团委实践部副部长期间，我扩大了自己的服务范围，根据同学们的反馈建议积极调整和改进工作。我始终要求自己认认真真做实事、做好事，踏踏实实地完成每一个任务，并且尽心尽力地帮助那些需要帮助的同学，不断地进行总结反思。我希望借这样的机会锻炼自己，让自己更加优秀，在工作、学习和社会生活中起到先锋模范作用。

在生活上，我热情友善、真诚待人，对身边需要帮助的人都乐于施以援手。在宿舍里，我积极打扫卫生，保持宿舍整洁，并且经常和身边的人沟通交流，把他们的问题当作自己的问题去解决。此外，我在课余时间积极参加各项志愿者活动和公益活动，争取为这个社会多做一些贡献，多出一份力。我始终相信对于一名合格的共产党员来说，在生活中也应该把"全心全意为人民服务"贯彻到底。

我志愿加入中国共产党，不仅仅是因为身边的人，更是因为我作为中华儿女有着与生俱来的一种民族情怀，这种情怀使得我最终坚定了入党的决心。中国共产党是一个优秀的组织，全心全意为人民服务。我志愿加入这个优秀的组织，为建设美好中国贡献自己的力量。

我知道，我现在还只是一名大一学生，仍有很多不足，自身的能力和素质都还有需要提升的地方，但是我有信心在今后的学习中，不断完善自己、提升自己。在将来的学习、生活中，我愿意时刻接受党组织对我的考验，接受党组织的监督。请党组织给我一次机会，批准我加入中国共产党，让我能更好地提升自己、奉献自己。

请党组织在实践中考验我！

2018 年 9 月 23 日

牢记初心，砥砺前行

精工书院　杨城磊

敬爱的党组织：

我志愿加入中国共产党。

我从小生活在社会主义光辉的照耀下，通过父母言传身教，通过书本，通过老师孜孜不倦的教诲，我深刻地认识到：中国共产党是中国工人阶级的先锋队，同时也是中国人民和中华民族的先锋队，是中国特色社会主义事业的领导核心，代表中国先进生产力的发展要求，代表中国先进文化的前进方向，代表中国最广大人民的根本利益。我申请加入中国共产党，全心全意为人民服务，为实现共产主义而奋斗终身！

通过学习党章党史，我深刻地认识到，党的最高纲领是实现共产主义。党的宗旨是全心全意为人民服务。中国共产党领导和团结全国各族人民，以经济建设为中心，坚持四项基本原则，坚持改革开放，自力更生，艰苦创业，为把我国建设成为富强民主文明和谐美丽的社会主义现代化强国而不懈奋斗。

我对伟大的中国共产党的认识源于我的家乡。我的家乡地处武陵山脉主峰——贵州省印江县木黄镇。1934年10月24日，贺龙、关向应、夏曦领导的红三军（后恢复红二军团的番号）与任弼时、萧克、王震率领的红六军团经过艰难的长途跋涉之后，在木黄镇胜利会师，会师地点是木黄镇五甲村的一棵柏树下，现名为"会师柏"。如今，在浸润了红军的精神源泉之后，这棵"会师柏"已成长为一棵参天大树。

此次会师使两支队伍的力量汇聚在了一起，无论是在军事发展方面，还是政治方面，都是一次极具战略意义的重大历史事件。它在某种意义上孕育了红二方面军，为中国工农红军三大主力之一——红二方面军的诞生奠定了坚实的基础。

为了纪念红二、红六军团在木黄镇胜利会师，我的家乡木黄镇修建了极具历史意义的古朴典雅的木黄会师纪念馆和巍峨耸立的木黄会师纪念碑，以及极具红色历史文化气息的木黄会师广场。

我从小就生活在红色历史文化的氛围之中，感受到了中国工农红军、中国共产党为人民、为国家抛头颅、洒热血的革命献身精神，以及党对人民、对国家神圣的使命感和责任感。

小时候，爸妈经常牵着我的手走进那古朴厚重的木黄会师纪念馆，驻足于纪念馆中陈列的红军战士在革命斗争时期曾用过的枪和生活物资前，那一双双草鞋、一个个破旧的碗具总能将我带回那个革命斗争的年代，将我带回红军战士们不畏长征行路之艰苦、不惧风霜之凛冽、不怕烈日之酷热，更不惧敌人之枪炮的热血斗争历程中。

后来，学校组织少先队员缅怀革命先烈的活动，全体师生静立于木黄会师纪念碑前，那一幅同学们排着长长的队伍默哀的画面，我至今记忆犹新。我们低下头默哀，缅怀为中国的未来探索出一条光明道路而英勇献身的革命先烈们。我们举起手，握紧拳头，高喊："人民英雄永垂不朽！"

那一刻，作为一名少先队员，我深切地感受到了我们幸福安定的生活是来之不易的，是无数革命先烈抛头颅、洒热血，用自己宝贵的生命换来的，他们就像九州苍穹的无数颗明星，为中华大地带来了美好的光明。

上了初一以后，通过我敬爱的班主任老师的介绍，我满怀激情和斗志地加入了中国共产主义青年团，成为一名光荣的团员。通过学习初中历史课程，我深刻地认识到：在近代百年中，中国的屈辱史是中华民族永远无法抹去的伤痛，从鸦片战争起，紧锁的国门被列强的大炮轰开，到甲午战败，中日签订丧权辱国的《马关条约》，再到八国联军侵华和后来的抗日战争爆发，在无尽的黑暗中，是中国共产党这颗闪耀的明星，为中国人民照亮了前行的路。

上了高中以后，在百年名校、人文铜中——贵州省铜仁第一中学的培养下，我始终牢记仁、实、勇、毅的校训，保持认真严谨、刻苦钻研的学习作风，胸怀铜钟既响、福润天下的理想。

通过铜仁一中开展的有关教育活动，我进一步深入学习了党章党史。我逐步坚定了跟着中国共产党一起为国家、为人民谋福祉的理想。我不忘初心、砥砺前行、刻苦钻研、增强本领，努力为将来服务人民打下坚实的文化知识基础。我曾在第十一届"地球小博士"全国地理科普知识大赛中获一等奖，在第九届"全国中学生数理化学科能力展示活动"建模论文和实验报告评比中,获贵州省高一年级数学学科一等奖,在2018年全国中学生英语能力竞赛（NEPCS）中获高三年级组贵州省级一等奖,并且因品学兼优,在高中曾连续两年获校"三好学生"的表彰。

高考结束以后,在社会主义核心价值观的引领之下,我非常渴望能用自己学到的知识为人民服务。因此,我在2019年7月18日—8月6日期间,积极参与了黔行春晖支教团和贵州省铜仁市印江县大学生公益联合会共同开展的印江县朗溪镇中心完小支教助学活动,和我的支教队员们一起,帮助了200多名留守儿童。

通过支教助学活动,我更加深刻地认识到了全心全意为人民服务,不仅是实现人生价值的途径,也是为人民创造幸福、为社会做贡献的实践指南。我甘愿如蜡烛一般,燃烧自我,为国家发光发热。

通过坚持不懈地努力奋斗,我有幸就读于中国共产党创办的第一所理工科大学——北京理工大学。翻开历史的画卷,宝塔山苍苍、延河水泱泱,为促进陕甘宁边区工业生产和保证抗战胜利,党在中国革命圣地创办了延安自然科学院。通过在北京理工大学学习思想道德修养与法律基础、形势与政策等思政课程,我更深刻地认识到:从土地改革到改革开放的政策,再到如今的"一带一路",党领导全国各族人民艰苦奋斗、不忘初心、砥砺前行,已经从站起来、富起来迈上了强起来的新征程。

当下,不论国际形势如何变化,我国始终坚定不移地走中国特色社会主义道路。在宏观的国家战略背景之下,我将刻苦钻研、积极创新,积极参加学校的各种创新活动,钻研课本知识,保持认真严谨、严于律己的学习态度和艰苦朴素、脚踏实地的作风,努力在北京理工大学精工书院学好智能制造与车辆专业的理论知识,毕业后竭尽全力为中国无人车、新能源车等产业的创新技术领域做贡献,走好我们这代人的长征路,为中华民族伟大复兴梦、为构建人类命运共同体而坚持不懈地奋斗！

我坚定我的理想——全心全意为人民服务,为实现共产主义而努力奋斗！

请党组织在实践中考验我。

2019年9月21日

勇担使命，淬炼品格

数学与统计学院　胡钰雪

敬爱的党组织：

我志愿加入中国共产党。

1999 年我出生于山西省长治市黎城县的一个普通家庭，现就读于北京理工大学数学与统计学院统计学专业，并担任班长职务。

我的父亲是一名邯郸工务段的道口工，母亲是黎城县城建局的普通职工，现已退休。我的父母虽然不是共产党员，但他们身上却具有共产党员的优良品格。父亲正直无私、平易近人，母亲善解人意、任劳任怨。他们从小就教育我不论做人还是做事都要秉持脚踏实地的原则，要热爱伟大的中国共产党。

从孩童时代起，父母和老师就经常讲刘胡兰、江姐、雷锋、焦裕禄等很多共产党员的故事。无数共产党人为祖国建设和人民幸福鞠躬尽瘁、死而后已，这种舍己为公的精神美德给了我很大的启迪：广大党员同志能够在各项工作中充分体现先进性，发挥先锋模范作用。

2011 年，正在读初中的我抓住班上第一批入团的机会，成为一名光荣的共青团员，当时的我就产生了加入中国共产党的愿望。小学到高中期间，我曾担任班级学习委员、英语课代表等职，一直都在尽职尽责地服务同学。通过对政治、历史等课程的学习，我对中国共产党有了进一步的了解和认识。中国共产党是中国工人阶级的先锋队，同时是中国人民和中华民族的先锋队，是中国特色社会主义事业的领导核心，代表中国先进生产力的发展要求，代表中国先进文化的前进方向，代表中国最广大人民的根本利益。中国共产党以马克思列宁主义、毛泽东思想、邓小平理论、"三个代表"重要思想、科学发展观和习近平新时代中国特色社会主义思想作为自己的行动指南。中国共产党在社会主义初级阶段的基本路线是，领导和团结全国各族人民，以经济建设为中心，坚持四项基本原则，坚持改革开放，自力更生，艰苦创业，为把我国建设成为富强民主文明和谐美丽的社会主义现代化强国而奋斗。

上了大学以后，我积极参加各项社团活动以及班级组织的团日活动，并获 2017—2018 年度"优秀共青团干部"称号。在党组织的指导和教育下，通过对党的基本知识的学习，我更加了解党，也更加坚定了自己对党的信仰。如今开始读研究生的我已经从对党的一种模糊的了解，发展到明确了入党的意愿，并且树立了正确的入党动机。我向党组织郑重提出入党申请，决心成为光荣的无产阶级先锋队战士。

中国共产党领导人民发展社会主义民主，健全社会主义法治，巩固人民民主专政。中国共产党坚持人民代表大会制度，坚持共产党领导的多党合作和政治协商制度，切实保障人民管理国家事务、社会事务和文化事务的权利。正是因为有了中国共产党的领导，才有了中国人民今天的美好生活。

2020 年伊始，正是万家团圆的时候，一场突如其来的疫情打破了生活的平静，成为举国上下关注的焦点。病毒在各地开始蔓延，全国疫情防控形势异常严峻。在这一危急时刻，各级党组织和广大党员在以习近平同志为核心的党中央坚强领导下，迅速贯彻落实上级部署，不忘初心、牢记使命，始终战斗在疫情防控第一线。他们扛起了党员的使命担当，积极践行入党誓言，不顾个人安危，冲锋在前，坚决遏制疫情蔓延势头。在这场疫情阻击战中，基层党组织和广大党员同志发挥了党员的战斗堡垒作用和先锋模范作用，广泛动员群众、组织群众、凝聚群众，用生命和汗水谱写了一首雄壮的生命赞歌。

回望 2003 年的"非典"疫情，在这场没有硝烟的战争中，广大共产党员这一优秀群体为谋求人民群众的身体健康和生命安全，舍生忘死，冲锋陷阵。在抗击"非典"的日子里，钟南山、叶欣、陈洪光等一大批共产党人，置个人生死于不顾，始终奋斗在"抗非"的最前线，这种坚定的意志感召着全国人民取得了"抗非"的最终胜利。

在日常生活中，我们也许不知道谁是共产党员，但是在危难时刻，走在最前面的一定是共产党员。在抗震救灾的危急关头，奋战在抗震最前线的是共产党员；在防汛抗灾中，第一时间奔赴洪灾现场察看灾情、转移群众的是共产党员；在森林火灾灭火战斗中，不顾个人安危、迅速奔赴火场及时救火的同样是共产党员……从他们身上，我看到了党巨大的凝聚力、战斗力和先进性。他们对党和人民的无限忠诚，恪尽职守，激发了我加入中国共产党的坚定决心。

在工作、学习和生活中，我一直都在以实际行动坚决拥护中国共产党的领导，遵守各项法律法规，认真贯彻执行党的基本路线和各项方针、政策。在科研方面，我努力刻苦，本科曾获得专业二等奖学金以及一些国家级项目奖项。在社会实践方面，我积极参加社会公益事业和志愿服务活动。2018年，我曾作为学生代表参加了第七次全国残联代表大会；2019年，参加了第二届"一带一路"国际合作高峰论坛等国家级重大志愿服务项目。同时，我也不忘督促身边的同学，带动大家一起进步，努力提高为人民服务的本领。

今天，我怀着无比激动的心情向党组织提出了入党申请，但我深知自身还存在着许多缺点和不足。因此，今后我将始终以共产党员的标准严格要求自己，坚决拥护党的纲领，遵守党的章程，履行党员义务，执行党的决定，严守党的纪律，保守党的秘密，对党忠诚，积极工作。如果党组织能够批准我的入党申请，在今后的工作生活中，我将克服自身不足，继续努力奋斗，积极学习身边优秀的共产党员的优良品质，努力做到更好。如果党组织这次没有批准我的入党申请，我也不会气馁，在今后的工作生活中我将不断充实完善自己，提高自身素质，勇敢地再次接受党组织的考验，争取早日加入党组织。

请党组织在实践中考验我！

2020年9月28日

未来将至，路在脚下

机电学院　肖　翔

尊敬的党组织：

我志愿加入中国共产党，为共产主义事业奋斗终身。

回顾自己的思想成长经历，除了认真学习习近平新时代中国特色社会主义思想，积极参与学校、学院党课培训和实践活动之外，最能让我思想和能力快速成长的，就是大学期间担任班长职务了。当初我参与竞选学生干部，就是把它切切实实当作一份为大家服务的使命、一份义不容辞的责任与义务。其实担任班长初始，我面对全新的工作并不是很适应。繁忙的工作安排，再加之自己本身的学业和科研压力，都导致工作开展不太顺利。面对困难和挑战，我也有过畏惧，甚至有过退出的想法。但是，我深知一名优秀的共产党员面对困难从来都是一往无前的，生活、学习、工作上无时无刻不充斥着新的挑战，这正是一种考验。我已经准备时刻以党员的标准要求自己，又怎么能轻言放弃？我不能辜负班级和组织对我的信任，无论如何也不能退缩。

我采用丰富多样的方式来加强班级凝聚力。新学期伊始的新生交流会，带领同学们快速融入一班这个大家庭。课题组的素质团建活动，积极营造团结向上的氛围。因为我们班积极向上、表现突出，被学院推荐参加北京市优秀班集体评选。在准备的过程中，我和几个党员班干部，广泛搜集素材，精心编辑视频，多次征求意见。经过班级成员的共同努力，我们班在层层考核中拔得头筹，以第一名的成绩入围北京市优秀班集体的评选，并最终拿到了北京市先进班集体的荣誉。这背后，是每位班级同学团结合作的结果，是所有班委成员齐心协力的结果。这是我作为班长期间最为骄傲自豪的事情。在整个评选优秀班集体期间，我感受到为大家服务的欣慰与自豪。

2020年，新冠疫情突袭全国，班级工作又遇到了全新的考验。身为班长，我在开展好班级常规工作的同时，密切关注同学们的身体状况和情绪状态。

我们牵头举办了"为武汉加油，为抗疫助力，无人飞航一班在行动"的线上主题教育活动。通过观看相关防疫视频组织集体学习；通过网上互报平安、分享抗疫体会的方式，加强交流；通过手写"武汉加油"字条，寄托同学们关于战胜疫情的美好期待。在组织这些活动的过程中，我也深受感染和鼓舞，切身感受到我们这一代青年的使命感和责任感。

我一直向优秀的党员看齐，起到模范带头作用。所在班级荣获多个省部级、校级荣誉，有"北京市先进班集体""北京理工大学优秀班集体""机电学院先锋班级"等称号，我本人获得"北京理工大学优秀学生"等荣誉称号。然而，奖项代表过去，我深知，要成为一名优秀党员，还任重道远。我也深切地感受到自己还存在一些问题，如科研能力有待提高，工作方法和工作思路还不够清晰。因此，我还需要努力提高自身学习能力，增强工作的责任感，加强自身作风养成。所谓"打铁还需自身硬"，要想引领好一个班集体，要有更高的标准不断警醒自己，这样才能更好地给其他同学树立榜样。

正如习近平总书记所说："青年是整个社会力量中最积极、最有生气的力量，国家的希望在青年，民族的未来在青年。"我们青年作为当今社会的新生力量，不能辜负党和国家的期望、人民的期待、民族的重托，不能辜负我们这个伟大时代，要坚定不移走中国特色社会主义道路，做新时代有担当的新青年。

未来将至，路在脚下。百年的风雨兼程铸就了光辉的历史。蓦然回首，岁月如歌，沧海桑田，神州巨变。如今，苍茫无垠的南极上空飘扬五星红旗；山东舰、辽宁舰驰骋于边疆沿海；"神舟""嫦娥"气势磅礴，宣扬大国神威……中国共产党是实现中华民族伟大复兴中国梦的领路人，是历史的必然选择，更是人民的必然选择。我们青年，必以崇高的理想、创新的意识、无畏的勇气展现新时代青年的智慧和力量，必将团结一致、与时俱进、奋勇前行。

我一定以忠诚之心跟党走，以赤子之心待人民，以奉献之心报祖国！

请党组织在实践中考验我！

2020 年 12 月 22 日

贡献青春力量,彰显青年担当

材料学院 汪远荦

敬爱的党组织:

作为当代年轻人,我渴望更好地为人民服务,为国家和民族贡献自己的一份力量。经过多年的学习,在党的思想和精神的熏陶下,我不断完善自我,向人生的目标坚定迈进。我志愿加入中国共产党,愿意为共产主义事业奋斗终身。

在小时候的音乐课上,音乐老师就教了我们一首歌,歌中唱道"没有共产党就没有新中国",从那时起,我就对党有了初步的认识。我知道没有共产党,就没有我们那时候的美好生活。随着年龄的增长,我渐渐地认识到,中国共产党是中国工人阶级的先锋队,同时是中国人民和中华民族的先锋队,是中国特色社会主义事业的领导核心,代表中国先进生产力的发展要求,代表中国先进文化的前进方向,代表中国最广大人民的根本利益。党的最高理想和最终目标是实现共产主义。

纵观中国共产党建立和发展的历史,就是为中华民族的自强独立、繁荣昌盛,为中国人民的自由民主、幸福小康不断奋斗的历史。从早期对帝国主义、封建主义、官僚资本主义进行革命斗争,建立中华人民共和国,实现民族独立和人民解放,到社会主义革命与建设时期,确立社会主义基本制度,从无到有建立起完整的工业体系和国民经济体系,实现了中华民族历史上最深刻的社会变革,再到改革开放和社会主义现代化建设时期,开创中国特色社会主义道路,坚持以经济建设为中心,坚持四项基本原则,坚持改革开放,建立和完善社会主义市场经济体制,大幅度提高了我国的综合国力和人民生活水平,同时为全面建成小康社会、加快推进社会主义现代化开辟了广阔前景,历史一直印证着那句"没有共产党,就没有新中国"。正是因为有了中国共产党,才有了中国特色社会主义;正是因为有了中国共产党,新中国的面貌才得以日新月异。在中国共产党的领导之下，中国的发展充满了勃勃生机。

我深知，共产党员是为了实现共产主义而奋斗终身、全心全意为人民服务的先锋战士。在新时代的背景下，共产党员依然是劳动人民中的普通一员，没有任何私利和特权。同时，共产党员发挥着先锋带头作用，积极进取、勇于开拓、不怕困难，诚心诚意为人民谋取利益。共产党员不光要掌握好本职工作的知识技能，做好本职工作，创造卓越的成绩，更要刻苦学习先进的理论知识，保持思想的先进性，提高自己明辨是非的能力。特别是在国家、人民危急的时刻，共产党员应挺身而出，维护国家和人民的利益，坚定不移地同危害国家、人民、社会的行为做斗争。

我的父亲是一名光荣的共产党员，他工作努力，乐于奉献。在2020年突如其来的新冠肺炎疫情中响应村委会的号召，积极投入抗疫服务中。他每天早出晚归，一个人包下了20多户的信息登记、物资发放等工作，同时定期进行家访，了解居民基本情况，保证家家户户的正常生活，得到了村民的一致好评。父亲不怕困难、不怕挫折、诚心诚意为人民谋利益的精神深深打动了我，也更加坚定了我申请加入中国共产党、为共产主义事业奋斗终身的决心。

作为一名当代大学生、一名共青团员，我一直严于律己，提升自己。

在思想方面，我深知树立起正确的人生观和价值观的重要性。党的十九大全面系统地回答了新时代坚持和发展中国特色社会主义的一系列重大理论和实践问题，描绘了决胜全面建成小康社会、夺取新时代中国特色社会主义伟大胜利的宏伟蓝图，进一步指明了党和国家事业的前进方向。我对此深受鼓舞，也明白了紧跟党的脚步、不断提高自己的文化素质和思想水平的重要性与先进性。

在学习、工作方面，我认为一个人的态度是关键，所以我一直要求自己保持一颗不断上进的心。在完成专业学习的同时，我不断拓宽自己的知识面，学习跨学科、跨专业的知识，提高自己的英语水平，在图书馆阅读自己本专业领域之外的书籍，用知识来武装自己的头脑。同时，我一直担任班级的体育委员，组织体育活动，丰富大家的课余生活。我曾经率领学院获得过校运动会集体足球射门的银牌。作为一名学生干部，我对自己高标准、严要求，乐于助人、积极进取，还参与了多项志愿公益活动，努力带领同学营造一个积极向上、团结友爱的学风。在生活方面，我一直是一个热心真诚、待人友好、为人谦卑的人，和同学们团结互助，一起参与许多体育比赛、公益活动，给大学生活留下了多样的色彩。

  对照一名党员的标准，我深知自己的身上还有不足之处，因此我必须继续在各方面严格要求自己，积极进取，全面发展。因此，在未来的学习、生活中，我应当继续认真学习党章等理论知识，关注时政新闻，积极探索自己的专业领域，积极服务老师同学，生活上勤俭节约，发扬党员的优良作风，主动向身边优秀的同学看齐，向优秀党员看齐，以高标准来要求自己的一言一行。

  希望党组织从严要求我，使我更快进步。我将按照共产党员的标准严格要求自己，自觉接受党员和群众的帮助与监督，克服不足、发扬长处，在思想上取得进步。如果党组织认为我还不够达到党员的标准，我会继续努力，以实际行动提高自己，坚定不移向党组织迈进！

  请党组织在实践中考验我！

2020 年 9 月 28 日

学习红色历史，践行青春担当

求是书院　冯孟昌

敬爱的党组织：

　　我志愿加入中国共产党，拥护党的纲领，遵守党的章程，履行党员义务，执行党的决定，严守党的纪律，保守党的秘密，对党忠诚，积极工作，为共产主义奋斗终身，随时准备为党和人民牺牲一切，永不叛党。

　　1921年中共一大的召开标志着中国共产党的正式成立。为人民谋幸福、为民族谋复兴，是中国共产党人的初心和使命。这个初心和使命是激励中国共产党人不断前进的根本动力。中国共产党自创立以来，始终与人民同呼吸、共命运，永远把人民对美好生活的向往作为奋斗目标。中国共产党是中国特色社会主义事业的领导核心，代表中国先进生产力的发展要求，代表中国先进文化的发展方向，代表中国最广大人民的根本利益。其最高理想和最终目标是实现共产主义。

　　中国共产党以马克思列宁主义、毛泽东思想、邓小平理论、"三个代表"重要思想、科学发展观、习近平新时代中国特色社会主义思想作为行动指南，领导和团结各族人民，以经济建设为中心，坚持四项基本原则，坚持改革开放，自力更生，艰苦创业，为把我国建设成富强民主和谐文明美丽的社会主义现代化国家而奋斗。

　　高中《政治生活》的几段文字说明，是我与共产党的第一次"相遇"，我了解了党的性质、宗旨、执政理念、领导方式、执政方式。高考过后，我进入了北京理工大学，军训期间与共产党的"不期而遇"，在我心底播下了入党的种子。军事理论课上，刘建将军为我们作了"学习红色历史、传承红色基因"的讲座，展示了党建立初期艰苦奋斗的画面，刻画了朱德元帅鲜明形象；纪东少将以"弘扬周总理精神风范，以初心和使命引领未来"为主题介绍了他在周总理身边的点点滴滴，为我们描摹了浩然正气、全心全意为人民服务的总理形象。为人民谋幸福、为民族谋复兴的初心使命在共产党人身上充分体现，他们的精神深深感染着我，我决定加入中国共产党。当我向家人说我想要加入中国共产党时，他们毫不犹豫同意了。因为我出生在一个平凡的农民家庭，所以我十分疑惑父母为什么如此支持，毕竟他们没有读过多少书。当我向他们询问时，他们脸上挂着和煦的笑容。爷爷对我说："从旧社会的农民辛苦一年吃不饱、穿不暖，再到如今的农民过小康，还有各种补贴，我们的美好生活都是党带给我们的。我曾经生活在艰苦的环境中，所以更能体会到党带给我们的美好生活是多么可贵。"在与家人交流中，我更能体会到党的先进性、党的优良作风，我也更加看到了党的伟大、光荣和正确。在父母的支持下，我更加坚定了入党的决心。

现在的我，学习到了更多关于党的知识。回顾党的成长历程，我更能体会党的初心和使命。中国共产党的诞生，为中国崛起和民族解放带来了希望。几十年的努力，中国共产党与人民一起浴血奋战，经历重重险阻，建立了中华人民共和国，人民成为国家的主人。新中国诞生后，"三大改造""第一个五年计划"巩固了新生的革命政权，确立了社会主义制度。十一届三中全会以来，面对风云变幻的国际环境和改革发展的任务，中国共产党和中国人民用一往无前的进取精神和波澜壮阔的创新实践，谱写了中华民族自强不息、顽强奋进的壮丽史诗。精准扶贫、供给侧结构改革、创新驱动战略、"一带一路"倡议……中国共产党带领中国人民共筑民族复兴的中国梦。

我会以一个党员的标准要求自己。在以后的学习生活中，我会继续刻苦学习，学好专业知识；我会进一步深入学习党的理论知识，提升理论素养；我会继续保持艰苦朴素的作风，尊敬老师和父母，严格要求自己。

今天，我申请加入中国共产党，虽然我会有很多缺点，但我会通过政治理论、科学知识的学习来不断弥补。希望党组织严格要求，使我更快进步。我会自觉接受老师与同学的监督，努力克服缺点不足，逐步达到一名真正的共产党员的标准。可能现在的我还不足以让党接受我，但我会用自己的努力与成果向党组织交出一份满意的答卷。

请党组织在实践中考验我。

2018 年 10 月 6 日

第三篇　扛起责任担当
　　　　筑牢思想根基

　　北理工学子始终与党组织保持高度联系，学思践悟马克思主义理论和习近平总书记重要论述，总结凝练中国特色社会主义制度优势，及时向党组织进行思想汇报。北理工入党积极分子和学生党员们主动投身脱贫攻坚、志愿服务、互助帮扶、科学抗疫，在实践中不断强化责任担当，用青春书写着无愧于时代的华彩篇章，用行动诠释着甘于奉献的服务精神。

用实际行动践行对组织的承诺

材料学院　周坤宇

敬爱的党组织：

今天是我第四次参加无偿献血的活动了。自 2016 年 11 月起，我按照无偿献血间隔最少为半年的要求，坚持每隔半年参加一次无偿献血活动，现已累计献血 1 600 毫升。我认为这种善举虽小，但很有意义，是对社会的奉献。正如无偿献血宣传的那样："只要人人都献出一点爱，世界将会变成美好的人间。"

而自从去年的 11 月 19 日我被党组织批准成为一名预备党员后，便计划在每年的 5 月 19 日和 11 月 19 日参加献血——5 月 19 日是我的生日，11 月 19 日是我的"政治生日"。一方面，这两个日期巧合相差半年，符合献血时间要求；另一方面，我希望以这种方式来"庆生"，让这两个"生日"过得更有意义、更有仪式感，让我保持定期参加无偿献血的习惯。

在生日当天献血，是因为我想提醒自己：人是有社会属性的，个人的成长离不开社会的发展；随着年龄的增长，我也相应地需要为社会履行更多的义务、承担更重的责任，去做一个有社会责任感的人，去做一个具有公民精神和普世情怀的人，去做一个有益于社会和国家的人。而入党的日期，是我的"政治生日"，它更有意义——这个"生日"意味着我对于自己的终身信仰的抉择。选择了中国共产党，便选择了全心全意为人民服务，选择了为共产主义奋斗终身，选择了随时准备为党和人民牺牲一切。正是在这一天，我将我的一切都献给了党和人民。在这个日期参加献血活动，正是为了通过这种庄重的仪式感，践行为人民服务的宗旨，提醒我始终牢记自己是一名光荣的共产党员，要不忘身份、不忘初心，牢记为人民谋幸福、为民族谋复兴的历史使命。

另外，令我惊喜的是，我还带动了我的好朋友、本科生第二党支部的王猛同志参加献血。在与他的交流中，我了解到他一直都有参加献血活动的想法，但是因为一些顾虑不敢去。我跟他解释：科学研究表明，人体的血液是在不停更新和代谢的，献血不仅对身体没有危害，反而能够促进血液的新陈代谢，增强造血机能，降低心血管疾病的发生等。作为一名青年党员，一方面要相信科学，学习参加献血的知识，打消自己的顾虑；另一方面，如果仅仅是因为轻微的疼痛和恐惧，就打消了自己为国家、为社会做贡献的念头，那相比于那些在革命战场上无所畏惧的前辈们，显得十分懦弱，不符合一名共产党员的作为。赠人玫瑰，手有余香。全国多地存在临床用血紧张的情况，越是社会需要的时候，越是别人不愿意干的事情，就应该挺身而出，在各方面做表率，发挥党员的先锋模范作用。

古人云:"种树者必培其根,种德者必养其心。"在我看来,这种仪式感并不是形式主义。这种仪式感是坚持全心全意为人民服务的具体体现,是强化党员意识、加强日常党性教育的实践。除了参与无偿献血,还有许多需要在生活中去实践、去学习的行动,我会继续在日常严格要求自己,从小事做起,铭记党员的义务和要求,内化于心、外化于行,让奉献与担当成为一种习惯。

奉献精神是党员自我发展的动力源泉,是党为人民服务的执政根基。习近平总书记说过:"我们共产党人讲奉献,就要有一颗为党为人民矢志奋斗的心,有了这颗心,就会'痛并快乐着',再怎么艰苦也是美的,再怎么付出也是甜的,就不会患得患失。这才是符合党和人民要求的大奉献。"

我记得在无偿献血的宣传册上曾经看到过一位50多岁的党员前辈:他无偿献血3万毫升,是自身人体血量的8倍,他拿着微薄的退休金,却省吃俭用累计捐款20余万元,资助了多名贫困学生。他的爱心奉献不仅挽救了患者的生命,也点燃了贫困学子对未来的希望。我认为共产党员的光荣,不仅仅是需要关键时刻冲得上去,也需要在平常时刻体现出来。一次又一次的奉献汇集的是共产党员一次又一次的担当。我向组织承诺:我会按期过好这两个"生日",继续积极参加无偿献血活动,在日常生活当中进一步用实践来弘扬奉献精神。

同人民一道拼搏，同祖国一道前进，服务人民，奉献祖国，是当代中国青年的正确方向。在接下来的日子里，我会继续学习贯彻党的十九大精神，不断强化"四个意识"，把学习党的十九大精神与习近平新时代中国特色社会主义思想转化到服务社会、奉献社会的生动实践当中去，从小事做起，用奉献的青春拥抱新时代，争做敢于担当的时代新人！

2018 年 5 月 19 日

后记：自 2016 年 5 月 19 日至 2021 年 5 月 19 日，周坤宇同志已献血 11 次（其中全血 4 000 毫升，成分血 1.5 治疗量），定期过好"政治生日"，用实际行动践行对组织的承诺。

雷锋精神与当代青年责任

外国语学院　迟昕凤

敬爱的党组织：

　　今天是3月5日，3月是学习雷锋月，今天学校组织我们共同观感影片《离开雷锋的日子》，激励我们新一代向雷锋同志学习，以雷锋同志为榜样无私奉献，让世界充满爱与关怀。

　　1962年的一天，乔安山倒车撞倒一根电线杆子，没想到倒下的电线杆，却让雷锋付出了生命的代价。雷锋走了，留给人们无限的伤痛，而影片《离开雷锋的日子》讲述的正是雷锋的战友、雷锋牺牲的直接"肇事者"乔安山的一段感人至深、催人泪下的平凡经历。

　　"雷锋"这个名字已人尽皆知，但乔安山又会有几个人知晓呢？雷锋是他的班长，不仅从生活上还从学习上帮助他，可不幸的是在一次雷锋帮他指导出车时，他不小心把旁边的电线杆撞倒，这次意外夺取了雷锋同志的生命，为此乔安山甚至想以死来补过，但最后他醒悟了，继承了雷锋做好事的传统，成了"雷锋二代"，他为我们树立了一座精神的丰碑，凛然屹立在新时代的开端。

　　乔安山是平凡的，但他做出了不平凡的事。一次，乔安山负责的长途汽车上，上来了七八个站长亲戚，他们都不买票，乔安山坚决抵制，把他们轰下了车；汽车正开着，一哑巴拦车，他妻子难产，乔安山便没按规定行车，及时地将产妇送到医院，还为产妇献血，而他的行为也感动了售票员，将车内捡到的金戒指拿了出来；还有一次，乔安山驾车把一被别人撞伤的老人送医院抢救，可是老人却违心地说是乔安山撞了他，其家人还向乔安山索要高额的医疗费用，恶语相逼，一直到撞伤老人的司机被找到了才还了乔安山清白。

　　乔安山送被撞老人去医院的事令我感触颇深。肇事司机撞人逃跑，之后的路人怕惹事上身弃老人于不顾，老人获救却故意隐瞒事情的真相，老人儿女不讲道理恶语相逼，这一幕不正类似于社会热论的"扶与不扶"吗？倘若我们每个人都能像乔安山一样，那这世界该会有多么温暖、和谐。我相信只要有心，只要努力，我们每个人都会成为乔安山，祖国的明天一定会更加耀眼。

座精神的丰碑，傲然屹立在新时代的干端。

乔安山是平凡的，但他却做出了不平凡的事。一次，乔安山的长途汽车上，上来了七八个站长亲戚都不买票，乔安山坚决拒绝，把他们轰下了车；汽车正开着，一孕妇拦车，他妻子难产，乔安山便没按规定行车，及时地将产妇送到医院，还为产妇献血。他的行为也感动了售票员将车内捡到的钱或指拿了出来；还有一次，乔安山驾车把一被撞伤的老人送医院抢救，可是老人却违心地说是乔安山撞了他，某家人还向乔安山索要高额的医药费用，恶语相逼。直到撞老人的司机找到了才还了乔安山清白。

乔安山送被撞老人去医院的事令我感触十分的深刻。肇事司机撞人逃跑，之后的路人怕惹事上身弃老人于不顾，老人获救却故意隐瞒事情的真相，老人儿女不讲道理恶语相逼。这一切的一切不就是导致社会现状做好事却又不敢的原因吗。当今社会有一部分人选择明哲保身，害怕惹上事非。有一部分人害怕怕花钱

之前乔安山的儿子也觉得做好事不会有好报，反而会带来不必要的麻烦，但后来他变了。一次乔安山与儿子一起出车，他们的汽车陷进了泥潭，整整

停留了一夜，路过的人不是要钱才肯帮忙就是借故推辞不愿帮忙，就在他们绝望的时候，一位停车的女士带来很多人帮忙，而这些人就是一群青年志愿者。众多青年志愿者戴着小红帽推车的情景，成为影片中最为感人的一幕，志愿者还向乔安山介绍了他们的帽子："中间是一个和平鸽，代表的是和平，在这个鸽子的外面，有一颗心围绕，代表的是爱心。"乔安山听后十分感动，他的儿子也为此戴上了志愿者的帽子，决心向雷锋学习。

谈到我们——当代大学生，虽然我们不能在社会上做一些慈善大事，但学习雷锋可以从身边事做起。学校有绿风志愿者，他们会去小学献爱心做一些捐助活动，这些都是我们力所能及的事。再如教学楼前的自行车被风吹倒了，不要在乎别人的眼光，走过去，轻轻将它们扶起。很多人碍于面子不会去做。之前我也有过这种想法，我担心我去扶车会被人误会是我弄倒的，捡起路旁的垃圾会被别人嘲笑装好人。之前的我很在乎别人怎么说，但现在不会了。我坚持走自己正确的路，让别人说去吧！做自己想做的正确事才不会遗憾，这样才是一个合格的大学生，这样才有资格向党组织靠拢。

《离开雷锋的日子》让我再一次深刻地反省了自己。社会一直在进步，但雷锋精神却永不褪色，不但如此，它还会随着时代的变迁而不断注入新的内涵。现代社会的每一个人，我相信还是非常乐意去帮助别人，去发扬雷锋精神的。现在除了我自己要做好，同时还要带动身边的人，让身边的每一个人都以助人为乐，只有这样社会才会更加和谐美好。

最后，请党组织放心，我一定会从自身做起，向雷锋学习，并宣传雷锋精神，带动身边的人一起学雷锋、做好事，请党组织监督。

2012 年 3 月 5 日

风雨兼程，盛世可见

材料学院　苗雅慧

敬爱的党组织：

　　2021年，中国共产党将迎来建党100周年。我在入党学习的过程中思想经历了很大的变化，思想觉悟得到了较大的提升，正值建党百年之际，我想谈谈自己对党史的了解，以及对党的认识。

　　历史是现实的根源，任何一个国家的今天都来自昨天。只有了解一个国家从哪里来，才能弄懂这个国家今天怎么会是这样而不是那样。回顾党的百年历史，我们看到在中国共产党的坚强领导下，中国发生了翻天覆地的变化，亿万人民书写了国家和民族发展的壮丽史诗，中国特色社会主义进入了新时代。

　　中国共产党诞生于中国内忧外患之际、民族危难之时。为了救国救民，13位有志之士于1921年7月齐聚在嘉兴南湖，召开了中国共产党第一次全国代表大会，宣告了中国共产党成立。此后，中国共产党不断发展壮大，一代又一代的共产党员为中国的不断发展和进步贡献出了热血青春，甚至付出了生命的代价。在战争年代，有刘胡兰勇对铡刀，有董存瑞英勇炸碉堡，还有江竹筠在歌乐山上留下的《红色遗书》；在和平年代，有"节约标兵"、全心全意为人民服务的雷锋，有一心进藏区、为人民努力工作的孔繁森，还有党员干部驻村第一书记黄文秀……

　　一百年沧海桑田，硝烟依稀，时代流转，道不完的奋战荣光，数不尽的苦难辉煌；一百年风雨兼程，盛世可见，强军可期，伟大复兴的中国梦，由大向强的新时代。从1921年50余名党员到2020年9 000多万名党员，我们的党饱经沧桑，砥砺奋进，负重前行。坚持"一切为了人民，一切依靠人民"，是人民群众在历史活动和历史发展中的主体地位决定的，是"全心全意为人民服务"的根本宗旨的集中体现。在2020年年初新冠肺炎疫情来势汹汹的危难时刻，一封封按着党员同志红手印的请战书上交给党组织，一个个怀着理想与信念的医护人员纷纷请缨前往一线。他们中有已经84岁高龄的钟南山院士，也有刚刚新婚不久的妻子或丈夫，还有刚刚做了妈妈的大夫，但是为了祖国和人民的安全健康，他们勇赴一线，不辞辛劳。正是有了他们积极参与抗击疫情，我们的国家才能在短短的四个多月时间内很好地控制住新冠疫情的发展。他们怀揣着不断奋斗的初心，坚持着为人民服务的信仰，救死扶伤，珍爱生命。正是有着数以万计的中国共产党人的不断奋斗和拼搏，我们才有了现在和平、安康的幸福生活。

在抗击疫情阻击战中，党中央始终坚持人民至上、生命至上的理念，不惜一切代价保护人民生命安全和身体健康，牢牢采取"外防输入、内防扩散"的疫情防控原则，做好乡镇、社区的群防群治、网格化管理；在脱贫攻坚战中，始终坚持"小康路上一个都不能少、一个都不能掉队"的理念，带领全国人民共同致富；在防汛救灾的现场，始终坚持要保护好人民群众生命和财产安全的信念，抗洪抢险、转移群众，最大限度地保障人民的生命安全……充分彰显了中国共产党人民至上的执政理念。

为中国人民谋幸福，为中华民族谋复兴，一直是中国共产党人矢志不渝的初心，也是激励一代又一代共产党人前仆后继、努力拼搏的根本动力。很高兴能够在建党百年之时加入中国共产党，如今我们正奋进在实现中华民族伟大复兴的征程上，我明白我们肩负的不仅仅是历史使命，更多的是无限的希望。作为党的后备军，尽管我没有"金戈铁马、气吞万里如虎"的气魄，没有"我以我血荐轩辕"的飒姿，没有"大江歌罢掉头东"的豪迈，但是在此我立下庄严的誓言：如果我是一块砖，我要去构筑祖国繁荣昌盛的大厦；如果我是一颗螺丝钉，我要去铺设民族走向辉煌的路轨；如果我是一棵小草，我要为祖国的春天奉献自己生命的绿色。只有这样，才能无愧于这个时代，无愧于这面旗帜所赋予我们的使命。

如今，站在"两个一百年"奋斗目标的历史交汇点，我们既要看清当前的形势，也要继续迎难而上、接续奋斗，做到风雨兼程，使命必达。我明白，只有加强理论武装，统一思想行动，厚植发展基础，做政治上的明白人，才能妥善应对百年未有之大变局，为实现中华民族伟大梦想增添精神动力。作为一名研究生党员，我要珍惜现在所拥有的一流学习条件和学习资源，牢记自己的使命，刻苦学习专业知识，在自己所在的领域内有所成就，以自己的实际行动为中华民族的伟大复兴贡献出自己的力量。

　　回望来时路，更知前行的方向。党的十九大高端起步，顶层谋划，全面构建了中华民族伟大复兴的"四梁八柱"，引领着中国梦不断前进。我们要继续以伟大的实践来书写未来美好的新篇章，我们要适应新形势新任务，全面推进党的伟大工程，全面推进中国特色社会主义伟大事业。我们要认真学习、深刻体会，把思想和行动统一到精神上来，把精神贯彻落实到各项工作中去，为社会又好又快发展做出自己的贡献。我相信，只要我们有着功成不必在我、功成必定有我的信念，我们就一定能够完成中华民族的伟大复兴事业，就能让"中国号"巨轮继续劈波斩浪、勇往直前！

2020 年 12 月 18 日

立足新时代，感悟新要求

管理与经济学院　韩佳伦

敬爱的党组织：

2020年10月26—29日，党的十九届五中全会在北京召开，我们党支部全体成员在线观看了新闻发布会，感悟颇多。

十九届五中全会审议通过了《中共中央关于制定国民经济和社会发展第十四五规划和二〇三五年远景目标建议》。未来5到15年，中国会经历怎样的发展，这便是党的十九届五中全会所回答的主要问题。

"十四五"时期是我国全面建成小康社会、实现第一个百年奋斗目标之后，乘势而上开启全面建设社会主义现代化国家新征程，向第二个百年奋斗目标进军的第一个五年，因此做好"十四五规划"编制工作的意义便显得格外重大。"十四五规划"中所涉及内容的全面性令我十分感慨，除了经济发展、对外开放、生态环境、民主法治、科技创新、医疗卫生、社会保障这些根本层面之外，还有乡村振兴、文化艺术、国民教育、就业创业、居民收入。我还了解到，在2020年8月16—29日期间，为了更好地听到民生声音，规划编制组开展了网上意见征求活动，且最终累计收到网民建言超过101.8万条。我们可以看到，完善详尽的"十四五规划"除了政府工作人员之外，同样离不开积极献言献策、关心国家发展的中国公民。发展规划与每个人都息息相关，它既是党中央的全局谋划，也是你我的生活指南。我们应该学习并理解规划，使自己今后五年的工作、生活与国家发展总方向保持一致。

经过学习了解，我将"十四五"解读为三个新：进入新发展阶段、贯彻新发展理念和构建新的发展格局。

新发展阶段——我们走到哪了

新发展阶段，就是全面建设社会主义现代化国家向第二个百年奋斗目标进军的阶段。进入新发展阶段，是中华民族伟大复兴历史进程的大跨越。全面小康胜利在望，历史将掀开新的篇章。中国的发展仍然处于重要战略机遇期，但面临的国内外环境正在发生深刻复杂变化。发展阶段、发展环境、发展条件变了，发展理念、思路、方法也要随之变化。十九届五中全会提出的一系列战略部署和政策举措，无不立足于新发展阶段这一新的历史方位。

新发展理念——路径如何规划

新时代新阶段的发展是贯彻新发展理念，推进高质量发展，从"有没有"向"好不好"转变。进入新发展阶段，质量问题已成为发展中的矛盾和问题的集中体现。规划从十二个方面对"十四五"时期经济社会发展和改革开放的重点任务进行了部署，总体上是按五大发展理念的内涵来组织的，真正体现了把新发展理念贯穿发展全过程和各领域。这说明"十四五"时期的发展，必须更加注重以新发展理念为指挥棒，更加注重以推动高质量发展为主题。

新发展格局——目标在前方

习近平总书记提出"形成以国内大循环为主体、国内国际双循环相互促进的新发展格局"这项战略部署。随后，习近平总书记在多个场合对此进行了深入阐述。这次中央全会将"新发展格局"正式写入党的文件，并对此做出明确部署。这意味着，这一立足新阶段、应对新变化的主动抉择，已成为当前和今后一个时期我国发展的重要战略任务。

在"十四五"规划中，我最为关注的有五大问题。

（一）"十四五"规划与十九大的指导思想和战略部署一脉相承。

在这个一脉相承的基础上，将"现代化"这个原本模糊的概念指标化、体系化，战略目标和路径具象化，这是一个很重要的变化。根据当前国际国内的一些情况，要求统筹发展与安全问题，把"安全"这个概念在规划中放到了一个很重要的地位凸显。在这样一些新视角、新征程、新指标下，对过去所列出的一系列的战略举措进行了深化、再定位、再调整，使它能够适应目前所面临的一些主要的矛盾及核心问题。因此这个规划的意见，对于我们理解未来的发展环境、发展目标、发展举措格外重要。

（二）"十四五"指标体系和基本原则要为2035年基本实现社会主义现代化各项目标打下坚实基础。

2035年的核心是基本实现社会主义现代化，就是我们要进入中等发达国家的水平。我们把过去"四个全面"的内涵进行了调整，用全面建设社会主义现代化替代了全面小康。"十四五"的指导意见和相应的战略很好地体现了要进入创新型国家行列的目标。这就要求我们在创新领域对于关键技术、核心技术实现突破。"十四五"对创新的"三大战略"和"四个面向"进行了具体化，实际上也是为我们跻身创新型国家前列打好基础。也就是说整个"十四五"指标体系、基本原则，必须要为2035年基本实现社会主义现代化各项目标打下坚实的基础，所以说它们是统筹一体的。

（三）国际格局发生深刻变化，中国在群雄并起中突围，实现社会主义现代化。

这个判断是习近平总书记过去几年反复强调的，是对于当前形势的一个科学的定位。所谓战略机遇期，也就是说我们目前具有完成战略目标的基本条件，这个基本条件就是我们的"十三五"为完成全面小康打下了坚实的物质基础、科技基础、人力资本基础和制度基础。在国际格局发生深刻变化的阶段，恰恰是中国能够在群雄并起的状态里突围，实现社会主义现代化的阶段。所以这两个方面就形成战略机遇期的两个内涵。同时我们也看到战略机遇期的一些挑战，这些挑战是我们在成长、实现战略目标过程中必然要遇到的，比如中美之间的冲突，再比如在一系列的世界大变局中间所出现的地缘政治摩擦的激化。因此这里强调机遇和挑战的内涵，必须认识到新的规律、新的变化。

（四）统筹发展与安全，让基本盘更坚实，更具弹性和韧性。

安全问题是我们发展的基本保障，因为没有安全，我们自己发展的果实也不能获得。这一次报告里面，很重要的就是把国家总体安全观向经济领域、社会领域等各个领域进行了具体化，把它进行了升华及重新定位。在经济方面集中体现的一个方面是对关键技术、核心技术进行自我发展、自我研究。对于双循环新发展格局，我们要以国内大循环为主，牢牢抓住国内需求这个出发点和立足点，进行相应的一些战略布局。当然同时我们也要考虑一些极端现象的出现，使基本盘更坚实。

（五）2035年达到中等发达国家的国民收入水平，全面实现现代化目标。

我们要达到现代化的目标，一定要在增长动力上面做文章。2035年的目标是达到中等发达国家的国民收入水平。按照测算，2035年中等发达国家人均GDP在3万美元左右，而我们在2020年年底可能达到1.1万美元这样一个水平，这个水平离3万美元差距还很大，意味着我们未来的收入增长空间是非常大的。所以，只有在这方面做足文章才能达到目标。此外，中产收入群体要大幅度提升，这个提升主要来源于再分配体系的改革，要在分配上做足文章，所以这个问题在报告里面得到了全面凸显。

综上，国家用实际行动给了我们畅想更加美好未来的信心，同时我们也要明白每个关于未来的畅想，都从现在启程。我们所做的努力，终将会推动这个时代不断前行！

2020年12月1日

传承家国情怀，弘扬抗美援朝精神

管理与经济学院　王　宇

敬爱的党组织：

2020年是中国人民志愿军抗美援朝出国作战70周年，我作为一名入党积极分子，在党支部书记的带领下，前往军事博物馆参观了抗美援朝70周年专题纪念展览，向维护国际正义、捍卫世界和平的老一辈革命家的不朽奉献与功勋致敬，并向他们表示了我们这代人最为深切的怀念。

伟大的抗美援朝战争，抵御了帝国主义侵略扩张，捍卫了新中国安全，保卫了中国人民和平生活，稳定了朝鲜半岛局势，维护了亚洲和世界和平。中华民族自古以来都是爱好和平的民族，古有唐朝万国来朝、明朝郑和下西洋，从政治到文化，再到经济，无不体现开放包容与兼收并蓄的态度。近代以后，由于清政府的闭关锁国与庸政无为，中国人民长期饱受西方列强的侵略之苦和战争伤亡之痛，更是深深珍惜和平的宝贵，懂得战争的残酷。新中国，在伟大领袖毛泽东与中央各位领导人的引领下，百业待举、百废待兴，中国人民对于和平安康的希冀已深入每个人的内心。

但是，1950年6月25日，美国政府的全球霸主战略和冷战策略、外交态度，导致朝鲜内政被干涉，且是冷酷肆虐的武装干涉。美国派遣海军第七舰队入侵台湾海峡，加快在中国周边地区的军事部署。能够看出，美国总统杜鲁门的侵略矛头不仅对准朝鲜，也是在试图对中国构成多方向进攻态势。美国政府这一行为使中国人民和平向往的愿望受到了粗暴挑战。

1950年10月19日，在中华人民共和国中央人民政府作出抵御外敌、保家卫国的重大决策后，中国人民志愿军雄赳赳、气昂昂跨过鸭绿江。中国人民志愿军和朝鲜人民军并肩作战，在战争的第一阶段，连续进行了多次战略性战役。其中，第二次战役是扭转朝鲜战局的一次战役。随着志愿军收复平壤、元山，美军开始大撤退，一直退到了"三八线"以南地区。志愿军不但彻底粉碎了"联合国军"所发动的"圣诞节攻势",而且将战线由清川江推至"三八线",收复了"三八线"以北(除襄阳外)的全部领土,解放了"三八线"以南的瓮津半岛及延安半岛,彻底扭转了朝鲜战局。中国人民志愿军为世界和平与人类进步事业做出了巨大贡献。历经两年零九个月的浴血奋战后,最终赢得了战争的伟大胜利,更是赢得了争取民族独立和人民解放的伟大胜利。

历史的车轮缓缓往前,新中国不断创造着新的历史伟绩,日新月异改变着祖国的面貌。在此刻,再次审视抗美援朝战争的胜利,不免感慨万千。作为中华民族的儿女,作为入党积极分子,我更不应该忘记那些在战争中浴血奋战的最可爱的人。我想,正是因为有他们的存在,才让世界重新认识了新中国,是他们保卫了祖国领土的完整性和不可侵犯性,让中华民族免遭外国侵略者的再次侮辱。

抗美援朝的胜利极大地鼓舞了全世界被压迫民族和人民争取民族独立和人民解放,也使得中国的国际地位空前提高;抗美援朝的胜利保卫了新中国国防安全,彰显了中国的硬实力与中华民族不畏强暴、维护世界和平的坚定决心和坚强力量;抗美援朝的胜利是新中国在敌我力量悬殊下取得的伟大胜利,让中国人民得以免遭外国侵略者的侮辱与伤害。因此,伟大的抗美援朝战争已经过去了70周年,我们不但要永远缅怀、铭记那些奋不顾身、浴血作战的志愿军,而且还要理解、珍惜抗美援朝战争留下的弥足珍贵的精神财富。

和平年代生长的我们,在享受当下国泰民安盛景的同时,应该铭记这段历史,应以他们为榜样,时刻以祖国的富强为己任,传承家国情怀,弘扬伟大的抗美援朝精神,自觉融入新时代中国特色社会主义事业的建设洪流中,不断为祖国发展奉献自己的激情、青春和力量。

思绪被重新拉回参观军事博物馆抗美援朝出国作战70周年纪念展览的那一天。当我排队走过一位位抗美援朝老兵的简介、功勋、事迹时,内心是澎湃激动的,有种被历史与战争席卷的震撼与动容。紧紧盯着老兵们的照片许久许久,直到眼睛发紧发涩。照片上他们浑浊却坚定的眼神,让我在时光洪流的此处看到了彼端,重新经历那场浴血战斗的岁月,感悟志愿军将士的英勇顽强。

我是一名学术型研究生,是祖国的半个科研工作者,在日常的科研工作中，面对高难度、高强度、细致复杂的科学问题，更应该鼓足勇气、奋力向前，像黄继光、邱少云等抗美援朝战士们一样，始终保持高昂的士气和革命乐观主义精神，为完成祖国和人民赋予的使命慷慨奉献自己的青春，为探索人类科学事业贡献出自己的一份绵薄之力。虽然我们个体的力量是弱小的，但汇聚星星之火亦可成燎原之势。

以史为镜，可以知兴替。本次参观学习，使我明白时间的流逝不会让精神流逝。继承伟大的抗美援朝精神，作为一名科研工作者，就是读好每一篇科技论文，做好每一次数据工作，为实现中华民族伟大复兴的中国梦提供内生动力。

2020年12月10日

永矢弗谖,祈愿和平

光电学院 梁海云

敬爱的党组织:

2020年12月13日,从凌晨零点开始,大家的微信好友列表不约而同地打开了灰色头像模式。因为这一天,是第7个南京大屠杀死难者国家公祭日。2014年2月27日,第十二届全国人大常委会第七次会议通过决定,将每年的12月13日设立为南京大屠杀死难者国家公祭日,以国家公祭的方式,缅怀因南京大屠杀逝世的30万生灵。

每当我看到那段赤裸裸、血淋淋的历史时,无不惊愕、愤慨。1937年12月13日,日军攻占南京,开始对无辜的民众进行长达6周的大规模屠杀、摧残、焚掠等,使30余万中国军民遇害。高中时,看着历史课本上触目惊心的日军暴行图片,真正明白了"生灵涂炭"这个词。百姓深遭迫害,流离失所,性命难保。直到1938年2月,南京的秩序才开始好转。这是一段屈辱的历史,是一段令人愤恨的历史,侵华日军的暴行发生在了中国土地上,也被记录在了中国历史和世界历史上,永远无法销毁,将一直铭记在中国人民和世界人民的心中。

四载的南京生活,最让我刻骨铭心的记忆,是在大一时参观侵华日军南京大屠杀遇难同胞纪念馆。1985年2月,邓小平为纪念馆题写了馆名,同年8月,南京人民政府建成并开放侵华日军南京大屠杀遇难同胞纪念馆。纪念馆选址于南京城西江东门茶亭东街原日军大屠杀遗址之一的万人坑。走进纪念馆,首先映入眼帘的是外景展区的几十座栩栩如生的雕塑,形象地刻画出了民众受日军摧残的各种悲惨情景,有手无寸铁的百姓在逃命,有十几岁的孩子背着被炸死的奶奶,有逃难的僧人为受害死去的少年抚闭双眼,也有被凌辱的母亲托着蒙难的小儿向上天哀号。人物颤抖的筋脉和凸出的双眼充分表现出了他们的紧张、不安和愤恨,令人看了心痛万分。接着进入室内的史料陈列厅，里面有屠杀现场的照片及文献资料等；然后进入遗骨陈列室，这里陈列的是1985年和1998年两次发掘的南京大屠杀遇难者的遗骨。这些赤裸裸、血淋淋的事实仿佛在向我们控诉当年日军毫无人性的暴行。纪念馆里还有一面巨大的档案墙，上面整齐摆放着一万多份南京大屠杀幸存者、死难者和第三方证人的档案资料，每一份档案都是一个遭遇了不幸的生命，是一段血泪的记忆，是一场浩劫的铁证。

迄今为止，侵华日军南京大屠杀遇难同胞纪念馆是我参观过的最压抑也是印象最深刻的纪念馆，其整体呈冰冷的灰色调，从外围的雕塑群到展馆，再到"哭墙"，整个人都是割裂、压抑、悲愤的。为遇难者感到惋惜的同时，也痛恨侵华日军的罪恶行径，不禁向灵魂叩问：为什么中国没有早一点强大起来，没有把自己的人民保护好？为什么有的人会毫无人性，把自己的快乐建立在别人的痛苦绝望之上？

农民阶级、地主阶级、资产阶级都唤不醒这沉睡的东方雄狮，不能使这个已经千疮百孔的国家实现国家独立、民族解放，不能使这个拥有四万万同胞的国家强大起来，反而遭受如此的悲惨命运。倘若没有南湖红船的星星之火，倘若没有号召联合抗日的共产党人，今日之中国，想必依旧没有强大到足够在世界民族之林巍然屹立，依旧遭受帝国主义、霸权主义的蹂躏。

倘若重新回到1937年，没有发生南京大屠杀，没有战争，百姓们应该会安居乐业，家中始终会有一盏灯在等待着奔波一整天归家的人们。可惜没有倘若！今日的我们在祖国的保护下成长，没有战火，没有鲜血；而经历过那个时代、那次惨剧的同胞，始终遭受着挥之不去的折磨，如梦魇缠身。南京大屠杀的暴行事实就摆在那里，事实会成为后辈永远铭记的历史，历史会为正义鸣泣！

2020年12月18日凌晨，南京大屠杀幸存者贺孝和与世长辞，希望贺爷爷一路走好。这是2020年去世的第5位幸存者。目前，南京侵华日军受害者援助协会认证的在册在世的幸存者仅剩72位。可以原谅，但不可以忘却。随着时间的推移，幸存者数目越来越少，但这不是我们忘记这段屈辱历史的理由。昭昭前事，惕惕后人，我们应以此为借鉴，为警惕。很小的时候父亲就教导我，落后就要挨打，我们不能做砧板上的鱼，任人宰割。只能自身强大起来，强大到敌人不能欺辱的地步，这样才有资格去保护自己想保护的人，去维护我们的公平正义，去按照我们的价值观做事。国家亦是如此，只有紧紧地团结在有力的党中央周围，只有坚定地沿着党的发展路线，中国才能不断强大，不再被欺侮。这是历史的必然选择，也是每一个中国人民的选择，以史为鉴，选择共产党，选择一个更加强盛的中国。

历史的苦难不能忘记，前进的脚步永不停息。我们要牢记历史、不忘过去，立志与党同行、与人民同行，珍爱和平、开创未来，勿忘国耻、振兴中华，做世界和平的坚决倡导者和有力捍卫者，团结世界大家庭，坚定维护国际公平正义，使类似的暴行消失于世。

2020 年 12 月 20 日

奋勇前行，吾道不孤

光电学院　尤天顺

敬爱的党组织：

转眼之间，研二已快过去一半，距离 2020 年结束还有十几天。作为一名入党积极分子，我时刻都不会忘记学习党章党史的重要性，积极学习贯彻十九届五中全会精神，紧密关注国内外时政热点；同时在学术领域不断积极进取，争取在科研和思想两个层面走上崭新的高度。接下来我将从科研兴国的角度，结合最近的时事热点汇报我的近期思想感悟。

国务院印发的《"十三五"国家科技创新规划》中提到，要加强"深空""深海""深地""深蓝"（简称"四深"）领域的战略高技术部署。"四深"领域的竞争，目前已成为世界各国提高综合国力最主要的途径。在"深空"领域，美国、俄罗斯和欧洲先后制定了雄心勃勃的航天发展战略。在"深海"领域，日本计划打造世界上最先进的深海探测船"地球"号。在"深地"领域，世界大国着重加强地球探测和深部矿产勘探等。在"深蓝"领域，主要是大国的信息化战略，已经深化到军事、天文、生物、能源、智能制造等各个领域。

一直以来，坚持创新在我国现代化建设全局中占据核心地位。中国共产党一直把科技自立自强作为国家发展的战略支撑，面向世界科技前沿、面向经济主战场、面向国家重大需求、面向人民生命健康，深入实施科教兴国战略、人才强国战略、创新驱动发展战略，完善国家创新体系。因此，在科学研究上，我国开始加强基础研究，注重原始创新，优化学科布局和研发布局，推进学科交叉融合，完善共性基础技术供给体系，在人工智能、量子信息、空天科技、"深地""深海"等领域实施一批具有前瞻性、战略性的国家重大科技项目。

从近几年世界上科学研究重点领域来看，目前"四深"既是人类对世界未知领域的探索方向,也是世界大国竞争的制高点,各国制定的"四深"战略都具有十分重要的战略意义。早在2016年,我国就已经制定了"四深"战略计划,如"天地一体化"信息化网络、研发量子计算机和智能机器人、建立海底观测系统、启动太空空间站建设、实施探月工程、部署启动火星探测计划等。这样的雄伟目标不光是中国,美国、俄罗斯等其他许多大国也曾制定并且尝试去实现过。

2020年是不太平的一年。新冠疫情从年初开始肆虐。首先是中国,然后遍布美洲与欧洲,虽然现在已至12月份,国内疫情已经可控;但国外尤其是美国,屡次刷新单日死亡人数,显得尤为触目惊心。与此形成鲜明对比的是,在中国共产党的领导下,通过最为"严厉"的防疫政策以及极其负责任的中国人民的配合和互相扶持,中国不到半年时间就恢复了生产生活。目前,我们的生活早已恢复正轨,而且这一整年来,我们在科研方面的跨步也令人惊叹不已。

首先是量子计算机领域。2020年12月4日,中国科学技术大学宣布成功创建量子计算机原型"九章"。该原型机达成了量子计算研究的第一个里程碑——量子计算优越性(国外称"量子霸权")。此前量子计算机由谷歌"悬铃木"掌控"霸权"地位。"九章"的诞生改变了计算机领域的格局,证明了量子信息处理可以碾压性地战胜经典计算机,让量子计算由梦想走向现实!

其次是探月工程。2020年11月24日,"嫦娥五号"成功发射,这是中国首个实施无人月面取样返回的月球探测器,为中国探月工程的收官之战。"嫦娥五号"任务是中国"探月工程"的第六次任务,也是中国航天迄今为止最复杂、难度最大的任务之一。目前,"嫦娥五号"已完成在月球表面的样品采集工作,正在返航。

还有火星探测计划。2020年7月23日,"天问一号"火星探测器成功发射,迈出了我国行星探测的第一步。目前"天问一号"正稳步靠近火星轨道,这次任务如果能一气呵成完成三大火星探测任务,将证明中国航天技术已经步入世界先进行列,将会成为中国航天发展史上的一个重要里程碑!

2020年对于中国来说,是令人难忘的一年。在这一年里,我们经历过疫情带来的苦难、国民经济复苏的希望,同时也感受到中国科技进步的百花齐放。这些都离不开中国共产党的英明领导，离不开中国人民艰苦不懈的奋斗。正是因为中国共产党和中国人民的齐心协力，我们才能战胜疫情，才能实现经济复苏，进而在科研领域内不断创造新的奇迹。中国发生的大事很多，传递了很多意味深长的信号。但有一件大事，不仅关乎国家利益，同时展望地球的未来，那就是2020年12月国家主席习近平在气候雄心峰会上立下新的目标："到2030年，中国单位国内生产总值二氧化碳排放比2005年下降65%以上……"这一伟大目标对于我们来说，不仅是严峻的挑战，也是重大的机遇。中国将以新发展理念为引领，在推动高质量发展中促进经济社会发展全面绿色转型，为全球应对气候变化做出更大贡献。这次雄心峰会同时也是纪念《巴黎协定》达成五周年，因为这不仅关乎一个国家、一个民族的前途，更关乎整个地球、整个人类的未来。有的国家可以放任洪水滔天，但负责任的领导人必须考虑未来！

作为一名当代的研究生，我们的课题研究应该紧跟国家战略发展需求，不仅在科研道路上创出自己的一番天地，不断提升自身的科学素养，而且还要在思想道德和意识形态上站稳步伐，坚守我们的阵地。只有紧跟中国共产党的步伐前行，才能让我们国家、人民长久屹立于世界民族之林。奋勇前行，吾道不孤！

以上便是我这段时间在思想、行动等方面的汇报。在今后的日子里，我将更加努力完成自己的科研课题，同时不断加强党的理论知识学习，用科学的思想武装自我，自觉做到在政治上、思想上、行动上与党中央高度一致。

请党组织在实践中考验我！

2020 年 12 月 17 日

传承红色基因,追寻井冈山精神

光电学院　廖晨汐

敬爱的党组织:

　　在党组织的关心和培养下,近段时间我积极参与了学院组织的各项学生党建活动,通过实践与学习,不断提高自己的思想认识与业务能力。

　　刚刚结束的井冈山"传承红色基因,追寻井冈精神"暑期红色社会实践活动给我留下了深深印象,对党、对国家、对人民的崇敬之情油然而生。

　　98年风雨激荡,98年历史沧桑,98年波澜壮阔,98年壮丽辉煌。2019年7月1日,北京理工大学光电学院、北京学院学子奔赴井冈山,传承红色基因,追寻井冈山精神,为党庆生。

　　理想信念是共产党人精神上的"钙"。习近平总书记指出:"共产党人如果没有信仰、没有理想,或信仰、理想不坚定,精神上就会'缺钙',就会得'软骨病',就必然导致政治上变质、经济上贪婪、道德上堕落、生活上腐化。"历史和实践反复为我们证明了,井冈山革命时的中国共产党,有着远大理想和崇高追求,他们坚强有力、无坚不摧,在经受一次次挫折而又一次次奋起,最终夺得胜利。同样,我们每一个党员有了坚定的理想信念,站位就变高了,心胸也就变开阔了,就能笃定前行,而"风雨不动安如山"。

　　我们在烈士陵园瞻仰了革命先烈。在两年零四个月的井冈山斗争中,4.8万余人壮烈牺牲,却只有15 744人留下了英名。面向"死难烈士万岁"的题词,我们怀着深深的敬意默哀,并敬献花圈。讲解员为大家讲述了毛泽东非常器重的将领——王尔琢先烈的故事,年轻有为的他将自己的鲜血洒在自己深沉热爱的土地上。我们聆听了何长工、贺子珍、伍若兰等革命烈士的英雄事迹,深深感受到革命党人对革命事业的忠诚与热忱。

　　革命理想高于天。中国共产党从诞生之日起就把马克思主义写在了自己的旗帜上,把共产主义确立为自己的最高理想。井冈山革命斗争的那段岁月是艰难困苦的，但他们不惜流血牺牲，靠着这种信仰，最终玉汝于成。他们"抛头颅、洒热血"才换来了我们今天的和平与幸福。我们献上了花圈，寄托我们对革命烈士的敬意。英雄永在，浩气长存。

在小井红军医院，让我们感受最深的是一个现在看起来稀松平常的东西——盐，在那时却是非常珍贵的。张子清烈士自己伤口已经溃烂肿胀，却将能够清洗、消毒伤口的盐保存起来，留给其他战士，这种革命奉献、勇敢顽强精神令大家深深震撼。朴素却伟大的小井红军医院伫立在这里，见证了那段没有麻醉、医疗物资紧缺、条件简陋但是乐观、坚定的井冈山革命斗争历程。130多名来不及转移的重伤员和部分医护人员英勇就义，小井溪水曾经被这群英雄的鲜血染红。我们站在小井红军烈士墓前，带着我们的追思，带着我们的敬意，深深三鞠躬。

穿上红军服，突然有了一种仪式感和使命感！重走红军的挑粮小道也令我记忆深刻。下过雨的井冈山路面湿滑，小道路面窄，坡度陡，台阶险。每一步都需要自己格外小心，稍有不慎就可能掉下山坡。谁能想曾经的红军战士就是在这样艰苦危险的环境下，完成自己的补给，而且是带着乐观与奉献的高涨情绪！这或许就是革命胜利的关键，军民上下一心、团结有力，坚定理想信念，坚持乐观奉献精神！

这次的红色之旅，给了我太多的震撼与感动。曾经，我只知井冈山是中国革命的摇篮，红军的胜利会师开创了革命根据地，却不知那时的革命斗争如此艰苦卓绝。一段段历史，一个个故事，让我对于理想信念有了更深刻的认识。理想信念不可能凭空产生，也不可能轻而易举坚守。这些革命先烈的精神与品质是需要我们当代青年学习的。

以上是我近期在红色社会实践中的所学所感，请党组织继续考验我。我也会继续结合实践，努力进行党的先进理论知识学习，提高自身水平，做一名合格的共产党员。

2019 年 8 月 26 日

战"疫"中践行初心

化学与化工学院　王　莹

敬爱的党组织：

　　从递交入党申请书到现在一年已经过去，经历了党章学习、党性熏陶以及组织的培养，这一年我思想上也成长和收获颇多。此外，2020年，因为新冠肺炎疫情的暴发，注定是载入史册的一年。而在这特殊的一年，各级党组织和广大党员发挥的先锋模范作用，让我更加明确当代党员肩上的责任与使命。

　　中国共产党诞生后，经历了战争的洗礼、革命的探索、社会的改革，在多重的磨难中不断壮大，作为指路人带领中华儿女冲破黑暗的枷锁，走向希望的曙光，并最终成就了崭新的中国。在发展前进的道路上，不论是战争带来的腥风血雨，还是改革开放带来的惊风急雨，抑或是突如其来的新冠疫情带来的各种挑战，中国共产党始终同全国人民紧紧团结在一起，向世界展示了中国人民空前强大的凝聚力和感染力、中国力量的坚不可摧和中国特色社会主义的优越性。

　　疫情防控期间，教育部社科司和人民网联合开展的"全国大学生同上一堂疫情防控思政大课"，让我更加读懂中国共产党，更加理解中国。艾四林教授基于抗击疫情斗争的具体实践，给予我们理论知识的指导：我国始终坚持以人民为立场的初衷，解放并发展生产力，追求人与自然和谐相处。秦宣教授提出的疫情防控措施给予我极大的启示：我国的民主集中制发挥制度优势，可以转化为治理效能。王炳林教授带我们回顾中外历史上的瘟疫，总结历史经验，告诉我们遇到困难要辩证地看待问题，越是艰难，越要用全面、辩证、长远的眼光看待问题，积极地应对挑战。冯秀军教授通过讲述战"疫"里的破茧成蝶，让我们知道在这场疫情中年轻的一代已经成为主力军，即使恐惧仍会勇敢，"崩溃"之后继续战斗，在责任担当中发生青春"蝶变"。

疫情如令，责任如山。战"疫"中，在以习近平同志为核心的党中央的坚强领导下，各方力量和各个部门联合防控，全国人民众志成城、万众一心，积极采取各种有效措施阻止疫情的蔓延。面对疫情，中国共产党展现出无坚不摧的中国力量。战"疫"中，共产党员用实际行动践行"随时准备为党和人民牺牲一切"的初心和誓言。面对肆虐的病毒，他们主动请缨，冲在疫情防控阻击战的最前方。无论是无私奉献的白衣天使，还是保驾护航的人民警察，他们都充分发挥了战斗堡垒和先锋模范作用，将共产党人的初心和使命展示得淋漓尽致。中国共产党的领导是历史和人民的必然选择，在中国发展的过程中也一次次印证我们的选择是正确的。此次疫情，我不仅看到了社会主义制度的优越性，还感受到了一方有难八方支援的中国力量。

中国共产党是伟大的、坚韧的，是领导人民开创社会主义事业的核心力量。党的发展历程告诉我们：历史和人民选择中国共产党领导中华民族伟大复兴的事业是正确的，必须长期坚持、永不动摇；中国共产党领导中国人民开辟的中国特色社会主义道路是正确的，必须长期坚持、永不动摇；中国共产党和中国人民扎根中国大地，吸纳人类文明优秀成果，独立自主实现国家发展的战略是正确的，必须长期坚持、永不动摇。理论源于实践，中国共产党就是在坎坷的道路上，经历一次次的实践强大起来的，如母亲般保护着我们每个中华儿女的安危。

作为一名入党积极分子，在疫情防控阻击战中，我看到医院党员干部勇当先锋，牢记初心使命，将共产党人的政治本色发扬光大。我不仅感到自豪，也坚定了加入中国共产党的决心。我坚持深入学习习近平新时代中国特色社会主义思想，坚定共产主义理想信念，树立正确的世界观、人生观和价值观。面对这样突如其来的灾难，我能够以正确的态度积极应对，严格做好防护，不集会，少聚餐，配合学校防控工作，以实际行动彰显先锋本色，向党组织靠拢。不论是线上还是线下，我都积极参与党组织举办的相关活动，不断充实自己，发挥党员的先进性作用，向疫情中冲锋上阵的党员学习，以党员的身份要求自己。2020年的这场新冠疫情让我成长很多。在战"疫"中领悟党史、锤炼党性，我更加坚信我要努力成为一名党员。

2020年12月21日

心中有信仰,脚下有力量

机电学院 黄鼎琨

敬爱的党组织:

　　回首2020年发生的一切,好似昨日的剪影,就在眼前,但又间隔遥远。本应岁月静好的时光,却因为一次又一次信息量极大的消息让人惊恐万分。年初,武汉暴发新冠疫情。为了控制疫情,只能"千朵万朵灯笼挂,家家户户闭门来",但是,防控隔离并未阻断彼此靠近的心,把全中国十四亿人紧紧地联系在了一起。在增援武汉之际,无数的共产党员放弃了自己的安危,放弃了和家人团聚的机会,他们毫不犹豫,争着抢着报名,只为第一时刻奔赴疫情防控一线。时间就是生命。在火神山医院项目建设工地上,无数党员日夜奋战,与时间赛跑,让党旗在疫情防控斗争第一线高高飘扬,用实干与担当,践行着为中国人民谋幸福,为中华民族谋复兴的初心与使命,凝聚起了抗击疫情坚不可摧的信心和勇气。党员在疫情面前,保持冷静与理智,时刻冲向最前线,让党旗高高飘扬在疫情防控第一线。

　　作为一名博士生,我处在能力的积攒阶段,虽然无法直接为武汉的疫情做什么,但是我认为很多间接的工作可以尽自己的绵薄之力。比如,当我们从社交媒体了解到新冠疫情的严重程度的时候,家里的老人可能还对此毫不知情或者不以为然,这个时候我们就要发挥自己的作用,及时地向家里的老人、社区的居民普及这方面的消息和知识。同时也要理智看待,鉴别真伪,不信谣、不传谣。

　　在党中央的领导下,我们集中力量办大事。火神山与雷神山惊人的基建速度,让世界为之震惊,让国人为之自豪。北协和、南湘雅、东齐鲁、西华西,国内顶级的医疗团队齐聚武汉,在各个省抽调医疗力量,实行一对一的帮扶;口罩、消毒液的大量配给让世界看清楚了中国极其强大的工业制造能力。

心中有信仰，脚下才有力量。从体制上看，中国共产党是为人民服务的，把人民生命安全放到第一位，在疫情防控这件事情上，不计成本，不计回报。中国共产党人始终初心不改，矢志不渝，全心全意地为人民服务，战胜了一个又一个的困难险阻，也经受住了一场又一场的风雨洗礼，取得了一个接一个的伟大胜利。面对席卷全球的新冠疫情，我相信中国共产党人会带领全国人民再次赢得最终的胜利。

作为一名博士生，在关注疫情的同时，我也在关注着科学界的新闻与动态。让我心情最为沉重的就是今年我们国家有37位院士永远地离开了我们。悲痛之余，我也应发挥年轻人的优势，求知若渴、虚心若愚，像一块海绵一样汲取知识。院士们虽然离开了我们，但是他们的科学家精神是值得我们永远学习的。我相信，只要胸怀国家与民族，把伟大的复兴之梦与自己的工作结合起来，就没有解决不了的问题，没有克服不了的困难。我要努力提升科研与学术水平，争取早日为国家做出自己的贡献。在组织中，我也希望通过自己的努力来帮助那些在工作和生活上需要帮助的同学。

2020年12月23日

撸起袖子加油干,向贫困开战

机电学院 孙 昕

敬爱的党组织:

"我们如期完成了新时代脱贫攻坚目标任务。"2020年12月3日,习近平总书记主持召开中共中央政治局常务委员会,听取了脱贫攻坚总结评估的汇报并发表了重要讲话。抚今追昔,沧桑巨变。现行标准下农村贫困人口全部脱贫,贫困县全部摘帽,近1亿贫困人口实现脱贫……多年的持续奋斗,换来了翻天覆地的脱贫成就,为实现党的第一个百年奋斗目标打下坚实基础。记得我还在上小学的时候,就经常可以听到"两个一百年"的奋斗目标:在中国共产党成立一百年时全面建成小康社会,在新中国成立一百年时建成富强、民主、文明、和谐的社会主义现代化国家。当时觉得第一个百年对当时的我来说是非常遥远的未来,然而时光如白驹过隙稍纵即逝,如今我们正站在"两个一百年"奋斗目标的历史交汇期。既要全面建成小康社会,实现第一个百年奋斗目标,又要乘势而上开启全面建设社会主义现代化国家新征程,向第二个百年目标进军。不忘初心、牢记使命。中国共产党人的初心和使命,就是为中国人民谋幸福,为中华民族谋复兴。让贫困地区贫困人口摆脱贫困、走共同富裕之路,事实上成为全面建成小康社会的"一个标志性指标",关系到全面建成小康社会、实现第一个百年奋斗目标,是中华民族伟大复兴向前迈出新的一大步的关键变量。

我作为一名入党积极分子、一名青年志愿者、一名北京理工大学的学生,坚持与祖国同呼吸、共命运,积极投身志愿服务事业,为祖国实现第一个百年目标做出自己的贡献。习近平总书记指出,志愿者事业要同"两个一百年"奋斗目标、同建设社会主义现代化国家同行。作为一名优秀的大学生志愿者,我积极承担起当代青年需要承担的国家责任,与祖国复兴大业同行。在国家的主场外交现场有着我的身影,在脱贫攻坚的战场上有着我的身影,在日常敬老助残奉献互助的点点滴滴中也有着我的身影。在一系列的志愿服务活动中，我践行了奉献、友爱、互助、进步的志愿者精神，展现了爱国、励志、求真、力行的北理工学子品格，体会了为人民服务的雷锋精神。

还记得我参加的第一项志愿服务是2015年的"西部温暖"计划。这个计划是在发达地区收集大家的旧衣物，加工后再捐赠给西部贫困地区缺少冬衣的人们。也正是这次的志愿服务，让我意识到中国还有那么多贫困地区，还有那么多贫困人口。非常幸运的是，在当年11月29日，中共中央、国务院颁布并实施了《中共中央国务院关于打赢脱贫攻坚战的决定》（简称《决定》）。《决定》提出的总体目标是：到2020年，稳定实现农村贫困人口不愁吃、不愁穿、义务教育、基本医疗和住房安全有保障，实现贫困地区农民人均可支配收入增长幅度高于全国平均水平；基本公共服务主要领域指标接近全国平均水平；确保我国现行标准下农村贫困人口实现脱贫，贫困县全部摘帽，解决区域性整体贫困。《决定》是指导脱贫攻坚的纲要性文件。接着，我校也按照国家部署，正式实施对口支援山西省方山县的工作，并选派干部挂职方山县副县长、桥沟村第一书记。随着扶贫工作的不断深入，方山县群众的农产品逐渐打开了销路，家家户户都撸起袖子加油干，一起向贫困开战。2017年，我带领学校延河之星志愿者总队在良乡校区与中关村校区同时举办了"扶贫方山，我们在一起"的爱心募捐活动。2018年，志愿者、校团委老师、校派驻桥沟村第一书记和桥沟村干部一起在校园里开办了桥沟村农特产品宣传展销会。这两次的活动，让我有了切身的体会，目睹了山西省西部的一个贫困村在国家脱贫攻坚的大背景下的变化，也为脱贫攻坚事业贡献了自己的一份力量。作为一名青年大学生志愿者，我始终坚信扶贫济困，我们义不容辞。此时，在如期完成脱贫攻坚任务之时，在全面建成小康社会的冲刺阶段，回看这五年来的奋斗与成功，我相信所有为了脱贫攻坚事业做出贡献的人们一定都像我一样非常自豪。同时，我也暗自下定决心，在下一个一百年的奋斗目标中，也要为了实现乡村振兴、实现中华民族的伟大复兴、实现中国梦而加倍努力。

如今我们正站在"两个一百年"奋斗目标的历史交汇点上，习近平总书记以高屋建瓴之势，阐明了今日中国的新坐标，即"十三五"规划目标任务即将完成，全面建成小康社会胜利在望，中华民族伟大复兴向前迈出了新的一大步，社会主义中国以更加雄伟的身姿屹立于世界东方。新坐标是一个承前启后、继往开来的时间节点。一头接续第一个百年目标的辉煌业绩，决胜全面建成小康社会将彪炳史册；一头开启第二个百年目标的恢宏篇章，接续新时代的辉煌。少年强则国强。我们之于"两个一百年"是一个重要的承接环，国家的蓝图将由我们亲手绘就，国家的前程将由我们亲自前行。因此我们要肩负起这个光荣的任务，用双手、用知识、用头脑为祖国的明天、为人民的未来做出努力、奉献自己。一茬接着一茬干，一棒接着一棒跑，一张蓝图绘到底。我们这一茬、我们这一棒，必须接好、走好。紧跟时代脚步，积极响应党的号召，以己之力，团结一致，万众一心，让中华民族以更加昂扬的姿态屹立于世界民族之林。

2020 年 12 月 17 日

关键时刻看担当

宇航学院　吴则良

敬爱的党组织：

本是和风赏花的二月，全国人民却选择在家里"云享"初春之美。本是阖家欢乐的春节，却因这场没有硝烟的疫情，医护人员毅然挺身而出坚守疫情抗战前线。面对来势汹汹的疫情，全国人民全力阻击，同舟共济。中国抗疫向全世界展示了中华民族自强不息和团结一致的精神，也展示了中国特色社会主义的优越性。

每个清晨，我都满怀期待，期待"拐点"的到来，也等来一个个好消息冲破病毒阴霾，振奋人心。中国成功分离出新型冠状病毒毒株，全国累计治愈出院病例超过现有确诊人数，武汉14家方舱医院已有12家休舱，全国每日确诊人数已减至两位数……每一个好消息的背后，是疫情前线医护人员满身汗水的坚守担当，是科研人员夜以继日的攻坚克难，是奋战在一线的各行业工作人员的无私付出，是交通警察、外卖小哥、环卫工人、商场店员在为城市的运转、市民的生活提供方便，是全国人民在疫情面前听从指挥，用点点滴滴行动守好防线。我看到了一股将全国人民紧紧凝聚在一起的民族力量，如同暖流，涌向武汉，遍布全国，吹响打败战"疫"的号角，鼓舞着全国人民。

"沧海横流，方显英雄本色。"在防控新型冠状病毒疫情的战争里，广大共产党员继承了革命的优良传统，发挥党的先锋模范作用。逆行的白衣战士，共产党员是主力；寒风中防控排查的检疫人员，共产党员是核心；复工复产的监督员与服务员，共产党员是保障。新型冠状病毒肺炎疫情残酷无情，广大的共产党员却有满腔热情，"我是共产党员，我承诺""我是共产党员，让我先"，一份份炙热的承诺书上交到各党组织，一个个共产党员以实际行动实践自己的承诺。每一个支部就是一个战斗堡垒；每一名共产党员就是一面战斗旗帜。这些画面与事迹都让我无比感动和自豪，也令我更加清晰地明白共产党员"关键时刻看担当"的责任和使命。

这次抗疫战斗中,我对中国在疫情中的担当感到骄傲与自豪。习近平总书记提出坚定信心、同舟共济、科学防治、精准施策的防控总要求,给全国人民以抗疫必胜的强大信心鼓励。正是有了党的坚强领导,才能够在危机发生时迅速把制度优势转化为治理效能,凝聚起举国上下同心同德、众志成城、共克时艰的最强力量,构筑起疫情联防联控、群防群治的铜墙铁壁。坚持党的领导,充分依靠群众,全国人民团结一心,我们必定能赢!在这场没有硝烟的战役中,中国特色社会主义制度的优越性得到充分发挥,国家治理体系和治理能力的显著优势也得到充分体现。

"一花独放不是春、百花齐放春满园。"新型冠状病毒疫情不仅是中国的战场,也是全人类面临的共同挑战,合作共赢是必然选择。在抗疫之战中,中国不是孤军奋战。170多个国家领导人和40多个国际和地区组织负责人对中国抗疫举措和积极成效予以高度肯定。同时,中国也在为世界提供可资借鉴的抗疫经验,向疫情重灾国捐赠防疫物资。

作为一名中共党员,在这三个月中,我曾为无法到一线贡献自己的力量而惭愧,于是我立足自身,时刻思考如何在生活中发挥党员的先锋模范带头作用。新冠肺炎疫情暴发之初正值我和团队备战 MBZIRC2020 国际挑战赛的冲刺阶段,突如其来的疫情使得部分队员无法返京、物资保障无法到位。面对重重困难,作为一名党员,作为队长,我必须带头迎难而上。在做好个人防护的基础上,每天按时按次为队员进行体温检测与记录、环境设备消毒、餐饮取送等。呼啸的北风和纷飞的大雪没有阻挡我们前进的步伐,最终我所带领的"飞鹰"队作为唯一一支代表中国的参赛队伍摘得 MBZIRC2020 项目冠军。当在领奖台喊出"中国加油!武汉加油!"的口号时,我对于党领导下中国人民万众一心、众志成城的理解又深了一分。

反思近日,作为一名高校研究生,我居家学习科学知识的效率有待提升,未能达到"身处闹市,而无车马喧"的学习状态。我会尽快调整心态,认真学习,提高自己的科学素养,并进一步学习中国共产党的发展历史,体悟在疫情大考中党的先进理论与思想如何指导实践与应用。我将不断提升能力,力争未来能在国家和人民需要的时刻挺身而出,承担责任,贡献力量。

2020 年 2 月 29 日

拥护党的领导，紧跟党的步伐

计算机学院　曹　健

敬爱的党组织：

　　这是我自从成为入党积极分子以来的第一份思想汇报，也是向党组织靠拢的道路上的第一份思想总结。在这三个多月里，我本着积极加入党组织的态度，更加努力地以党员的要求不断鞭策自己，努力学习科学文化知识，深入了解党的各项方针、政策和精神。在党支部各位党员和同学的帮助下，我的思想得到了磨炼，行动力和效率得到了提高。现向组织汇报我这段时间以来的思想、学习等情况。

　　我深知自己的理论素养还需不断地加强，需要不断用理论知识武装自己的头脑。因此，我主动学习党的相关知识，了解了党的历史、性质、奋斗目标、建党宗旨、组织制度和组织原则等基本知识，提高了自己的思想政治水平，坚定了共产主义的信念，又进一步加深了对党的认识，坚定了做一名共产党员的决心。在此期间，我深刻学习了党的十九届五中全会精神，深刻理解了会议审议通过的《中共中央关于制定国民经济和社会发展第十四个五年规划和二〇三五年远景目标的建议》的重大意义，这是夺取全面建设社会主义现代化国家新胜利的纲领性文件，为在新发展阶段开启全面建设社会主义现代化国家新征程做出了重要部署。党前进的步伐从未停歇。我不禁感叹，如果没有中国共产党领导，我们的国家、我们的民族不可能取得今天这样的成就，也绝不可能具有今天这样的国际地位。

　　党的十九届五中全会在分析我国发展环境面临的深刻复杂变化时提到，坚持创新在我国现代化建设全局中的核心地位，要把科技自立、自强作为国家发展的战略支撑。而作为新时代研究生，为了贡献自己的一份力量，我们要在研究中有意识地强化自身创新意识、创新精神和创新能力，为实施科教兴国战略和人才强国战略做出自己的努力。在硕士入学以来，我虽然取得了一些成绩，但同时也遇到了许多的问题，我深深感受到"学海无涯"这一词的含义，并认识到自己的科研水平有待提高。故而经过多番考虑，我决定提交硕博连读申请，攻读博士学位。与硕士研究生的科研工作不同，博士研究生在提升实验技能的同时需要深入挖掘、自主创新，不断取得新的突破，上升到新的台阶。尽管博士生的研究工作任务繁重，但我会以加倍的耐心、细心与恒心去克服，在探索的过程中寻求科学的真谛。硕博连读的申请需要审核和复试选拔，我会为此付出足够的努力。如果最终未能通过选拔，我会以平常心对待，继续刻苦学习，弥补自己的不足，无论何时都会保持对科研的热情，保持热爱生活的积极态度。

作为一名入党积极分子，在生活工作上，我努力培养良好的生活作风和习惯。勤俭节约、热心助人，积极参与团体各项活动，和同学们共同构建一个良好和谐、积极向上的学习环境。同时，我也十分有幸地成为学校80周年校庆的志愿者，在服务过程中，我获益良多。校庆志愿者这个身份让大家相聚在一起，肩并肩一起努力，共同为母校、为集体付出一份力量，这一切都让我感到无比温暖和感动。在本科期间，我加入了学校的志愿者服务站，并曾担任拓训部部长一职，参与志愿服务活动数十次。奉献、友爱、互助、进步的志愿服务精神时常感动着我。这其中有温暖和感动，也有经验和教训。我记得"善行一百"活动中募捐不到钱的那份失落以及成功募捐时的那份开心，还有拿到证书的那份满足；还记得"残联之行"活动中看到那些比我们年龄大却心智发育不成熟的"大孩子"时心中的那份酸楚，和陪他们画画时心底的那份宁静。这些都是志愿服务带给我的经历和成长，志愿者的工作是不求回报的，但这样的志愿活动感触是其他任何事物都无法替代的，这些感触将会是我一生的财富。

即将过去的2020年，是不平凡的一年，是跌宕起伏的一年。这一年，疫情、灾难、地区冲突此起彼伏。坚持共产主义制度的中国，发起了一场气壮山河的抗疫战争。在新冠疫情冲击之下，中国不但将自己的道路优势、制度优势表现得淋漓尽致，14亿国民的凝聚力更是让全世界瞠目结舌。我庆幸我是中国人，我为我们的党、我们的制度感到无比的骄傲和自豪，更为我们祖国的日渐强大、中华民族的伟大复兴充满信心。

2020 年 12 月 16 日

为人民谋幸福,为民族谋复兴

精工书院 韩 杰

敬爱的党组织：

  时光荏苒,岁月如梭,不知不觉我已经在北理工度过了将近两年的时间。两年的时光在我身上留下了许多印记,两年的学习让我的思想有了新的高度。尤其是在2019年的12月5日,我成为一名光荣的中国共产党预备党员。我很开心,也很荣幸,能在组织培养和自我学习下,顺利地完成这样的成长与蜕变。这是我生命中又一个重要的时刻,是我政治生活的崭新起点。

  自从成为一名预备党员以来,我更加感受到了自己所学之欠缺,肩上责任之重大。我明白自己能做的只有更加努力学习,更加努力实践。成长之路何其漫长,但并不孤单,因为有许许多多的同志与我一同在进步。在党组织的严格要求和支部党员的热情帮助下,我不仅在思想觉悟上有了很大的提高,也增强了自身的党性修养,进一步认识到成为一名合格党员不仅是组织上的入党,更重要的是思想上的入党。

  2020年,世界各地灾厄频发,不论是澳洲的山火还是席卷全球的新冠肺炎疫情,都引发了人们对各种问题的思考。面对疫情,中国在短时间内取得了显著的防控成效,社会生产生活秩序逐渐恢复。这样一次不同的经历,引发了我许多的思考,也有许多的收获。

  让我们回到1921年。在浙江嘉兴的一条游船上,中国共产党诞生了。那时的中国内忧外患,是真正的生死存亡之际。在各种救国图存的探索中,只有中国共产党,从1921年到1949年,用了28年的时间,带领中国人民建立了新中国。历史告诉我们：没有中国共产党的领导就没有新中国,就没有中国特色社会主义制度,就没有如今的一切。中国特色社会主义道路是根植于中国大地、反映中国人民意愿、适应中国和当代社会发展进步要求的科学社会主义。而这条道路是中国共产党带领中国人民在实践中探索和开辟出来的。

如果说中国特色社会主义是中国在黑暗中前进时的一盏灯,那么中国共产党就是这盏明灯的掌灯人,带领中国走向光明与辉煌。

新中国前进的道路并不是一帆风顺的,我们面临过许多的困难和挑战。而谈到大灾大难,作为一名"00后"亲历者,必定绕不开三大事件——2003年"非典"、2008年汶川地震和如今正在发生的2020年新冠肺炎疫情。这些都是我亲身经历、亲眼见证的事,也切实让我感受到了中国特色社会主义制度面对大灾大难时的优越性,让我看到了中国共产党领导的重要性。

2020年,新冠肺炎疫情在湖北武汉暴发,随后全国各地均受到一定程度影响。在这样的危急时刻,党中央以极大的勇气和信心带领全国人民展开了抗疫斗争。全国上下,万众一心,统一指挥,统一战斗。如果不是中国特色社会主义体系,如果不是坚持中国共产党的集中统一领导,是不可能如此快速有效展开这样的组织的。面对疫情带来的风险与挑战,党中央成立了专门应对新冠肺炎疫情工作的领导小组,集全国之力共同应对此次疫情。关于党的统一领导在疫情防控中的作用,我们在整个防控过程中都可以深刻地体会到,如疫情数据的及时公开、火神山医院的建造奇迹、医疗物资的保障与分配、人民正常生活的保驾护航等。

在疫情防控期间,一位医生曾说过:"感觉像是参加一次大考,我们不是出题人,我们只是去答题。"疫情这种灾难的发生是大家都不愿意看到但又没办法预知、提前阻拦的,我们能做的只是在它发生后,去减少损失,去尽快度过和恢复。在这一方面,我们已经做得很出色了。人民的利益得到了最大的保障,每个人都是抗疫参与者,每个人都是抗疫受益者。这就是中国特色社会主义体系下的民生保障制度,这就是其他国家无法复制的专属于中国人民的幸福感和安全感,这就是中国共产党领导的显著优势。面对疫情,中国的答卷已经给出,但是能做出这样的成绩,是因为我们坚持中国特色社会主义制度,坚持中国共产党的领导。这样的答卷,其他国家无法照搬照抄,这充分体现了我们国家在处理危机时的制度优势。

环顾整个世界,为人民谋幸福、为民族谋复兴这样的气魄,也只有中国共产党能做到。也许未来我们还会遇到许许多多的困难挑战,但我相信我们总是会胜利。因为我们有中国特色社会主义体系,因为我们有中国共产党的领导。不论是怎样的灾厄,只要全国人民团结在党的身边,我们给出的一定是让世界惊叹的"中国答卷"。

我为祖国的成就而骄傲，我为被疫情折磨的同胞而痛心。我决心在今后的日子里，不断加强理论知识的学习，用更完善的系统知识去武装自己的头脑。我将进一步投身于实践中，在真正需要的地方战斗。我将以身边的优秀党员作为榜样，不断向他们学习和靠拢，不断提高自身党性修养。我将用我的全部力量做到政治上、思想上、行动上和党中央保持高度一致，使自己成为一名合格的共产主义战士。

以上便是我的所想与所感，请党组织批评指正。作为一名年轻的学生预备党员，我深知自己还有许多的缺点与不足。但是我也坚信，一个人的成长就是不断地发现不足、改善不足。我有决心，也有毅力去弥补自己的不足，去不断自我提高。

2020 年 5 月 28 日

理论武装头脑,实践检验真理

马克思主义学院　樊泳华

敬爱的党组织:

2019年11月,经过党组织的批准,我光荣地加入中国共产党,成为一名预备党员。这一年中,我在党组织的关心和帮助下,不断成长和进步,并且充分感受到党组织这个大家庭的团结和温暖,在此期间我也积极努力弥补自己的不足,在工作和生活中,严格按照党员的标准要求自己,认真履行党员义务。

一年多来,在党组织的带领下,在支部书记、支部委员和各支部同志的帮助下,对党的知识进行了重新学习,也有了更深的体会。

中国共产党带领中国人民实现了新民主主义革命的胜利、抗日战争的胜利、解放战争的胜利,建立了中华人民共和国,带领中国在不到100年的时间里,实现了从站起来、富起来再到强起来的伟大飞跃。世界上没有任何一个民族取得过这样伟大胜利。中国共产党从一个几十人的政党成长为拥有九千余万人的大党。我为加入中国共产党,成为其中的一员,感到骄傲和兴奋。

这段时间,我重新学习了马克思列宁主义、毛泽东思想、邓小平理论、"三个代表"重要思想、科学发展观、习近平新时代中国特色社会主义思想。近期也深刻学习了十九届五中全会的内容。"十三五"期间,以深化供给侧结构性改革为主线的经济战略,给中国经济发展提供了巨大动力。"十四五"期间,党中央进一步提出畅通国内经济大循环,形成以国内经济大循环为主体,国内国际双循环相互促进的新发展格局。这一战略举措是基于当今国内外环境深刻变化提出的重要论断。当今世界正面临着百年未有之大变局,我国的发展也正处在前所未有的战略机遇期。在这样重要的历史交汇期转变经济发展方式,推动经济持续高质量向前发展,具有极其重要的意义。从国内来看,传统意义上拉动经济发展的"三驾马车"——投资、消费、出口,对促进中国经济发展起到了巨大作用，使中国成为世界上发展最快的国家、世界第二大经济体、制造业第一大国。但一度造成了中国经济呈现外向型经济发展态势，外贸依存度超过30%。十八大以来，党中央通过供给侧结构性改革等重大战略举措，使我国经济在结构优化和产业升级方面取得了巨大突破。到现在为止，我国综合国力居世界前列，具有最完整、规模最大的工业供应体系，具有规模广阔、需求多样的国内消费市场。从世界范围看，保护主义上升，使得我国外向型经济态势主导的经济形势受到冲击，由出口导向造成的问题日益显露出来。因此，从经济发展的长期视角来看，必须转向依靠国内有效需求拉动经济增长的路径上来。加之新冠肺炎疫情在世界范围内的持续发酵，使得世界经济长期处于低迷状态，而中国在此次疫情抗击上的胜利，为中国经济发展创造了良好的弯道超车环境。

　　以上就是我本季度的思想汇报，在今后的日子里，我将紧跟党的步伐，及时学习党的思想和方针，加强理论学习，用科学的理论武装头脑、指导实践，在工作上严格要求自己，发挥先锋模范作用，培养新时代自强不息、艰苦奋斗的品格。

2020 年 12 月 20 日

奋勇向前,接好历史接力棒

马克思主义学院 郝冬洁

敬爱的党组织:

在成为一名中国共产党预备党员的时间里,我坚持学习理论知识、总结学习经验,努力提高综合素质,各方面都以一名正式党员的标准严格要求自己、审视自己。站在迈向建党 100 年的历史关口,我国迎来了第十四个五年规划。从"一五计划"到"十四五规划",从集中力量进行工业化建设到基本实现社会主义现代化目标,中国共产党带领全国各族人民不断向实现中华民族伟大复兴的中国梦前进,铸就了一个又一个让世界瞩目的辉煌成就。站在新的历史起点,我们更要不负前辈努力,坚定理想信念,理清发展思路,求真务实开拓创新,在危机之中育先机、于变局中开新局,接好历史的接力棒。

"立志而圣则圣矣,立志而贤则贤矣。"一个人志向的高低在一定程度上决定着未来的发展。共产党员应志存高远,始终坚定共产主义的理想信念,始终胸怀中华民族伟大复兴的战略全局和世界百年未有之大变局,始终牢记十九届五中全会精神,将个人理想同国家未来发展道路相结合,同社会与群众的需要相结合,向着伟大的事业砥砺前行。作为一名马克思主义理论专业的研究生,更要坚定理想信念,提升自己的政治素养和专业知识,以党的事业和人民利益为重;作为一名思政理论课助教,要帮助同学树立正确的人生观、价值观和世界观,树立正确的人生理想;作为一名即将离开校园正在选择未来职业的学生,在进行职业选择时要注重国家发展,统筹考虑,去党和国家需要的地方,到最能发挥自己能量的岗位上。

"会当凌绝顶,一览众山小。"登高望远是每一个共产党员的必修课。在环境愈发复杂、挑战愈加严峻的今天,只有提高政治站位,理清发展思路,才能应对复杂的环境和艰巨的任务。在学习中,我意识到树立系统观念在理清发展思路中起到的重大作用。党的十九届五中全会审议通过的《中共中央关于制定国民经济和社会发展第十四个五年规划和二〇三五年远景目标的建议》，将"坚持系统观念"作为"十四五"时期我国经济社会发展必须遵循的五项原则之一，指明了提高社会主义现代化事业组织管理水平的方向，也为我们认识世界、理清思路提供了新的理念。系统观念是马克思主义基本原理的重要内容，强调系统是由相互作用、相互依赖的若干组成部分结合而成的、具有特定功能的有机体；要从事物的总体与全局上、从要素的联系与结合上研究事物的运动与发展，找出规律、建立秩序，实现整个系统的优化；用开放的复杂系统的观点，用从定性到定量的综合集成方法研究经济社会问题。基于系统观念，要加强前瞻性思考，透过现象看本质，提升自己预见未来形势发展、机遇和挑战的能力，要加强全局规划，树立大局意识，胸怀中华民族伟大复兴的战略全局和世界百年未有之大变局，要加强战略性布局，统筹兼顾，综合平衡，学会在合适的时机抓大放小或以小带大。

善于在危机中育先机、于变局中开新局是以习近平同志为核心的党中央在科学把握我国发展环境深刻复杂变化的基础上，对开创中国特色社会主义事业新局面提出的重大战略要求。任何一个国家的发展都是一定历史条件下的发展。全面准确认识当前和今后一个时期我国发展的时代背景、客观条件，特别是所面临的机遇和挑战，是谋划和推进我国发展的首要前提。观察当今中国发展环境的深刻复杂变化，既要看到机遇方面新的发展变化，也要看到挑战方面新的发展变化。深刻复杂变化中的国内外环境，既有错综复杂的国际环境带来的一系列新矛盾、新挑战，也有我国社会主要矛盾发展变化带来的一系列新特征、新要求。危机客观存在着，变局继续进行着，两者都不以人的意志为转移，但事在人为，关键在于我们如何看待和对待它们。面对危机与变局共存的时代背景，我们要善于运用马克思主义的立场、观点和方法分析问题，坚持用全面、辩证、长远的眼光看待当前的困难、风险、挑战，努力在危机中育先机、于变局中开新局。历史车轮滚滚向前，时代潮流浩浩荡荡。历史只会眷顾坚定者、奋进者、搏击者，而不会等待犹豫者、懈怠者、畏难者。近期，我在找工作和写论文过程中也遇到了许多困难，在应对中也逐渐掌握了从危机中育先机、于变局中开先局的方法。我将其总结为两点：一是应当有面对困难迎难而上的勇气，有面对突发事件沉着应对、面对困境难关有所突破、面对风险挑战科学处置的能力；二是鉴于育先机、开新局都是开创性事业，没有开拓创新的干劲和闯劲是办不好、办不成的，所以一定要求真务实、开拓创新。尤其是在论文的写作中，要始终树立创新意识，面对不熟悉、研究较少的领域时要有育先机的能力，更要有勇于开拓创新的干劲和闯劲。

习近平总书记指出，中华民族伟大复兴绝不是轻轻松松、敲锣打鼓就能实现的。路漫漫其修远兮，吾将上下而求索。唯有坚定理想信念，将个人理想同祖国发展相结合，加强前瞻性思考、全局性规划和战略性布局，对社会发展和专业发展形成系统性认知，勇于开拓创新，才能奋勇向前，接好历史的接力棒。

2020 年 12 月 18 日

矢志不渝为理想，初心使命永不忘

明德书院　齐静怡

敬爱的党组织：

习近平总书记指出，青年一代有理想、有本领、有担当，国家就有前途，民族就有希望。简洁有力的论述，阐明了新时代新青年坚定理想信念的重要性。当前我国正处于世界百年未有之大变局，国际社会风云沉浮，各种思潮交错激荡，如何在变局中追寻到人生的价值所在并为之奋斗终身是时代向我们提出的重要命题。

目前，我国正处于社会转型的关键时期，社会经济成分和经济利益多样化、社会生活方式多样化、社会组织形式多样化、就业岗位和就业方式多样化，这四个多样化冲击着现实社会结构。当其渗入人们的精神领域，就产生了针对公众价值观念、理想信念等方面的挑战。特别是在当下信息爆炸的互联网时代，个人很难从纷杂的信息中分辨出孰真孰假，从而被言论的浪潮裹挟，成为人云亦云的一分子。

理想信念是精神之"钙"，如果人生没有坚定的理想，整个社会没有赖以"凝魂聚气"的共同信念，那么人之个体注定是浑浑噩噩，社会则将变成一盘散沙，最终一事无成，陷入虚无主义的泥潭。正是从党中央到中国社会的每一个人都上下一条心，拧成一股绳，坚定一个理想信念，我们才实现了"雷神山""火神山"医院建设的"中国速度"，实现了村庄、街道"网格化管理"的"中国式精细"，展现了最快速有效控制疫情的"中国力量"。理想信念对于社会而言如同发展的动力源，在这个充满不确定的社会之中，要想真正实现国家富强、民族复兴，摆脱种种反华势力对我们的阻挠，就必须学会仔细甄别，在各种思想的交汇碰撞中保持初心不改，坚守住理想信念的阵地。

对于个人发展而言，坚定理想信念也有重要的意义。一方面，从理想信念的外在维度看，对人生理想的追求代表着对人生目的的选择，对人生信念的坚定程度反映着一个人对人生意义的理解；另一方面，从理想信念的内在关系方面看，人生理想的高低决定着人生信念的价值，人生理想的实现是人生信念的实践。什么样的人生才是有价值的人生？树立怎样的理想信念才能实现人生目标？对这些问题的回答，反映了我们对人生意义、人生价值的定义。

在暑期社会实践活动中，我走访调研了"中国的保尔·柯察金"——朱彦夫老人的事迹党性教育基地，从朱老的事迹中，我感受到了什么才是人生真正的意义，什么才是真正有价值的人生。

14岁参军，16岁入党，在抗美援朝战场上摸爬滚打，失去双腿、双手和一只眼睛，成为"肉轱辘"。很长一段时间，朱彦夫在"待在疗养院里让别人伺候一辈子和回到家乡带领老少爷们过上好日子之间"思考着，他也曾经犹豫过，但回想起当年在战场上对着党旗宣誓的场景，想想战火纷飞中，战友拼命掩护他的场景，回想起自己参加战斗"为人民谋幸福"的初心和使命，他毅然决然回到家乡。面对着道路崎岖，不通水、不通电，老乡们受冻挨饿、入不敷出的场景，年轻的朱彦夫顶着巨大的压力，承担重任。没有富饶的土地，就"棚沟造地"，将荒凉的"赶牛沟"变成广阔的良田；没有水喝，就开建大口井，让汩汩清泉流淌进千家万户；没有电力，朱彦夫就拖着沉重的假肢，跑南闯北集齐所有的材料，让电灯照亮每一个家庭。20多年的时间，他把一个贫困落后的沂蒙山区小村庄变成了家家通水、户户通路、街街明亮、院院整洁的美丽乡村。退休后，朱彦夫并没有停止发光发热。他用残肢抱笔，完成了两部自传小说《极限人生》和《男儿无悔》，为后辈们留下了宝贵的精神财富。

朱老的一生，是与命运搏斗的一生，是为民奉献的一生。不屈服是他生命的根骨，对人民、对党、对国家的热爱深深地镌刻进他的灵魂。朱老用自己的一言一行，谱写出一曲荡气回肠的英雄赞歌。在朱老的心中，这样去活，才不辜负来到世间一遭，才算是真正有价值、有意义。朱老的事迹就像是一簇火焰，给逆境中的人以激励和温暖，让人懂得理想信念的力量有多么巨大，让人懂得究竟要用什么样的态度去面对挫折和挑战。苦难有时是人生的一块试金石，磨炼人的精神，它让懦夫从此失去信心，堕落腐化，也让强者浴火重生，在自己舞台上大放光彩。正如朱老所言："与其腐烂，不如燃烧，与其做一块被烧坏的泥土，不如坚持到最后，等待烈火将自己变成莹润剔透的瓷器。"这是朱老人生的信条，这份人生至暗之处仍然选择追寻初心的坚毅，值得所有人由衷地敬佩。

一代人有一代人的使命，一代人有一代人的责任。作为新时代的新青年，我们面对着越来越复杂、越来越棘手的问题。当历史书写的劲笔传递到我们的手中，我们决不能畏难、犹豫、懈怠，而要勇立潮头，做这个时代乘风破浪的弄潮儿。在这个过程中，肯定少不了挫折、挑战与诱惑。此时此刻，我们最需要做的就是在青年时期就树立远大理想，明确自己的人生信念和目标，然后在人生一次又一次的挑战中，用自己的汗水与双手勇敢前进，在高处保持谦逊，在低处不忘积累，矢志不渝，奋力而行。

2020 年 10 月 1 日

参与游行方阵,献礼祖国母亲

明德书院 方 舟

敬爱的党组织:

　　曾经在网上看到这样一个问题"中国为什么要阅兵,而且是空前盛大的阅兵?"其中有一个答案令人不禁泪目:因为,有一支人民的军队,要用这样一种方式告诉我们,它有足够的能力捍卫祖国的每一寸土地,它更有足够的底气保护好 14 亿中华儿女。2019 年 10 月 1 日,在所有中华儿女的期盼下,国庆 70 周年庆祝活动在北京天安门隆重举行。作为一名北理工学子,我有幸成为由 3 499 名北理工师生组成的"与时俱进"群众游行方阵中的一员,见证了属于中国的这一历史时刻,同时也向世界展现了新时代中国青年的活力与担当。2 个多月的努力依然历历在目,而当我走过天安门城楼的那一刻,千言万语汇成一句话:"祖国母亲生日快乐,我爱你中国!"

　　1949 年 10 月 1 日下午 3 时,中华人民共和国举行开国大典。毛泽东在天安门城楼上庄严宣告:"中华人民共和国中央人民政府今天成立了!"每每听到这句话,我内心总是抑制不住激动与兴奋。我骄傲,我是一个中国人!我自豪,能够生活在今天和平安定的中国!作为新时代的大学生,我有幸能够参加这次国庆 70 周年群众游行活动,为祖国母亲献上最真挚的生日问候与祝福。

　　在上学期期末,辅导员询问我是否愿意作为学生骨干提前一个星期来学校进行训练,我欣然同意。感谢学校对我的信任,使我有机会提前接受身体训练与思想教育,以过硬的本领与饱满的热情迎接党和国家的检阅。就这样,作为小队长,我于 2019 年 7 月 22 日来到了学校,开始了这项暑期专项实践活动。

　　午后的阳光是热烈的,正如每一个北理工学子火热的心。在骄阳下,我们学动作、调步速、卡时间……这些看起来不是很难的事情我们却丝毫不敢懈怠，因为每个人都想要做更好、做最好。还记得最后一天，所有学生骨干组成了一个方阵接受主席台校领导的检阅。当所有人高唱着"总想对你表白，我的心情是多么豪迈"时，当所有人热情饱满、整齐划一地挥动着花球时，当计时老师说出"分秒不差"这4个字时，所有同学齐声欢呼呐喊，这是最真实的情感流露。所有人为了一个共同的事业而努力的感觉真的很美好！那一刻我坚信，北理工学子一定能完成好党和国家交给的光荣使命，向祖国母亲献礼！

接着迎来了所有方阵同学的集体训练。作为小队长，我要保证所有小队成员动作娴熟、情绪饱满。从小队到中队、大队再到整个12方阵，我们的合练规模扩大着，我们的凝聚力也越来越强。随着点阵图的确定，我被安排到了71排45列，也就是整个方阵的最后一排。正如指挥长所言，最后一排对整个方阵的完成效果起着至关重要的作用，因此我们身上肩负着巨大的责任。正因为这样，我们会被安排一些额外加练和框架排的外出合练。身为最后一排的成员，我和其他同学一样没有丝毫抱怨，而是化压力为动力，将这视为一种荣誉与责任，尽自己最大努力去完成挑战。

2019年9月7日，对于我来说是一个十分难忘的日子。作为框架排，我们深夜来到天安门进行第一次国庆70周年庆祝大会演练。坐在一条胡同中等待时，本以为自己会充满困意，但其实内心兴奋不已。看着解放军战士们整齐有力的步伐、一辆辆军事装备从天安门城楼前驶过，我不禁感慨这70年来祖国的繁荣与富强，一种身为中国人的自豪感再次油然而生。当群众游行开始时，我们早已迫不及待地等待祖国的检阅。我们随着音乐欢呼着、跳跃着，将自己对祖国母亲的爱融入这欢愉之中。通过核心区的这段路程是短暂的，它似乎不足以让我们将自己真挚的情感表现得淋漓尽致；而这段路程又是漫长的，它让我回忆起中国这70年来经历的风风雨雨以及无数中华儿女前仆后继为祖国的繁荣昌盛所付出的努力。回学校的途中，我内心仍久久不能平静，期待着下一次的演练。

2019年9月22日，我们结束了最后一次的阅兵演练，开始期待10月1日的正式检阅。22日上午，看新闻得知北京的天空被"霸屏"了。空中梯队战鹰列阵，不少网友感慨激动不已。还记得1949年10月1日，在开国大典群众庆祝大会和阅兵式上，由于当时"飞机数少了点"，周总理决定让通过天安门上空前队的 P-51 战斗机，在通过天安门后，即右转 180 度到东门，再进入一次受阅航线。而如今，飞机再也不用飞两遍了，中国军事实力的飞跃是全世界有目共睹的，中国的国际地位也日益提高着。

  2019 年 10 月 1 日，这是无数中国人期盼已久的日子。虽然我们已经在天安门进行过数次彩排，但当这一天真的来临的时候，仍然有许多别样的震撼与感动。其中令我最为印象深刻的瞬间是：当 21 辆礼宾车驶过时，从天安门城楼到天安门广场，所有人自发起立，向礼宾车上的人们致敬。我们知道，21 辆礼宾车上有老一辈党和国家、军队领导人亲属代表，有老一辈建设者和家属代表，有为新中国浴血奋战的老战士，有民兵英模，有支前模范代表。人们挥舞着国旗、花束向他们致敬，而当老兵们庄严地向大家还礼时，他们颤抖却有力的手臂、老迈而坚定的眼神令我不禁热泪盈眶。他们是缔造和建设中华人民共和国的英雄，正是他们用鲜血与汗水换来了我们今天的幸福生活。所以，无论走多远，我们永远向他们致敬！

  伴随着歌曲《走进新时代》，我们以自由、生动、欢愉、活泼的姿态通过主席台，展现出北理工学子的良好精神风貌，也彰显了新时代中国青年的激情与热血。远远望见习近平总书记与我们挥手致意，我的内心充满了激动之情。我知道，他的注视满含着对新一代中国青年的殷切期望，让我们深切感受到了属于我们这代人的责任与使命，同时也充满了力量。

  在中国共产党的领导下，中国人民不断创造人间奇迹，书写了属于我们自己的辉煌。作为新时代的青年，我们在感慨国家繁荣强大的同时，更应肩负起时代的责任与使命，将个人价值与社会价值紧密联系在一起，勇担复兴大任、争做时代新人，为实现伟大复兴中国梦做出自己的贡献，用自己的实际行动为祖国母亲献礼！

2019 年 12 月 10 日

我的信仰和人生理想

明德书院　肖添翼

敬爱的党组织：

　　大一入学以来，我的党性不断提高，尤其在参加校党课学习之后，我的思想更加成熟，在此怀着喜悦的心情，向党组织报告我的收获和成长！以下是我的思想汇报。

赤血潇湘，红色少年

　　湘江涛卷，洞庭烟缭，南岳巍峨，岳麓染霜，这是北理工老校长李富春、徐特立的故乡——湖南，红色故土，革命摇篮。2019年国庆节后，我从爱晚亭下出发，去往北京。此时的湖南，枫叶渐红，待深秋，又是赤天光。没错，红色，是湖南的颜色，是报国热血的色彩，更是湖南人的本色，我来自赤血潇湘，生而为红色少年。生于斯，长于斯，红色深深烙印在灵魂，滋养出坚定的报国之志。岳阳楼的"先天下之忧而忧"，岳麓书院的"治国平天下"，早已经深深写进灵魂，滋润着坚定的报国之志。"惟楚有才，于斯为盛"，我的家乡走出了一大批心怀天下的伟大同志、矢志不渝的共产主义战士——毛泽东、刘少奇、任弼时、彭德怀、贺龙、罗荣桓、许光达、萧劲光、谭政、陈赓、黄克诚、粟裕、徐特立、董必武、林伯渠……先辈们的故事从小耳濡目染，都是我不可磨灭的童年记忆；当同龄儿童听着传说神话津津有味的时候，深深打动我的是先辈身体力行诠释"报国"二字的光荣事迹，在无产阶级革命中、在社会主义建设中、在改革开放的伟大实践中……这样的环境激励着我不断向党组织靠拢，时刻受到共产主义氛围的熏陶。我对共产主义的向往是由内而生、由衷而成、自然而然的，是坚决彻底的！

党员家庭,北理传薪

让我埋下红色基因的,不只乡风的浸润、先辈的示范,更有家庭的言传身教。我的爷爷奶奶、父亲母亲、姑父姑母、伯父伯母、表兄堂兄都是党员,尤其我的爷爷奶奶,是极其忠诚的资深老党员,在新中国建设中立下功勋,也亲自参加和领导了家乡的社会主义现代化建设,为家乡人民所尊重。成长于这样的家庭,我对共产党人的正直、坚毅、勤劳、勇敢、耐心、严谨、诚恳、踏实等宝贵品质和高尚品格有着最深刻的体察、理解和感悟,小小的我早早地下定了入党的决心。而来到北京理工大学,共产党创办的第一所理工科大学,"红色工程师的摇篮",我更是感到无比激动、感激和亲切。我知道——我的家庭不仅是共产主义之家,同时也是北理工之家,我是三代人中的第四位北理工学子!在那个工业建设、保家卫国的激情年代,我的伯爷爷来到北京工业学院1956级老8系(力学工程),将一生献给我国兵器工业研究;我的伯父,在第三次科技革命的关口来到北京工业学院(一年后更名为北京理工大学)1987级5系(电子工程),并与他的大学同班同学,也就是我的伯母情定一生。2019年,这个家族的第四位北理工学子踏着他们的足迹,来到这片承载着家族记忆的土地,赓续光荣与使命。有家如此,军工报国、科技强国已经融入我的血脉;有校如此,这就是我的第二故乡,在这里学习,我从未离家!我迫切地希望在这所于我而言极具特殊意义的大学里成为光荣的党员,我的求知实践之途、报国之路、爱党之程、为人民服务之旅,将在这里启航!

与党同行,与国同行

在党的领导下,新中国一路走来取得的伟大成就更能雄辩地证明指导理论的真理性。社会主义的力量不就集中体现在40多年高速发展、消除饥饿和贫困、抗击新冠疫情、生态治理等奇迹上吗?而越发光明的未来,更需我们这些共产主义接班人去努力:2020年全面建成小康社会,我们20岁上下,是历史奇迹的见证者、亲历者、支持者;2035年,基本实现现代化,我们35岁左右,年富力强、风华正茂,是朝气蓬勃的社会主义建设者和生力军;2049年实现第二个一百年目标和中国梦,我们春秋壮年,是把我国建成富强民主文明和谐美丽的社会主义现代化强国的中流砥柱！这些荣光，归于全体人民，归于共产党人；这种激动，只有共产党人最有感触。我多希望自己也能是其中一分子，是这个伟大政党的一员！

理论学习，信仰坚定

出生在赤血湖南，成长于党员家庭，学习于红色高校，赶上祖国腾飞的黄金年代，我是"天然红"。但我渐渐明白这种发自强烈情感的信仰是不坚固的，也远远不够；真正的信仰应当是对真理的信仰，要用理性去分析，得出共产主义才是照亮黑暗世界的火炬的判断，而不是人云亦云，甚至道听途说。于是，我不断提升自己的知识储备，通过各种途径加强理论学习。提高理论水平与政治素养——"学习强国"软件学习，"学习公社"网络党课学习，党章学习，院校党校学习，小组学习，报刊学习并结合理论进行分析，经常性的反省，在法学专业学习中体悟党的领导、依法治国和人民当家做主的有机结合，在经济学双学位学习中领会党的意志……在学习中，我深刻理解了中国共产党是中国工人阶级的先锋队，同时是中国人民和中华民族的先锋队；了解了为何中国共产党代表中国先进生产力的发展要求、代表中国先进文化的前进方向、代表中国最广大人民的根本利益；深刻认同我国正处于并将长期处于社会主义初级阶段，必须走中国特色社会主义道路的判断，充分认识到党在社会主义初级阶段的基本路线是必由之路；高度理解了我国社会主义的根本任务和社会主要矛盾的变化；深度理解了党的指导思想并作为自己的行为参照和行动指南……

长期的理论学习效果是显著的，之前一些被认为是不言自明的道理和口号，经过深思和明悟后显得如此科学、如此富有生命力，充分体现了共产主义颠扑不破：只有共产主义才是为了最广大人民群众服务的；共产主义的信仰十分坚定——所以能有二万五千里长征奇迹、能在一穷二白的时候打败世界最强大的美军，才有那么多人放弃海外优待毅然回国，实现中国由"马拉大炮""万国造"到健全强大的工业体系；共产主义的影响无可避免——即便是西方世界，也享受着八小时工作制、福利国家、工会等马克思主义的溢出性福利，并在每逢政治危机、经济危机时总会想起马克思的著作。我为共产主义、中国特色社会主义而自豪！

投身中华文化复兴事业

我生于中国,深情于她,眷恋于兹,也以之为根为养,依赖于斯。"一切来自土地的,都将回归土地",我是中华之儿孙,不论以何种生命状态呈现,反哺是我等作为爱国主义者、共产主义者应有之义。

作为哲学社会科学的学生,我希望与时代、社会同呼吸,与家园、政经共命运。故我想从文化方面入手,助力中华民族伟大复兴之中国梦,添砖加瓦,静待花开。我们要做的:一是重拾文化自觉自信,以一种向善的眼光发掘中华文化之精华;二是增强国力,打破西方文化霸权,重拾话语权。

我的自信当然首先基于丰厚的文化底蕴。中华文化从未断绝,当历史大浪淘尽黄沙,我们自会看到真金。正如千年后回首,水浒的喧嚣掩盖不过宋文人的清风傲骨,儒家思想中宋儒仍能接续千年前孟子绝学。中华文化自古雄健,以后也不会断绝。只是我们不能自满而止步,我们要创新、要弘扬,不能固守千百年的老调,不屑与"夷族"分享。历史教会我们,伟大的文化可以不朽。若能将我之文化充分弘扬,"散入以太,充作芥子",成为文明的因子,那么文明将如古希腊、古罗马文化一样永生。而近代史上发生的文化断层从另一角度看更是一种机遇:从传统中只提炼出最精华的成分,浇灌在一片全新的土地;只有在一片全新的土壤上,才更有希望超越原先的极限,构建一座崭新而华美的文明大厦,正如周之代商与英属殖民地上美国之建立。理清时代的脉搏、探索全新的发展空间和方向,或许迎来的不只是文化复兴,而是一个更属于全世界的中华文化。

中华民族的文化复兴事业,就是我的人生使命,我愿为之奉献一生。而这样艰苦、富有挑战的事业,需要一大批意志坚定、志同道合的人才、战友——他们都在共产党带领的队伍之中。当我将服务中华文化复兴的个人梦想与中华民族伟大复兴的中国梦相结合时,当我的人生理想和共产主义信仰合二为一时,我感到无上光荣,我觉得时不我待。

感谢党组织见证我的成长与蜕变,也恳请党组织给予批评与指正!

2020 年 10 月 11 日

青春心向党,建设新时代

求是书院　李世龙

敬爱的党组织:

百年大党,激流勇进;青年奋进,百舸争流。

2020年是极不平凡的一年,中国遭受了巨大的磨难:从年初的疫情、年中的洪水到持续的经济低迷、严峻的外交局势……但是我也无法忘却这一年我们也有太多高光时刻:举国上下勠力同心控制疫情的伟大抗疫精神、消除绝对贫困的如期实现、月壤采样的瞩目成就……明年即将迎来中国共产党成立100周年,这样的局势说明历经百年的中国共产党是经得起时间考验的,在共产党的坚强领导下,在习近平新时代中国特色社会主义思想的引领下,中国人民一定有信心、有能力实现中华民族伟大复兴的中国梦!

青春心向党,建设新时代。在这一年的中国故事中我有了新的感触和思考。作为一名入党积极分子,我始终将共产主义作为我最崇高的信仰;作为一位立志报国的时代青年,我也确立了成为一名为国奉献的科研工作者的人生理想。

"青年一代有理想、有本领、有担当,国家就有前途,民族就有希望。"习近平总书记在党的十九大报告中如是说。中国特色社会主义进入新时代,中国迎来了从站起来到富起来,再到强起来的伟大飞跃。我们站在全新的历史方位上有新机遇、新特质、新格局,但是我也认识到:新时代也同样意味着新挑战、新障碍、新要求。作为奋发有为、积极向上的青年一代,特别是立志加入共产党的自己,更要树立崇高的共产主义信仰和远大理想,在新时代下,在党的领导下,脚踏实地服务人民,为实现中华民族伟大复兴、为建成共产主义社会而不懈奋斗!

自进入大学以来,我一直受到来自学校、老师的熏陶,来自党的领导和教育,由此也逐步坚定了我加入中国共产党的信念,形成了我的人生信仰和人生理想。北京理工大学是中国共产党创建的第一所理工科大学，从延安自然科学院一路走来，80年栉风沐雨，我们一直传承着"延安根、军工魂"的红色基因，接受着为新中国培养一流人才、为新时代注入强大国防力量的红色教育。北理工诞生于1940年革命的炮火中，通过院校党课及思政课老师的讲授，我了解到校史上有无数的党员前辈忠诚于党、奉献于党。有在工作岗位上苦心孤诣培养学生、积劳成疾依然不停歇的党员老师们；有隐姓埋名、矢志科研，在研究试验中牺牲的党员科学家们；有克己奉公、立党无私的领导前辈们。

在前辈的熏陶和自我思考中，我逐渐形成自己的人生理想：成为一名党员科研工作者，矢志冲锋在前、报效祖国。为人民服务是中国共产党的宗旨和使命，服务人民需要公正为民的领导者，当然也需要科技兴邦的科学家，我选择后者。在新中国的历史上有雷锋、王进喜、焦裕禄等先进模范人物艰苦奋斗、无私奉献的高尚品格，也有钱学森、邓稼先、华罗庚等老一辈党员科学家冲破阻力报效祖国的赤子情怀……特别是伟大的数学家华罗庚，曾四次提交入党申请书，如此渴望加入中国共产党的他终于在70岁之时加入了中国共产党。在北理工这样一所优秀的理工科院校，我以前辈为榜样，如饥似渴地学习专业知识，敢于创新、积极实践来增加自己的本领才干。我深知科研报国，首先要有扎实的专业知识、宽广的视野和过硬的本领。同时我也会积极向党组织靠拢，修炼自己的政治素养，争取早日加入中国共产党！

我始终认为共产党人是神圣的、是崇高的，不仅是大公无私的领导者，也是忠诚为民的服务者。作为党员必然是幸福的，因为人民幸福、国家昌盛是他们最大的幸福。所以我要加入中国共产党，我要在自己的岗位上为祖国、为人民奋斗，为实现共产主义的伟大理想而奋斗！

我深信共产主义社会一定会到来，我也始终把共产主义作为自己的崇高信仰，现在如此，若有幸成为党员后更是如此。共产主义社会是人类有史以来最进步、最合理、最美好的社会制度，是人类发展的方向。在共产主义社会，生产力极大发展，物质、精神财富极大丰富，消灭剥削和压迫、消除两极分化，每个人都能实现全面自由发展。这不是"理想国"也不是"乌托邦"，共产主义社会是可实现的、是每个共产党人都在为之奋斗的终极目标。

改革开放以来，党中央团结领导人民开辟了一条中国特色社会主义道路，使生产力获得极大发展，人民物质和精神生活不断丰富，中国人民富了起来。党的十八大以来，以习近平同志为核心的党中央不忘初心、砥砺奋斗，开创了新时代中国特色社会主义理论体系，为中国的发展指明了新方向，更为世界的发展提供了"中国方案"，中国强起来了。至今，我们取得了更伟大的、更深层次的历史性成就，中国没有任何时候比现在更接近、更有信心、更有能力实现中华民族伟大复兴的宏伟目标！这是中国人民的共产主义信仰汇聚成的强大力量！

当然我们也不能忘记：中国正处于并将长期处于社会主义初级阶段。有理想、有信仰，但也应该回归当下，忠于现实。不做激进派，不能被西方的分裂主义蒙蔽了双眼；也不做守旧派，畏首畏尾，不敢变革。内心有坚定的共产主义信仰，无论什么时候都不会动摇。共产主义信仰是社会的航向，理想则是为实现信仰定下的目标，信仰指引理想，理想忠于信仰。奋发图强科研报国，成为一位党员科学家，正是为实现共产主义信仰给自己设立的远大人生理想；同时也正是亿万万人民的人生理想，积聚而成为实现共产主义崇高信仰的强大力量！

"故不积跬步，无以至千里；不积小流，无以成江海。"为了自己的人生理想，为实现共产主义社会的崇高信仰，在大学阶段我必须要锻炼自己的综合素质，德智体美劳全面发展。点滴积累，为之后的人生路、为伟大的中国梦积蓄力量。成长在红色基因纯正的北理工，我时刻以德以明理、学以精工的校训激励自我，博学笃志，使命在肩。同时我会一直坚定共产主义的崇高信仰，争取早日入党，向着自己科研报国的人生理想不断努力，秉持为人民服务的宗旨，以青春之小我奉献国家之大我，同无数奋发有为的青年共同谱写中华民族的时代新篇章！

2020 年 12 月 21 日

肩负使命，矢志拼搏

求是书院　战东豪

敬爱的党组织：

今天我怀着无比激动的心情向党汇报自己的思想感悟。

我们即将迎来 2021 年，即中国共产党建党 100 周年。一个创建时只有 50 多名党员的小党，发展成为今天拥有 9 000 多万名党员的大党，中国共产党在世界政党史上书写下浓墨重彩的一笔。

1921 年，中国共产党在上海成立。在当时的历史环境下，这只是一件并不起眼的小事，然而，这件小事却改变了中国。中国共产党将马克思列宁主义与中国具体实际结合起来，领导工人运动，探索出一条独特的社会主义道路。时至今日，中国共产党依然在为实现为中国人民谋幸福、为中华民族谋复兴的初心使命而奋斗。

我记得在中共中央党校网看到一篇文章——《百年大党的历史和时代使命》，其中提到中国共产党能够由小变大成为百年大党源于始终如一肩负时代使命的气质和品格。那么何为时代使命？一个时代有一个时代的主题，一代人有一代人的使命。中国共产党始终能够准确把握时代脉搏，解决不同时期存在的重大问题，坚持一切为了人民，为国家、为世界走向更加美好的未来做出贡献。我认为这就是党的时代使命，是一个系统的多元化的概念，可以体现在国家的方方面面。我将从推进现代化建设和实现国家统一两个方面阐述我对中国共产党时代使命的理解。

中国共产党有着推进现代化建设的使命。1840 年中国被动地"打开国门"，部分思想先进的人士已经意识到自己落后了，于是探索富国强民的道路，但都没有成功。中国共产党的成立，带来了中国革命的新面貌，带领中国人民取得了新民主主义革命的胜利，建立了中华人民共和国。中国共产党领导人民确立社会主义制度，进行现代化建设。1954 年召开的第一届全国人民代表大会提出要实现农业、工业、交通运输业和国防"四个现代化"的任务，这一国家战略目标被写入党的八大所通过的党章。1964年12月21日，周恩来根据毛泽东的建议绘制了建设"现代化农业、现代工业、现代国防和现代科学技术"的社会主义强国的宏伟蓝图。

作为中国改革开放的总设计师，邓小平从实际出发，对中国现代化建设的目标和步骤进行了深入思考，提出了"三步走"的发展战略，即"温饱""小康社会""达到中等发达国家水平"。党的十五大提出了新"三步走"战略，并首次提出了"两个一百年"奋斗目标。党的十六大报告把"全面建设小康社会"作为奋斗目标。党的十八大把这个目标修改为"全面建成小康社会"。十八届三中全会将全面深化改革总目标设定为"完善和发展中国特色社会主义制度，推进国家治理体系和治理能力现代化"。党的十九大规划了2020—2035年基本实现社会主义现代化、2035—2050年把我国建成富强民主文明和谐美丽的社会主义现代化强国的奋斗目标。

从以上我国现代化进程中可以发现：改革开放前，我国重点是进行农业、工业、交通运输业、国防、科学技术等方面的现代化建设，更加侧重于工业体系和国民经济体系的建设，这与我国当时工业和经济落后的国情是相适应的。正所谓经济基础决定上层建筑，如果经济不发展，工业仍处于相当落后的阶段，那么制度、文化、精神文明建设等必然会受其阻碍。改革开放后，我国进入社会主义现代化建设新时期，中国共产党继续推进经济建设，以经济建设为中心，同时注重社会、民主法制与体制机制等各个层面的现代化建设。这体现了中国共产党坚持实事求是的思想路线，具有与时俱进的先进性，始终坚持全心全意为人民服务的宗旨。十九大报告指出，中国特色社会主义进入了新时代。而"现代化"一词先后在报告中出现了47次，成为引人瞩目的高频词之一。这充分体现了中国共产党始终肩负着推进现代化建设的使命，中华民族伟大复兴是新时代现代化建设的根本目标，中国共产党正带领着人民向着这一根本目标迈进。以上是我近期的思想汇报，请党组织考验我！

2020年12月22日

树立远大理想,担负时代责任

人文与社会科学学院　黄威威

敬爱的党组织：

　　我成为入党积极分子已经有一段时间了,通过这段时间对科学理论的学习,我对党组织有了更深的认识,对中国共产党有了更深的敬佩之情,更渴望成为一名党员。以下是本人近期的思想汇报。

　　本学期我上了毛泽东思想和中国特色社会主义体系概论这门课程。通过这门课的学习,我对毛泽东思想有了更深的理解。毛泽东思想是中国共产党第一代领导人集体智慧的结晶,是马克思列宁主义的基本理论与中国革命具体实践相结合的产物,是马克思主义中国化的第一个重大理论成果,是被实践证明过的正确的理论思想和经验总结,为中国特色社会主义理论体系的形成奠定了坚实的理论基础。学习中国特色社会主义体系概论,我懂得了什么是中国特色社会主义。中国社会主义道路来之不易,我们要高举中国特色社会主义的伟大旗帜。

　　2019年5月4日,是五四运动100周年。习近平总书记指出,新时代中国青年运动的主题,新时代中国青年运动的方向,新时代中国青年的使命,就是坚持中国共产党的领导,同人民一道,为实现"两个一百年"奋斗目标、实现中华民族伟大复兴的中国梦而奋斗。新时代中国青年要树立远大理想,要热爱伟大祖国,要担负时代责任,要勇于砥砺奋斗,要练就过硬本领,要锤炼品德修为。作为新时代的青年,要努力达到以上要求。因此,我要树立为共产主义事业奋斗的理想,不苟于一己之私,向党员模范学习,不断增强服务意识,培养使命感和责任感,时刻准备着为党和人民牺牲一切;热爱祖国,时刻警醒自己要努力学习,关注国内国际形势,从热点时事中思考,激励自己不断提升综合素质,为将来建设祖国打好坚实的基础;要敢于担当、勇于担当,时刻铭记新时代青年的责任与使命;要培养优良道德品质,以德为先，铭记"德以明理、学以精工"的校训，不断提高自身思想道德素质。

新时代青年要甘于奉献，把有限的生命投入到无限的为人民服务中去。作为班干部，我在日常学习和生活中，尽自己最大努力协助班主任搞好班级建设，帮助同学们解决难题。我利用课余时间整理上课笔记并分享给同学们，给同学们串讲知识点，因此与同学们建立了良好的人际关系，拥有良好的群众基础。我积极参与志愿活动，服务他人，回报社会，锻炼自己的服务能力。暑假期间，我参加了"打工家庭幸福加油站"的志愿活动，志愿时长72小时。

以上是我近期情况的汇报，我深知仍有许多不足的地方。例如，专业课程学习停留在简单的名词解释部分，不能深挖其背后的理论，没有真正了解理论背后的实质，对理论的学习不深入，所以不能将其运用到实践中；科研竞赛及社会实践方面的经历不足。我会在接下来的时间里及时改正，加深对专业理论的学习，积极参与科研竞赛和社会实践，不断提高理论学习能力及实践能力。同时希望党组织在接下来的时间里继续考验我、培养教育我！

2019 年 8 月 1 日

做有担当的时代青年

睿信书院　闫慧敏

敬爱的党组织：

　　时光飞逝，岁月不居。转眼间，五四运动已经过去整整百年。2019年4月习近平总书记出席大会并发表重要讲话，提出了六点期望：第一，新时代中国青年要树立远大理想；第二，新时代中国青年要热爱伟大祖国；第三，新时代中国青年要担当时代责任；第四，新时代中国青年要勇于砥砺奋斗；第五，新时代中国青年要练就过硬本领；第六，新时代中国青年要锤炼品德修为。我想以习近平总书记的六大期望为标准，谈一谈在新时代我要如何做一个有担当的青年。

　　理想信念是精神之"钙"，是前行的指路灯。在这一生中，我们会遇到许许多多的困苦与磨难，失败与挫折将如影随形地伴随着我们。它可能是一次考试的失利，可能是一次任务的失败，无论是大是小，或许在漫长的历史时间与广阔无界的空间中，每一件发生在自己身上的失败或挫折都那么渺小，但对于尚还处在"三观"形成期的我们，这些失败或挫折真的有可能彻底击垮我们的身心，以致一蹶不振。而远大理想的树立则使我们能够站在所有挫折磨难之上看待问题，它会始终告诫我们：现在所经历的一切，失败也好，挫折也罢，只要始终坚定不移、矢志不渝地走下去，就会离目标越来越近。成功只是实现理想路上的一个点，而失败也不过是要换条路继续走下去，而方向，始终不变。

　　青年理想远大、信念坚定，是一个国家、一个民族无坚不摧的前进动力。青年志存高远，就能激发奋进潜力，青春岁月就不会像无舵之舟漂泊不定。世界会为知道去哪里的人让路，而如果没有方向，任何风都可能是逆风。经历过高考后的我们就好像是一艘扬起风帆的帆船，在原地打转，但我们应当明白自己的使命以及新时代赋予我们的担当。

远大的理想到底是什么？这个问题没有一个确切的答案，对于每一个人，它可能不尽相同，但有一点我想是一定的——把个人的理想追求融入国家和民族的事业中。作为一个理工科院校的大学生，现在，我可以毫不犹豫地说出我的理想：愿意有生之年尽全力攀登科学的高峰，为祖国军事及科技事业贡献绵薄之力。或许我的成绩不是最高的，或许我的头脑不是最聪颖的，甚至我经历了无数的无能为力，经历了无数次的力不从心，但是我知道，那个方向，我正在向它靠近，也始终在向它移动，无论快慢。

而为了实现心目中的理想，为了担当起时代赋予我们的责任，习近平总书记向我们提出期望：新时代中国青年要勇于砥砺奋斗，要练就过硬本领。奋斗是青春最亮丽的底色，可能一时的懒惰会给我们带来短暂的舒适和快乐，但却有可能使我们此生追悔、遗恨无穷。不要在太早的年纪就选择了安逸，安逸是暂时的，奋斗才应该是始终伴随我们人生的主旋律。没有永远的安逸，只有无尽的奋斗。努力永远不会太晚，但努力越早越好！作为新时代的青年，我们理应珍惜韶华，不负这绚烂的青春时光，始终在前行的路上，毫不畏惧地面对一切艰难险阻。前行的征途，可以暂时休息，但不能停滞不前，可以犯错徘徊，但不能停止追索答案和出路。我们将劈波斩浪、披荆斩棘，不断攀登高峰，用青春和汗水创造瞩目的成就！可还记得幼年时在国旗下的宣誓："今天我以祖国为荣，明天祖国以我为傲。"幼年时的稚嫩嗓音仍时常萦绕耳畔，带来温暖和慰藉。我亲爱的祖国，这条路无论怎样困苦艰难，我都一定要走下去。

作为一名大学生，努力学习掌握科学知识，提高内在素质是最基本的要求。一个人的容颜可能随着时光慢慢褪去鲜亮的色彩，但真才实学只会随着岁月的沉淀越发沉实，历久弥香。只有真正具有了过硬的本领，才有担当时代责任的底气和信心，才有可能成为时代的脊梁，不负家国的期望。专业科学文化知识是我们的立足之本，是我们为祖国为人民做出贡献的基础。

最后，习近平总书记要求：新时代中国青年要锤炼品德修为。"君子坦荡荡，小人长戚戚""勿以恶小而为之，勿以善小而不为""古之欲明明德于天下者，先治其国；欲治其国者，先齐其家；欲齐其家者，先修其身。"中国自古以来是礼仪之邦，一直以修身、齐家、治国、平天下作为远大理想，而修身是齐家、治国、平天下的起点。修身就是要提高思想品德、道德素养，成为品格高尚、品行端正的人。曾听人说起"一个女儿最好的样子大概是这样：有洋溢在脸上的自信，扎根在心底的善良，融入骨血里的勇气，刻进生命里的坚强。"我深以为然。善良而坚定的品格会让我们始终更多地看到生活的正面，一个强大的内心可以让我们在信息爆炸的今天仍可以看到一切浮华表面下的诱惑，并始终保持自己的本心，坚定不移地走下去。就如习近平总书记指出的：青年要把正确的道德认知、自觉的道德养成、积极的道德实践紧密结合起来，不断修身立德，打牢道德根基，在人生道路上走得更正，走得更远。面对复杂的世界大变局，要明辨是非、恪守正道，不人云亦云、盲目跟风。因此，面对外部诱惑，要保持定力、严守规矩。

站在新时代的飞湍急流中，我尚在苦苦撑竿溯流，与我一起的，还有众多新时代的青年们，为此，我们将继续苦苦求索，为撑起新时代的责任，为了无悔的青春。

反思新一年的学习生活，我还有很多缺点和不足。专业知识的学习不容懈怠，还应不断地进行系统性的复习，温故而知新。同时，提高自身专业能力，更好地为国家做出贡献是我义不容辞的责任。另外，仍然要向优秀的党员同志看齐，争取早日加入中国共产党。

2019 年 6 月 1 日

众志成城,打赢疫情防控阻击战

睿信书院 张赫闯

敬爱的党组织:

这几个月新冠病毒席卷全球,在这个巨大的挑战下中国共产党带领中国人民坚定地打响了疫情防控阻击战,一步步战胜疫情。我看到了党中央果断、有效的决策,看到了中国人民的众志成城,看到了医护人员的无私付出、勇敢担当,看到了党把人民健康放在第一位的原则。我触动很深,下面我将向党组织汇报在疫情中的见闻与认识。

不忘初心,奠定抗疫方向

如果问中国抗疫工作的大方向是什么?我觉得是"把人民群众的生命安全和身体健康放在第一位"。疫情严重后,党中央立即科学地做出封城决定,派多地医生支援,10多天建成火神山、雷神山医院,无论年龄大小都提供免费治疗,并全力拯救他们的生命。这时真的感叹,生在中国多么幸运!可以说,党中央在一开始就秉持为中国人民谋幸福的初心,坚持把人民群众的生命安全和身体健康放在第一位的原则,走上了一条受人民拥护支持、最有利于中国人民的抗疫道路。

共同面对,奠定抗疫底色

事事关心,人人尽力。这次疫情充分体现了每个人都与国家的命运紧密相关。84岁的钟南山院士第一时间出征,医护人员放弃和家人欢聚的时间,赌上自己的健康和生命冲向一线,工作人员昼夜不息地进行消毒隔离工作,流调人员第一时间详细周密地排查,网络技术公司提供信息技术支持,基层志愿者、党员干部们不怕苦累值守小区大门……正是全中国人民的共同面对、共同努力,才让我们终能战胜疫情。张文宏曾说:"一开始派人有点难,'共产党员先上'之后局面打开了。"这充分地看出共产党员的带头作用。党一号召,共产党员带头干起来,全体人民都来为抗疫努力。这样的中国一定能够战胜疫情,一定能够克服任何艰难险阻,走向光明的未来。

制度优势,成就抗疫效果

一方面党中央统一部署,协调各方,彰显了坚持党的集中统一领导的显著优势。全国一盘棋,集中力量办大事。中国的治理体系深入基层,政府一呼百应,正是这样的制度使我国抗疫工作高效进行。中国政府始终把人民群众的生命安全和身体健康放在第一位,彰显了社会主义制度以人民为中心的价值追求。我们一直在提不忘初心,中国共产党的确是始终全心全意为人民服务,始终把人民放在第一位,这样代表人民的政党才带领着中国逐渐打赢抗疫保卫战。另一方面,全民动员,彰显了紧紧依靠人民抗击疫情的显著优势。在这场疫情阻击战中,无论是政府人员、一线工作人员、社区管理人员,还是各行各业坚守在岗位上的人们,甚至是响应政府号召坚持在家减少传播风险的人们都为抗疫而战。正是中国制度的优势,使得中国共产党能够领导人民打响并打赢这场疫情防控阻击战。

依法防疫,保障工作有序

我国的防疫工作胜在很多方面。第一,坚持依法防疫。正是坚持依法防疫才保证了防疫工作的有序有效。首先我们的党和国家领导人实事求是,将人民的生命健康放在第一位,果断做出一系列重要决定。第二,这些年我国坚持科学立法,建立了科学完备、运行有效的科学法律体系。比如传染病防治法、突发事件应对法……正是这个大体系为我们开展疫情防控提供了有力的保障。同时,地方人大授权政府在疫情状态下发布决定、命令、通告,采取一些防控措施,比如战时管制,明确规定公民要遵守哪项规定。短时间内采取有效措施对病毒的传播进行有效控制。第三,我们做到了法制必行。这得益于两方面:一方面是我国形成了完善的执法机制,规范严格文明执法,多部门形成了突发卫生应急事件指挥机构,将规定和法律落到实处。另一方面,得益于全民守法。网络上大家都在说"听国家的话"。散是满天星,聚是一把火。中国人,每个人都是一颗星星,在各个领域发挥着自己的光芒,而大家紧紧地团结在一起，全国人民同舟共济、众志成城，就是一把耀眼的火炬。正是科学立法、科学执法、人人守法，使抗疫工作有序有效进行。以上就是我对于疫情中所见所闻的认识。

中国共产党在这次疫情中展示出了卓越的执政能力，展现了为人民服务的坚定信念。共产党员在抗疫中身先士卒，起到了极大的带头作用。这些都使我更加渴望向党组织靠拢，我要向他们学习，成为像他们一样的人。

请党组织在实践中考验我！

2020年3月7日

党的光辉照耀我成长

设计与艺术学院　杜康安

敬爱的党组织：

　　距离我提交入党申请书也有将近两个月的时间，作为一名大一新生，在这几个月时间里，我认真阅读并学习党章，以党员的标准严格要求自己，积极向党组织靠拢。以下是我这段时间学习的感悟与体会。

建党百年，初心不变

　　转眼间，已是 2020 年年末，即将到来的 2021 年是中国共产党成立 100 周年。在这 100 年里，伟大的中国共产党不忘初心、牢记使命，在各个历史时期都留下了浓墨重彩的一笔，书写了属于中国特有的光辉历史。百年的风雨兼程，百年的卧薪尝胆，百年的中国共产党是数万万中华同胞的心之所向。中国共产党用实际行动向我们阐释，只要心中有光明与信念，透过漫长守望的苍凉，就可以听见未来遥远的声音。

　　因为相信，所以看见。百年前的早期革命党人因为相信共产主义信念，所以党才能在枪林弹雨中不断壮大队伍；如今的中国人民因为相信党的正确领导，所以中国才能在复杂的国际形势中蒸蒸日上。

学无止境，在学海中前进

　　中国共产党是中国工人阶级的先锋队，是中华民族和中国人民的先锋队，代表中国先进生产力的发展要求，代表中国先进文化的前进方向，代表中国最广大人民的根本利益。因此，中国共产党必须保持自身的先进性和纯洁性，开拓创新、与时俱进，带领人民向着美好生活的目标前进。

　　通过学校的党课理论培训，我学习了党的方针、路线和政策，学习了马克思列宁主义、毛泽东思想、邓小平理论、"三个代表"重要思想，科学发展观、习近平新时代中国特色社会主义思想。我的思想得到了进一步提升。党课的实践活动也让我收获颇丰，它不仅让我结交了一批优秀的同志，还让我尝试着运用自己所学的专业知识实现理论与实践的结合，也锻炼了我的领导能力、组织能力、沟通合作能力。党课学习有效地把共产党员乐于奉献、迎难而上的高尚品质和伟大精神内化于我的心，同时促使我日后将其外化于行，服务人民群众。我深刻认识到：在历史岁月的长河中，一个人的生命和力量是微不足道的，但当一群志同道合的人聚在一起时，这种微不足道的存在也可以绽放盘古开天辟地般的光辉。尽管本学期的党课培训已经结束，但我的学习永无止境。

在个人学习中，我观看了《勇士》这部以长征为题材的影片。这部影片讲述了1935年红军强渡大渡河、飞夺泸定桥惊心动魄的历史事件。这部影片给我印象最深刻的有三个片段。其一，勇士们为了准时到达泸定桥桥头，在敌人的枪林弹雨下，在崎岖的山路上，跑步前进，昼夜兼程，一昼夜奔走二百四十里，创下世界步兵行军史上的奇迹。有人口吐白沫，有人腿部负伤，但他们无一放弃，这种"为达目的誓不罢休"的精神深深打动了我。其二，炮兵田生才思想认识发生转变。他从一名处处偷懒、想要逃跑的俘虏，转变为自愿的红军战士，他最后凭借炮兵技能帮助红军取得胜利，这不仅是为自己犯下的错误进行弥补，也是对自身精神信念的升华。他这一形象在历史中不一定完全存在，但他的历史人物原型赵章成对飞夺泸定桥的胜利所做出的贡献是不可否认的。其三，在泸定桥上，红军以大局为重，牺牲自我来换取胜利的希望。这种大无畏的自我牺牲精神给我带来了发自内心的震撼。

确立目标，扬帆起航

少年强则国强。作为新时代青年，我们要将自身的进步作为国家繁荣富强的高效催化剂。在这个阶段的学习中，我更加坚定了加入中国共产党的决心。我努力提高自身综合素质，积极参加学生组织工作，为同学提供力所能及的帮助，增强服务意识、责任意识，提高组织、沟通能力。我认真学习专业知识，拓展思路，追求创新，增强实践能力。无论是在学生组织工作中，还是在专业学习上，我内向的性格都有一定程度的改变。

在今后的工作与生活中，我会始终加强政治理论的学习，从思想上高度重视,从行动上严格落实,积极向党组织靠拢,永远跟党走,坚决抵制腐朽、落后文化和错误思想的侵蚀。

此外,随着对自我认识的深入,我发现还需要改正自己以下几点不足之处,如缺少对实践活动参与的积极性、对他人的批评建议还存在抵触情绪,面对困难的勇气与信心不足等。我会在以后的日子里逐步改正,不断提升自我。

以上是我近期的思想汇报,请党组织考验我!

2020 年 12 月 17 日

坚定理想信念，矢志拼搏奋斗

生命学院　杨　鸽

敬爱的党组织：

　　通过这次党课的学习，我对习近平新时代中国特色社会主义思想有了更加系统的了解，对共产党人的初心与使命有了更深刻的认识。同时，我更加明白了"听党话、跟党走"的意义，更加明确作为新时代青年应该坚定理想信念、矢志拼搏奋斗。现将本人思想汇报如下。

　　第一，加强理论武装，做理想信念坚定的新时代青年。习近平总书记曾做出这样的比喻："理想信念就是共产党人精神上的'钙'，没有理想信念，理想信念不坚定，精神上就会'缺钙'，就会得'软骨病'。"我想，一个人，有了理想信念，才知道要往哪里行，才知道应该怎么走。理想信念无论对于个人而言，还是对于一个民族、一个国家而言，都是非常重要的。理想信念必须是坚定的，是不可动摇的。否则，就没有牢固的安身立命之本，更不用谈能有强大的免疫力和抵抗力。

　　现在，我国正站在实现"两个一百年"奋斗目标的历史交汇点上，世界正处于百年未有之大变局，各种矛盾叠加，风险隐患集聚。在这样重要的时刻，面对诸多挑战，我们只有不断地提升理论水平，提高思想觉悟，才能保持清醒的头脑，才能做出理性的判断，才不会在铺天盖地的信息中迷失方向。

　　在给复旦大学《共产党宣言》展示馆党员志愿服务队全体同学的回信中，习近平总书记写道："希望广大党员特别是青年党员认真学习马克思主义理论，结合学习党史、新中国史、改革开放史、社会主义发展史，在学思践悟中坚定理想信念，在奋发有为中践行初心使命。"这也是对我们积极加入党组织的青年的要求与鞭策。坚定的理想信念需要的是科学理论的支撑。我将认真贯彻习近平总书记的要求，通过书籍和网络学习平台多种渠道，夯实理论基础，增加知识储备，特别是要用习近平新时代中国特色社会主义思想武装头脑、指导实践、推动工作,更加自觉地增强"四个意识",坚定"四个自信",做到"两个维护",做坚定马克思主义信仰、坚定共产主义信念的新时代青年。

第二,要认真做好本职工作,做本领扎实、高强的新时代青年。前不久,习近平总书记在湖南大学岳麓书院考察调研时表示,希望同学们不负青春、不负韶华、不负时代,珍惜时光好好学习。掌握知识本领,这是习近平总书记对我们广大学子的殷切希望。

今年正值我校80周年校庆,我有幸参演《梦回延安》这个节目,它讲述的是自然科学院建校和校址迁移时期的故事。"我们的信心比泰山还稳固,我们的意志比钢铁还坚强。为了祖国的新生,为了民族的解放,任何困难也不能把我们阻挡。"在排练的过程中,这些台词一次又一次地触动我。回顾校史,前辈们在艰苦、紧张的生活里坚守了下来;展望未来,我们新一代青年学子,更该加倍努力,让延安精神薪火相传,与祖国、民族共同前进。作为中国共产党创办的第一所理工科大学的学生,我想我有传承红色基因的责任,有"以学明智、科研报国"的使命,因为与家国情怀相伴的理想是代代北理工人前进的灯塔、奋斗的阶梯。

在抗击新冠肺炎疫情的斗争中,以"90后"为代表的青年一代挺身而出、担当奉献,充分展现了新时代中国青年的精神风貌。同样作为一名"90后"的我,现在还是一名未走出校门的硕士研究生,时间紧迫,而科研任务繁重,我能做的,就是珍惜时光,好好学习,掌握知识,练就本领,把初心使命变成锐意进取、开拓创新的精气神和埋头苦干、真抓实干的自觉行动。干就干到最好,做就做到极致,走就走在前列!我将以那些不惧风雨、勇挑重担的青年们为榜样,待学成之时,让我的青春在党和人民需要的地方绽放绚丽之花。

第三,要牢固树立群众观点,做担当、有为的新时代青年。在回答布里廖夫对于执政理念的提问时,习近平总书记概括为:"为人民服务,担当起该担当的责任。"今年年初经历的新冠肺炎疫情,我们国家的反应和组织能力得到了世界卫生组织的认可。我们党始终把人民放在第一位。

近几年,我奶奶家所在的村庄发生了很大变化:每栋房子外墙都被刷上清新的颜色,温馨又充满活力;路不仅平坦、开阔了,还有了亮堂堂的路灯;

家家户户的大门外没有了杂乱的柴火堆，而是种上了花，一丛丛，一簇簇，五颜六色，赏心悦目；每几户之间有一个固定的大垃圾桶，由专人定时定点清理，于是家里和街道都干净了不少。除了生活环境得到改善，村里无依无靠的老人们也领到了补贴，得到了照顾。

我深刻认识到，历史从来都是人民书写的，历史的车轮从来都是人民推动的。没有人民群众的支持，就不可能有中国革命的胜利，也不可能有中国特色社会主义建设取得的辉煌成就。因此，我要不断地把"小我"融于集体之中，融于广大人民群众之中，虚心向群众学习请教，牢记我党"为人民谋幸福、为中华民族谋复兴"的初心与使命，尽自己的能力、用自己的本领为人民服务。

心中有信，方能行远。在今后的工作生活中，我会不断学习、不断思考、不断努力、不断进取，向榜样们看齐，争取早日成为一名合格的共产党员。我会将自身的发展同人民群众的需要联系起来，将个人理想与中国梦联结起来，把胸怀的高远理想刻在踏实的脚印里，使党员的优秀品性融入本职工作中，做坚定理想信念、矢志拼搏奋斗的新时代青年。

以上就是我的思想汇报，请党组织考察！

2020 年 10 月 10 日

众志成城,团结奋战

外国语学院 曾航远

敬爱的党组织:

在 2020 年的年末,我写下近期的感悟和体会。

2020 年是全面建成小康社会的收官之年,将开启全面建设社会主义现代化强国的新征程,统筹推进"五位一体"总体布局,协调推进"四个全面"战略布局,"十三五"规划圆满收官,"十四五"蓝图亟待绘就。

2020 年也注定是不平凡的一年。新冠肺炎疫情发生后,在以习近平同志为核心的党中央坚强领导下,举国上下众志成城、团结奋战。

2020 年还是北京理工大学建校 80 周年。我本人亦有幸在这一年再次入学,见证这 80 载辉煌以及未来即将到来的灿烂篇章。

以上的三个事件,我既是见证者,更是参与者。

身为一名入党积极分子,我始终严格要求自我,坚持关注党的最新动态,

学习理论，在思想上渐渐走向成熟。经过一系列积极主动的学习，我的政治思想水平有了较大的提高。

在党支部组织的围绕十九届五中全会和习近平总书记在纪念中国人民志愿军抗美援朝出国作战70周年大会上的讲话精神的知识竞赛中，我积极参与，踊跃答题，勇夺第一。这也说明我已经认识到理论知识对一名党员的重要性。要从思想上真正入党，必须学党史、学会议精神，用理论武装自己。

2020年是脱贫攻坚的决胜之年、收官之年。脱贫攻坚是全面建成小康社会事业上不可缺少的一环，其中教育扶贫是扶贫工作中的重点之一。作为一名入党积极分子，我有幸参与到了教育扶贫的事业中。2019年7月—2020年8月，我作为北京理工大学研究生支教团的成员，同时作为西部计划教育扶贫志愿者，在广西贺州富川瑶族自治县富川高级中学担任高中一年级的英语老师。

我也因此亲历了教育扶贫的四个转变。第一个是从脱贫阶段的教育扶贫向小康阶段的教育扶贫转变，统筹城乡教育扶贫。富川高级中学，作为富川县水平最高的高中，投入了大量的资金扩建学校、扩招学生，目的是让更多来自乡村的孩子能有机会接受高中教育。第二个转变是经济功能向文体功能转变，提升个体自身发展的能力。虽然是贫困县的高中，但是同样重视学生综合素质的发展。比如一年一度的文体周，将体育比赛和文艺表演相结合，给学生展示自我的平台。还举办英语配音比赛，展现学生的创意，并提升他们学习英语的兴趣。第三个转变是向现代社会治理转变。第四个转变是向现代科技教育转变。富川高级中学现已经全面配备现代化科技教学设备，依托直播技术，还将名校成都七中的课堂用直播技术搬进了校园，以实现资源的逐步均衡。在疫情防控期间，我们支教团秉持"停课不停学"的原则，用腾讯会议为同学们开设网课，并取得了不错的效果。

支教的美好时光匆匆逝去，我又以一名研究生的身份重返熟悉的校园。入学后，我在各方面表现积极。我深知实践的经验来之不易，要保持自身思想的敏感度，以及防止思想懈怠，就必须始终和主流思想和主流工作站在一起。因此在开学后，我加入了校团委学生组织，成为文体部副部长，主要负责百家大讲堂及"一二·九"大合唱等文体活动。在工作中，我认识到校团委的工作要贯彻以人为本的管理理念，要充分发挥学生干部带头作用，提高团员素质。因此如何把学生活动与思想教育相结合，并不是一个简单的问题，是团委工作的重中之重。

除了学生工作以外，在学业上，我对自己有了新的更高的要求。原因有三：其一，本科在北京理工大学度过了美好的四年时光，心智逐渐成熟，深刻认识到不论是本科生还是研究生，提升自己的学识和专业水平都是主要任务。其二，在支教经历中领悟到了学习对个人的重要性，以及在资源有限的情况下，一定要珍惜自己拥有的教育资源，要养成终身学习的观念和习惯。其三，作为一名入党积极分子，要以党员的标准要求自己，凡事都要努力上进，争取做表率。作为德语专业的研究生，我并未松懈英语的学习。2020年12月初，我代表北京理工大学参加北京市研究生英语演讲比赛，取得了北京市一等奖的佳绩。

当然，有成绩也有问题。一个善于反思总结的人，才能够走得更远。我在以下三个方面需要改善与提高。

一是处理好专业学习和理论学习的关系。大学生对政治理论的敏感度还不够高，常常无法用理论指导实践，因此今后要多向入党联系人、培养人请教学习经验。

二是正确处理办事效率与办事质量的关系。效率高固然是一件好事，但也应建立在高质量的基础上。例如，在学校组织纪念"一二·九"合唱比赛前，我的任务是做预告推送，但因为事务繁多，自己也没有太重视，只是用最快的速度做出来，等到审核的时候却发现有一堆问题，反复修改花了很长时间。

三是要积极依靠党组织。目前我个人虽在学习进步中,但始终有单打独斗的感觉。所以今后要更加紧密地保持与党支部的联系,向党员同志们学习,加强学习交流,收获宝贵的经验。

以上是我最近在思想、工作、学习等方面的汇报,以后我会更加完善自我,吸取以往经验教训。我相信,只要我坚持提高自身,不懈学习,就一定能得到党组织的认可!

2020年12月12日

好事多磨，多难兴邦

物理学院　邓成志

敬爱的党组织：

光阴何太疾，如白驹过隙。转眼间已是 2020 年的最后一个月，距我向党组织提交入党申请书也已过去了两个多月。这几个月的学习生活忙碌而充实，在北京理工大学这个新的环境里，我认识了许多优秀且热心的同学，在向他们学习的过程中，我在学习、生活和思想上都有了一些收获，下面请允许我向党组织简要地汇报一下我这几个月的情况。

脚踏实地，打好基础

北京理工大学作为中国共产党创办的第一所理工科大学，也是首批进入世界一流大学建设高校 A 类行列的高校，具有丰厚的教学资源和优越的师资力量，这里汇聚了来自全国各地的优秀学子。在这里，我认识了许多思维敏捷、基础扎实、兴趣广泛的优秀同学，怀着见贤思齐的思想，本着充实提高自己、为实现中华民族的伟大复兴打下坚实基础的目的，我一如既往地努力学习科学文化知识，积极向优秀的同学看齐。

在学习方面，我深知对刚进入研究领域的我而言，切不可急于求成，应该脚踏实地、打好基础、深度思考，培养自己的科研能力和思维方式。前半个学期，我往返于宿舍和实验室之间，向老师、师兄、师姐学习，以提高自己的独立思考和实验动手能力。除了广泛阅读专业研究相关文献，关注科学前沿热点问题之外，我还随导师前往中国科学院电工研究所参加了第二届"等离子体科学和能源转化"前沿论坛。论坛会议上，许多科研工作者都展示出了严谨的科学态度和深邃的思想。其中清华大学李水清教授介绍的等离子体点火、助燃方面的内容，以及北京大学李星国教授分享的等离子体在材料制备和改性中的特点和应用、燃料电池方面的内容，给我留下了深刻的印象。

我深深体会到了科学研究必须同实际应用紧密联系在一起，必须同国家需要相结合。作为一名物理专业的学生，我深深地渴望自己学有所成，学以报国！

乐观生活，团结同学

环境的转变、课程难度的增大、刚开始参加组会的紧张，以及科研的压力，最初让我确实有些无所适从。但在与老师同学们的交流学习中，我发现原来大家都会经历这个阶段，我们会在这个过程中快速成长。现在，我刚开始的迷茫和无措已经消失了，我找到了自己的方向，找到了自己的节奏。乐观地去应对学习、工作和生活中的困难和挫折是我对自己的要求。我始终相信只要思想不滑坡，方法总比困难多！不管是一个人还是一个国家、民族，在前进的路上总会遇到种种的困难。回顾过去，中国共产党在危机重重、风雨飘摇中诞生，在泥泞中开辟了一条中国特色社会主义道路。经历的种种磨难并没有让我们屈服，反而铸就了现在强大而又自信地屹立于世界之林的中华民族。

在日常生活中，我乐于助人、关心同学、热爱集体，与同学们团结互助，努力为集体的发展贡献自己的一份力量；积极参与学院、党团支部、班级举办的各类活动。

科学抗疫，共筑家园

2020年，是极不平凡的一年，突如其来的新冠肺炎疫情打乱了我们的正常生活。共产党领导下的中国，面对疫情，采取了一系列行之有效的防疫措施。经过全国人民和无数医疗工作者的艰苦奋斗，人民生活和社会秩序迅速恢复正常。

这一年里，我们见证了年初全国各地支援湖北人民抗击疫情时的团结一心，见证了面对南方洪涝灾害时人民子弟兵抗洪救灾的不畏艰险，见证了全面建成小康社会这一伟大百年奋斗目标的实现，这一切都是在中国共产党的正确领导下实现的。

作为北京理工大学的一名学生，我秉持"德以明理、学以精工"的校训，学习掌握先进的自然科学技术，下苦功夫，学真本领，为将来更好地为共产主义事业贡献力量打好基础。我将在接下来的两年多时间里继续努力汲取北京理工大学的红色文化，用实际行动传承北理工的红色基因。

作为一名入党积极分子，我一直以一名党员的标准严格要求自己。积极学习中国特色社会主义理论体系知识，不断提高自己的思想境界，争取做到在思想上、行动上向优秀的共产党员看齐。

作为一名新时代的青年，我经常通过网络媒体了解国际新动态，以发展的眼光、辩证的方法看待事物的变化，把握时代趋势；反复深刻领会社会主义核心价值观，并将其贯彻落实于日常实践。只有将个人的小理想融入时代的大潮中，才能更好地为实现中华民族伟大复兴的中国梦贡献自己的青春力量。

好事多磨，多难兴邦。中华民族历史上经历过很多磨难，但从来没有被压垮过，而是愈挫愈勇，不断在磨难中成长、从磨难中奋起。我相信我们的祖国，相信我们的民族，相信我们的人民群众，可以在中国共产党的正确领导下，战胜一个又一个新的挑战，在继往开来中不懈奋进，沿着建设社会主义现代化国家的新征程，在实现中华民族伟大复兴的道路上——风雨无阻，永不停歇！

以上是我最近几个月的学习、生活和思想汇报。我会在今后的学习生活中不懈努力，不断完善自我，提高思想觉悟，争取早日成为一名正式的共产党员，更好地为伟大的共产主义事业奉献自己的微薄之力。

恳请党组织给予批评、指正。

请党组织继续在实践中考验我！

2020 年 12 月 16 日

深学治国理政，领悟全会精神

先进结构技术研究院　韩松宇

敬爱的党组织：

近期我参加了学习十九届五中全会精神的集体活动，产生了一些感悟。

我们知道，世界正处于百年未有之大变局。新冠肺炎疫情的影响，加速了变局的进程。在全球范围内，各国的经济、科技、文化、安全、政治都受到了不同程度的冲击。比如我国，新冠肺炎疫情加快了电子经济、电子货币的发展。而美国民族分裂、种族歧视、两党政治博弈等尖锐的矛盾更加突出。欧洲多数国家也呈现了由于医疗系统资本化导致的医疗系统面对疫情时崩溃的现象。国际上的诸多变动，均使得我国的发展将面对更多复杂且不可预知的外部因素。另外从国内的角度来看，我国社会主要矛盾发生了变化，经济正在转入高质量发展，步入了全面建成小康社会实现中华民族伟大复兴的关键阶段。正是在这外界环境变得愈发复杂、内在发展处于关键节点之时，党的十九届五中全会顺利召开，高瞻远瞩全面布局"十四五"规划，描绘国家未来发展蓝图，明确前进方向和奋斗目标，为全面建设社会主义现代化国家开好局、起好步。

本次大会上，"发展为了人民"成为一个热点词，大量关于社会领域的建设问题与高含金量政策，充分彰显了党为人民谋幸福、发展为了人民的理念。

十九届五中全会指出，我国的发展仍然处于重要的战略机遇期，但机遇和挑战都有新的发展变化；全党要统筹中华民族伟大复兴战略全局和世界百年未有之大变局，深刻认识我国社会主要矛盾变化而带来的新特征、新要求，深刻认识错综复杂的国际环境带来的新矛盾与新挑战，增强机遇意识与风险意识，立足社会主义初级阶段基本国情，保持战略定力，办好自己的事，认识和把握发展规律，发扬斗争精神，树立底线思维，准确识变、科学应变、主动求变，善于在危机中育先机、于变局中开新局，抓住机遇，应对挑战，趋利避害，奋勇前进。

十九届五中全会还提到了 12 个重点任务。12 个重点任务按照重要性排序，最重要的任务是坚持创新驱动发展、全面塑造发展新优势的任务。这个任务的目的是坚持创新在我国现代化建设全局中的核心地位，把科技自立自强作为国家发展的战略支撑。早在 2018 年，美国就已经开始在科技战中对我国展开布局，2018 年年底，知名 CAE 软件 ABAQUS 完全停止向中国用户提供新的更新资料。这就意味着，从 2018 年以后，新的实验数据、新的算法、新的 ABAQUS 应用我国都无法使用。然而由于 ABAQUS 的强大功能，一时间又无法找到可以代替它的商业国产有限元软件。如果放任其不管，这不仅会导致我国超声速隐身战斗机、导弹、力学超材料、火箭等前沿领域的研究迟滞，国防装备无法及时更新换代，同时也会继续阻挠国产商业有限元软件的自主研发、应用与商业推广。因此，现在正是一个关键的时刻，是一个摆脱对美国科技依赖的时刻，是一个关键技术全面国产化代替高价从国外引进，进而保证国家科技战略安全的时刻。因此，我们应该紧紧跟着党的步伐，实施科教兴国战略、人才强国战略，完善国家创新体系，加快建设科技强国！

通过本次的学习，我对党的治国理政方针有了进一步认识，并把平日里的所见所闻与党的十九届五中全会进行了深刻的融合与联系。向往党组织，希望成为党的一分子，为国家、为民族出力。为此，我将更加努力地学习、做科研，争取早日加入中国共产党，为国家建设、民族复兴添砖加瓦！

2020 年 12 月 13 日

齐心协力勇担当，众志成城抗疫情

信息与电子学院　孙全德

敬爱的党组织：

在 2020 年 1 月，全国暴发了新冠肺炎疫情，扰乱了人们原本幸福的生活。疫情防控期间，习近平总书记对疫情防控工作作出重要指示。他强调广大党员要"不忘初心、牢记使命"，团结带领广大人民群众坚定不移把党中央决策部署落到实处，齐心协力抗击疫情。而中国人民也展现出了前所未有的众志成城、团结一致。

在这场没有硝烟的战场里，涌现了许多让人感动的身影，如我们最美的逆行者——白衣天使。在面对重大突发公共卫生事件时，冲在一线的是柔弱却刚强的白衣天使们。为了方便穿防护服，她们剪去齐腰长发；为节约防护服，他们坚持不出病房，8 小时不吃不喝，穿上纸尿裤；甚至有些人因为长时间穿戴隔离服，脸上留下了深深的印记，口罩磨破了鼻梁。正是白衣天使们，给我们带来了保障和安全感。我们无法将这些最美逆行者的名字一一诉说。他们跟普通人一样，也为人子、为人母，有着自己的家庭和生活。可当他们穿上防护服的那一刻，他们代表的就不仅仅是自己，而是代表了祖国赋予的使命。危险降临时，他们没有丝毫的犹豫与退缩，把生的希望留给别人，他们舍小家顾大家的为民情怀令我动容。"我是党员，我先上"依然是最响亮的口号、最豪迈的誓言。

为什么该是"我先上"，因为"我是党员"，这个因果关系显现出的是党员的本色。作为工人阶级的先锋队，能否发挥好党组织的战斗堡垒作用和党员的先锋模范作用，群众的困难就是试金石。面对无情的"疫情"，从个人而言，谁都希望避而远之，但是，为了群众的平安，为了祖国的明天，党员干部们就应当冲锋在前，甚至将生死置之度外，给群众做出表率。就像新闻中讲的，全村 30 名党员喊出了"我是党员，我先上"的口号，村内 126 名群众被党员的奉献精神所感染，主动加入队伍，分别投入到志愿服务岗位。

无论是革命战争年代，还是和平时期，我们前行的路上都不会一帆风顺，特别是肩负民族复兴重任的党员干部，更随时都会面临千难万险。"红军不怕远征难，万水千山只等闲"。中国共产党领导下的革命队伍，正是有了这种"不怕困难"的精神，才能取得前行路上一个又一个的伟大胜利。不管是个人的人生之路，还是党和人民的事业之路，都需要披荆斩棘、勇往直前。在每一个困难面前，是迎难而上还是知难而退？"我是党员，我先上"就是人生的高境界。

对于所有人来说，疫情暴发是一个意义非凡的阶段，对我来说也是如此。在疫情暴发的这段时间，我的母亲由于旧病复发，而身患重病。以前会觉得生命的消亡是一件多么遥远的事情，但是，当母亲每天被病魔折磨的时候，当医生建议我们不要再继续在医院治疗的时候，我才意识到，生命的消亡如此近，生命如此脆弱。可每次母亲的咬牙坚持，似乎都在告诉我生命是顽强的。对于那些站上战场的战士们，我们每个人心里都明白，稍有不慎则是一次有去无回的旅途，而他们为了人民义无反顾地冲上前线与病魔抗争，是因为他们明白生命是脆弱的。他们明白有更多的生命在等待被救援，所以他们用自己顽强的生命，去拯救那些脆弱的生命，所以他们愿意奉献自己、牺牲自我。一切都是为了人民。

而在今天，我收看了全国大学生同上一堂的疫情防控思政大课，进一步了解到中国共产党一切为了人民的担当。从最初的武汉封城，到各地分别启动重大突发公共卫生事件一级响应，仅仅用了几天的时间。在这短短的时间内出现的各种措施，展现出了国家面对疫情迅速、及时、到位的响应，展现了中国共产党的正确领导及对这次重大事件的及时管控。与此同时，我也对新型冠状病毒有了更进一步的了解和认识，并学习掌握了一些必要的预防措施。作为新时代的青年，我们接收到的信息会远比一些长辈们多，所以我们有责任、有义务向自己的家人或者身边的人宣传预防的措施。

新冠肺炎疫情的突如其来，给我们的生活带来了极大的影响，城市也失去了往日的喧嚣。作为学生的我们，应摒弃往日的浮躁，好好静下心来，把这次疫情当作一次学习的机会。学习那些奋战在前线的战士们的顽强拼搏、舍己为人的精神，学习党和国家领导人在面对困难时的沉稳、脚踏实地。我们也要利用这个机会，静下心来好好想一想自己的人生规划，设立自己的目标，树立正确的人生观、价值观，思考未来将以怎样的姿态保护我们的祖国，建设我们的祖国。更重要的一点是，我们要从这次疫情中，明白生命的珍贵，明白生命是值得被善待的。而在当下我们应该如何做好自己，尽到自己的义务呢？作为研究生，我们现在最重要的是，学好自己的专业知识，虽然我个人是通信专业，没有办法像那些白衣天使一样，在真正的战场上拯救病人，但是我们可以用自己的知识和臂膀，担任起建设祖国的重任，这也是对祖国的保护和贡献。学校采取了"停课不停学"的措施，数万学生每天通过直播软件上课，这样特别的学习时期，我们要牢牢把握，不能因为眼前的困难，停下学习的脚步。少年强则国强，少年独立则国独立。这不仅是告诉我们要奋发努力，也是告诉我们要怀有一颗爱国的赤子之心。

　　作为一名入党积极分子，我会服从党的领导，尽自己的义务，为身边的人做力所能及的事情。不怕苦，不怕难，撸起袖子加油干，不忘初心，努力前行。

　　请党组织在实践中考验我！

2020 年 6 月 30 日

做忠诚的青年马克思主义者

信息与电子学院 姚宏璇

敬爱的党组织：

距离我提交入党申请书已经过去了一年，在成为一名入党积极分子后，我一直以党员的标准严格要求自己。在这一年里，我认真学习党章、党史，努力工作，争取早日成为一名合格的共产党员。今年我有幸参加了校党课，通过各位老师的细致讲解，我对于党的知识与发展史、国家安全与形势政策、习近平新时代中国特色社会主义思想、新时代共产党人的使命与责任等方面都有了进一步的认知。接下来我将就提升个人党性修养，争做坚定理想信念、矢志拼搏奋斗的新时代青年这一主题来汇报一下本次党课中我的所感所得。

在 2016 年的纪念红军长征胜利 80 周年大会上，习近平总书记曾经说过："长征胜利启示我们：心中有信仰，脚下有力量；没有牢不可破的理想信念，没有崇高理想信念的有力支撑，要取得长征胜利是不可想象的。"这对于人生的长征亦是如此，理想指引着我们人生的方向，信念决定未来事业的成败，一个人如果没有明确的理想信念，就会精神"缺钙"，中途迷失方向。而我认为我们新一代青年首先必须坚定的信念便是马克思主义。

岁月变迁，斗转星移。马克思主义虽然横跨了三个世纪，但长久的实践告诉我们，历史和人民选择马克思主义是完全正确的，中国共产党把马克思主义写在自己的旗帜上是完全正确的，坚持马克思主义基本原理同中国具体实际相结合、不断推进马克思主义中国化、时代化是完全正确的。

马克思生活的大机器生产时代，虽然已经过去了很久，但在今天这个数字信息化的时代，其思想却依然拥有新鲜的活力。这种持久生命力意味着它并不仅仅只是一套思想革命纲领，其背后的价值诉求和社会理想依然对今天现代社会里生活的人有着深远的影响，其提供的分析方法和哲学也将会成为每一位立志为社会做贡献的年轻人手中的有力武器。

现如今，科学技术的发展日新月异，新鲜的发明创造层出不穷，科技的发展推动了人类社会生产力、生产方式和生活方式前所未有的深刻变革，经济格局、利益格局和安全格局也都发生了前所未有的重大变化。现如今的世界瞬息万变，信息时代加剧了各种思潮的相互激荡，网络上的信息纷繁多变、鱼龙混杂，在各种思想文化相互激荡的浪潮中，人们的思想非常容易被有心之人加以利用。面对这种情况，我们更应该要学会独立思考，慎思明辨，保证自己的思想不滑坡。

2020年，注定是载入史册的不一般的一年。原本热闹祥和的春节被新冠肺炎疫情杀了个措手不及，然而，灾难让我们看见了不一样的伟大。在抗击疫情的主战场武汉，前方的医生、护士，后方的建设者、城市运营者共同努力，迅速地将疫情扑灭在了萌芽阶段，后续疫情的反扑也在严格地控制之下没有掀起太大的风浪。反观国外疫情的混乱之势，如若不是果断的措施与全民的配合，现在的后果将不堪设想。在疫情中冲锋在最前的党员，他们无论在任何时候、任何地方，只要国家需要、人民需要，便义无反顾地向前走、不回头。许许多多平凡的人们靠着自己平凡的双手做成了不平凡的事，这带给了我很大的触动与思考。

在这次抗疫中，我国及时果断地采取了有效的防控措施，充分彰显了我国的制度优势。党中央强有力的领导和人民群众的密切配合是本次抗疫得以成功的坚韧基石。在党中央坚强领导下，全国动员，上下一条心，全国一盘棋，取得了抗疫的决定性胜利。我国在这次面对疫情的大考中，向世界和人民交出了一份满意的答卷。国内的积极抗疫推迟了全球疫情的暴发，为其他国家抗击疫情赢得了宝贵的时间。

一个国家的制度有没有优势，不能自诩自封，也不能只是理论论证，只有通过实践证明。此次新冠肺炎疫情，是中华人民共和国成立以来我国发生的传播速度最快、感染范围最广、防控难度最大的一次重大突发公共卫生事件。在此次新冠肺炎疫情防控中，同西方国家的资本主义制度相比，中国特色社会主义制度集中力量办大事、高效而强大的组织动员能力、把人民生命安全健康置于首位的执政理念、全民齐心防控的团结精神等都凸显出巨大优势。中国特色社会主义各项制度在疫情防控实践中得以有效运行，更是体现出了中国共产党集中统一领导的优越性，这一切都让我进一步坚定了入党的决心。

马克思 17 岁时，在《青年在选择职业时的考虑》中曾说过："如果我们选择了最能为人类幸福而劳动的职业，那么，重担就不能把我们压倒，因为这是为人类而献身。那时，我们所感到的就不是可怜的、有限的、自私的乐趣，我们的幸福将属于千百万人。我们的事业是默默地，但将永恒地存在并发挥作用。面对我们的骨灰，高尚的人们将洒下热泪。"我作为新一代的青年，一定要坚定理想信念，做忠诚的青年马克思主义者，不忘共产党人的历史初心，砥砺前行。心中有阳光，脚下有力量！我将不懈努力，创造无愧于心的人生。

请党组织在实践中考验我！

2020 年 10 月 8 日

共克时艰展担当，爱国力行党旗红

徐特立学院　成苒博

敬爱的党组织：

突如其来的新冠肺炎疫情让这个春节过得并不顺利，共克时艰的日子似乎也显得格外漫长。这次新冠肺炎疫情让我们与国家都面临巨大挑战。除夕夜，无数个身影朝着远离故乡的方向，步履坚定，逆行出征；大年初一，无数封请战书凝聚团结一心的斗志，众志成城，彰显出生命的高贵。疫情就是命令，我们同时间赛跑，同病魔抗争。

2020年1月18日，我返回高中母校做思源活动的寒假社会实践，当时虽已有病例，但疫情暴发的消息尚未报道，学校宣讲一切照旧，人来人往。回校宣讲两天后，武汉传出了新冠肺炎疫情暴发的消息，各大新闻、社交平台第一时间发布、转载新闻，随着疫情数字的增长，我的心也随之颤动。1月23日，武汉开始封城，全国各地加大了管控力度，我才真正意识到疫情的严重性。在这个过程中，以下几件事对我感触很深。

首先是我就读的高中对疫情所做出的应对。回校宣讲当天，人流密集，其中有不少自武汉回来的大学生，可以想象，这极易产生大规模的集体性感染。在武汉封城之后，高中母校也立刻行动起来，紧急制定防疫对策，落实抗疫要求。学校一个一个联系了当天参加宣讲的大学生，并且要求学生们居家隔离观察并每日汇报情况。然而回校宣讲的大学团体有几十个，再加上众多高三学子在各个教室间流动听讲，人员交叉，接触情况十分复杂，想要对每个人都做到监管，难度可想而知。可是面对困难，学校第一时间采取行动，通过高三各个班级群、大学各个宣讲群及朋友圈等，对当天参与的人进行一一联系，层层落实，保证每个人都有汇报每日情况。学校面对突如其来的疫情，立刻成立工作小组并且落实行动。中华民族，自古以来就是一个实干的民族，脚踏实地做人，一丝不苟做事。

另一个令我感触颇深的是，中华民族那股骨子里的团结精神，一方有难，八方支援。当国家面临危机需要全民共同贡献力量的时候，全国上下团结一心，紧跟党和政府的步伐，并且怀揣必胜的决心。从"5·12"大地震到新冠肺炎疫情，在国家和人民生命财产受到严重威胁的时候，中华大地总会迸发出守望相助、战胜一切的力量，这就是民族精神，是那支撑起泱泱大国的民族脊梁。疫情防控期间，各行各业都为抗击疫情做出了自己的贡献。蔬菜、大米成吨运往湖北，解决粮食危机；司机、警察自发维持秩序，运送必备物品，保障抗疫后勤；医学院、医院纷纷组建医疗团队奔赴抗疫前线，保家卫国。这其中令我最感动的是成都的"雨衣妹妹"，在了解到抗疫一线医务人员吃不上午餐后，她毅然决定前往武汉为各大医院医务人员制作午餐。因为进入医院范围极易感染，而当时医疗物资紧缺，"雨衣妹妹"没有防护服可穿，她每次去医院送爱心盒饭时，都会穿一件雨衣来防护。最令我感动的是她的一句话："疫情不结束，我就不走。"这就是中国人的凝聚力，这就是中华精神的深刻体现，我为自己是中国人而感到骄傲。

疫情暴发之初，国家紧急成立抗疫小组并且第一时间奔赴武汉前线；在武汉疫情最为严重的时候，国家更是在十几天左右建立起火神山、雷神山医院……这就是中国的执行力，这就是中国的速度，这就是中国的魄力。

抗击疫情真正体现了中国的制度优势和大国担当。新冠肺炎疫情暴发以来，中国从上到下积极响应，全国共下一盘棋。无数抗击疫情的逆行者冲锋在前，各行各业积极动员，有力出力，全国人民积极响应党和国家的号召，自觉居家不外出，疫情在中国迅速得到控制。社会主义制度的优越性在此次疫情中体现得淋漓尽致，中国抗击疫情的成功也得到了各界人士的高度认可。习近平总书记指出，公共卫生安全是人类面临的共同挑战，重大传染性疾病是全人类的敌人，需要各国携手应对，全面加强国际合作，凝聚起战胜疫情的强大合力。团结合作是国际社会战胜疫情最有力的武器。自疫情在全球暴发以来，中国一直与世卫组织专家学者以及各国医学专家保持高度且紧密的联系，接受正确的指导意见，并且随时将临床医学进展与世界进行分享和交流。中国各高校研究院也积极主动同世界顶尖科学家合作交流，通过科技手段共同抗击疫情。当中国疫情得到很好的控制的时候，中国派出专家组支援他国，同时捐赠抗击疫情物资给世界各国，成为中国体现大国担当、积极参与全球抗疫的真实写照，是推动全球命运共同体的坚实一步。在支援意大利时，机长的一句话更是令人落泪："加油，意大利，请照顾好我们的医生。"这一语，胜千言。

疫情的数字让我们触动，而逆行的面孔给了我们最深的感动。84岁高龄的钟南山院士不辞辛劳，连夜奔赴武汉，同全国最优秀的科研工作者一道联合攻关；小汤山医院设计者黄锡璆爷爷放弃安逸的晚年生活，主动请战建设火神山医院，到祖国最需要的地方去。身患渐冻症却身先士卒连续奋战的武汉金银潭医院院长张定宇，被面罩压出血痕却对病人始终保持微笑的驰援武汉军人刘丽，擦干泪水舍小家为大家的武汉医生胡明，引领最"时尚"发型的90后河北护士肖思梦，给白衣天使加一点"油"的东港环卫袁兆文……这些值得我们敬佩的人和无数感人的瞬间闪烁着人性光辉，汇聚成了攻无不克、战无不胜的中国力量。

哪里有疫情，哪里就是战场。危情时刻，白衣天使成了钢铁战士，一句句承诺、一声声加油，铸就起全民族团结的丰碑。在这场疫情之中，第一批冲在前线英勇逆行的是共产党员，连日连夜、不畏生死、只为人民的是共产党员，舍小家为大家将小我融入大我的是共产党员。我记得一位抗击疫情一线的党员说过："是疫情，让我更清楚地明白了'党员'这两个字对我的意义与责任。"我深受感触并且也进一步深知"党员"这两个字的责任。党员是能够在国家需要之时撑起国家的人。我希望，未来在国家需要的时刻，我也可以骄傲地作为党员站出来，用真才实学保卫国家和人民。

我坚信，乌云遮不住火红的太阳，疫情抵挡不住春天的到来。我希望可以早日加入中国共产党，同所有党员同志一道，只争朝夕、不负韶华，以磅礴的民族力量迎接春暖花开，迎接胜利的到来！我也将在以后的生活中继续以党员为榜样，完善自己，提高自己，早日加入中国共产党。

请党组织在实践中考验我！

2020年6月25日

致敬伟大抗疫精神

徐特立学院　田宝静

敬爱的党组织：

时间飞快，还有十几天的时间，让人印象深刻、难以忘却的 2020 年就要过去了，我们要迎来崭新的 2021 年。时光如流水，我们必须步履不停。赶在这一年结束之前，我要向敬爱的党组织汇报我最近的思想动态与生活学习情况。

2020 年一定会是所有中国人都难以忘怀的一年。这一年我们经历了太多，收获了太多的悲伤、喜悦与感动。年初新冠肺炎疫情的突然暴发，我国采取了强有力防控的措施，封城、隔离、建立方舱医院……一场没有硝烟的全民抗疫阻击战就此拉开了序幕。奋斗在抗疫一线的医护人员、捐款捐物的全国各族人民与海外华人华侨、不惧风险的运输人员，我们看到了一幅幅令人热泪盈眶的画面。

9 月 8 日，全国抗击新冠肺炎疫情表彰大会在北京人民大会堂隆重举行。会上表彰了"共和国勋章"获得者钟南山，"人民英雄"国家荣誉称号获得者张伯礼、张定宇、陈薇。他们都是抗疫英雄，更是我们每一个当代大学生学习的榜样。

在过去 8 个多月时间里，中国经历了一场惊心动魄的抗疫大战，经受了一场艰苦卓绝的历史大考，并形成了伟大抗疫精神。生命至上，举国同心，舍生忘死，尊重科学，命运与共的伟大抗疫精神。以习近平同志为核心的党中央带领 14 亿中国人民，以生命至上凝聚万众一心，以举国之力对决重大疫情，以人类命运共同体共克时艰，取得了抗击新冠肺炎疫情斗争的重大胜利，创造了人类同疾病斗争史上又一个英勇壮举。我感受到了我们的制度无可替代的优越性。面对突发公共卫生事件，我们能够及时地做出应对策略，始终把人民的健康与幸福摆在第一位。哪有什么岁月静好，不过是有人替我们负重前行。一个党员就是一面旗帜，共产党员的信仰和担当，共产党人的奉献和实干，深深地感染了我，也更加坚定了我入党的决心。

2020年10月26日，中国共产党第十九届五中全会在京召开。这次全会是在全面建成小康社会胜利在望、全面建设社会主义现代化国家新征程即将开启的重要历史时刻召开的一次十分重要的会议。党的十九届五中全会是站在"两个一百年"奋斗目标的历史交汇点上召开的一次重要会议，为全面建设社会主义现代化国家把方向、定目标、绘蓝图、指路径，彰显了一以贯之的人民立场，体现了高远务实的发展战略，凝聚了治国理政的中国智慧，为第二个百年奋斗新征程开好局、起好步提供了根本遵循。我们处在历史的关键节点，比历史上的任何一个时刻都更加接近中华民族的伟大复兴，所以我们更需要有信心和决心，正如党的十九届五中全会深入分析的那样，在当前和今后一个时期我国发展环境面临着极为复杂的变化，我们要统筹中华民族伟大复兴战略全局和世界百年未有之大变局，保持战略定力，办好自己的事。

最近，我也密切关注社会新闻，有这样一个人物让我印象深刻。她就是丽江华坪女高校长张桂梅。在她建立女高初期，遇到很多的困难，很多老师都坚持不住离开了女高，只剩下了9位老师，但是张桂梅发现其中有6个人是党员，她瞬间感觉到有了动力和坚持的信心。张桂梅校长说："如果我有追求，那就是我的事业；如果我有企盼，那就是我的学生；如果我有动力，那就是党和人民。"张桂梅以坚忍执着的拼搏和无私奉献的大爱，诠释了共产党员的初心和使命。我情不自禁又去读了一遍自己的入党申请书，重新审视自己，我更加深刻地感受到，成为一名优秀的共产党员是我的追求和渴望。

近期，我以德育中期答辩为契机，对自己过去两年的学习生活情况进行了反思。让我收获最大的是，在今年9月份，学院为我配备了学术导师，在学术导师的帮助下，我不断在专业领域深入学习，并与导师积极交流沟通。起初，我遇到不少困难：不懂得统筹安排自己的时间，不能很好地平衡课程学习与导师课题组的学习任务；读论文的速度很慢，缺乏连贯性；实验技能不够，缺乏实践锻炼。针对我的问题，导师提出了建议。他告诉我在本科的学习阶段，一定要将自己的专业课程学习放到首位，保证自己的学习成绩，因为专业课是为将来科研工作打基础。如果基础不牢，就会为将来的科研工作造成很大的阻碍，不能本末倒置。在学有余力的情况下可以多学一些更加深入或者拓展的知识。读论文的能力是随着所读的论文数量而不断提高的，所谓熟能生巧，只有接触到的专业词汇、专业知识与研究手段都到达一定程度的积累，才能在枯燥的读论文过程中得到乐趣，也更加会读，不但能提高阅读速度也更能从中收获……导师中肯的建议让我很感动，也受益匪浅。

  马上迎来的 2021 年，是中国共产党建立一百周年。从浙江嘉兴南湖的游船走来，100 年的风风雨雨，党始终保持着先进性和青春活力，牢牢把握时代潮流，解放思想、实事求是、与时俱进、开拓创新，领导中华民族实现伟大复兴。作为一名预备党员、一名北理工人、一名新时代的青年人，我将会以实际行动来书写时代和人民的答卷。

  请党组织在实践中考验我！

2020 年 12 月 20 日

投身航天科研事业,回报祖国母亲辛勤培育

宇航学院　梁福文

敬爱的党组织：

　　为了更好地投身于航天科研事业，回报祖国，经过慎重考虑，我在近日完成了硕博连读的申请和相关材料的准备。攻读博士从来都不是一件容易的事情，但在这个时代读博士是一件幸运的事，因为国家越来越重视科技发展和科技人才的培养，我很感激北理工的高科技人才教育平台为我提供了读博士的机会。但同时我也清醒地认识到，我国部分方向领域的科技水平还不是世界领先，由此也引发了我对中国科技发展的思考。

　　科学技术是第一生产力。新中国的第一代领导人高瞻远瞩，指示研发了"两弹一星"，为那时在世界上风雨飘摇的中国打下了坚实的基础。钱学森、邓稼先、于敏等老一辈爱国科学家不光研制出了让中国立足的武器，更是为中国建立了健康、可持续的科研体系。因此，继续用正确的方式发展科学技术，仍是值得我们潜心探索的目标。

　　发展科学技术，要注重科技创新。"两弹一星"成果来之不易，是靠着老一辈科学家们的辛勤汗水和常人难以想象的自我牺牲换来的。新中国早期科学技术却也处处受制于人。目前中国在5G、人工智能、量子科技等领域发展迅猛，特别是5G领域，已经成为世界的领头者。而中国目前的创新能力与发达国家仍有较大差距，习近平总书记提出了"抓战略、抓规划、抓政策、抓服务"的要求，为中国今后科技创新改革指明了方向。相信随着政策和目标的不断完善，中国的科技创新整体水平一定会逐渐趋于世界前列。

　　发展科学技术，要大力培养科技人才。在"以人为本"的中国，人才培养是发展科学技术最重要的因素之一。一个高素质科技人才的培养，往往要经历十几年的时间，因此人才培养战略规划和青年人才挖掘至关重要。只有把握好每一个培养环节，经历不断的磨砺，中国的人才才能在整体上有较高

的水平。因此，要尽快完善人才培养机制。同时，也要加强科技国际交流与合作，这不仅可以更好地展示我们的科研水平和实力，同时也能吸引更多的人才。前段时间科学界争论是否要在中国建立大型粒子加速器，对此，我本人是持支持意见的。诚然大型粒子加速器的建造在很大程度上会挤压其他领域的科研投入，但是大型粒子加速器是全人类智慧的结晶，一旦在中国建成，我国将会在相当长的一段时间内成为基础科学研究的焦点。这样不仅会吸引全世界的顶尖人才来华进行科学研究和学术交流，增加以中国为主导的科研产出，而且会提升全社会对科研事业的关注度，并且能够增强民族自信心。

　　发展科学技术，要逐渐加大科普工作投入。中国近年来对科研投入力度逐年增大，特别是高校科研投入。但对科研的投入不能只着眼于眼前的利益，更要有高瞻远瞩的全局视野。在中国，一个德高望重的科学家往往比不上娱乐明星知名，究其原因是繁复无比的科学工作离广大群众的生活太远，而且科研工作者们也少有向公众主动进行科普的行为，至少力度和广度上是不够的。由此，我认为中国未来一定要加大科普力度，让中国成为探索自然知识的沃土，从科技大国变成科技强国。

　　从我自身来说，作为一名研究生，应该主动了解国家与社会需求，加强科学研究与社会需求的契合度，让我们的科研成果更具实用价值；在科研过程中还需加强团队合作，只有一起进步、一起努力，才能克服更多的困难；要努力争做优秀的科技人才，回报祖国母亲的辛勤培育，为实现中华民族伟大复兴不懈奋斗！

2019 年 8 月 5 日

万众一心，心手相牵

自动化学院　刘　亮

敬爱的党组织：

　　自新冠肺炎疫情发生以来，我在家中关注到新闻上不断播出的疫情报告和日益上涨的确诊数量，不禁为抗疫一线的医护人员感到揪心，然而此次疫情以来举国上下同心协力的抗疫斗争更让我动容。

　　自从疫情发生以来，全国上下都同心抗疫，把抗疫的决心扭成了一股绳。习近平总书记对于此次疫情高度重视，亲自指挥、亲自部署。2020 年 1 月 25 日，本该是举国欢庆、全家团圆的佳节，但这一天医护人员却是出征的逆行者。这一天，习近平总书记主持召开了中共中央政治局常务委员会会议，提出把疫情防控工作当作目前最重要的工作来抓，强调要把人民群众的生命安全和健康放在第一位。这一会议突出了一个重要原则，那就是人民的利益高于一切。

　　在疫情发生的短短几天时间里，举国上下众志成城，在最短的时间里体现了"一方有难、八方支援"的精神，全国各地都在短时间内将救援物资输送到疫情严重地区，多地启动了重大突发公共事件一级响应。习近平总书记指出，这次抗击新冠肺炎疫情，是对国家治理体系和治理能力的一次大考。

　　84 岁高龄仍连夜乘坐动车前往抗疫一线的钟南山院士，最早收治新冠肺炎感染者的武汉金银潭医院院长张定宇等众多奋斗在前线的医护工作者，让我真真切切地感受到了什么叫责任与担当。

　　在这次抗击疫情的过程中，我深刻地感受到了中国共产党在面对困难时的临危不乱。疫情就是命令，防控就是责任，明知抗击疫情是一场硬仗，但是只要我们做好分内的事情，响应国家的号召，认真防护，理性认识，不信谣、不传谣，不给国家添麻烦，就没有我们克服不了的困难。作为一名入党积极分子，我坚决拥护党的领导，服从党的命令，一切行动听从党的指挥，不忘初心、牢记使命,向优秀的党员同志学习,发挥好先锋模范作用,带头做好疫情防控工作,协助抗疫。我认为我应该做到以下几点。

一是科学防控、理性判断。疫情防控期间,多看官方相关报道;理性思考,不信谣、不传谣,积极配合所在地疫情防控工作的开展,主动学习防控知识,提醒身边人做好防护措施。

二是发扬不畏艰苦、无私奉献的精神。在这次疫情防控中,我深刻认识到了共产党员应尽的义务:在关键时刻要冲在前线,在危急时刻挺身而出。习近平总书记强调广大党员同志要不忘初心、牢记使命。作为一名入党积极分子,我更应该全力配合疫情防控工作的开展。

三是严守纪律,服从大局。疫情发生以来,我严格遵守学校及学院的各项防疫规定,加强个人防护,提醒他人减少外出,在疫情没有得到完全控制之前,坚决不组织和不参与不必要的集会;和学校老师保持联系,认认真真填写和反馈每日健康打卡,积极了解学校和学院防控政策的变化。

作为一名积极分子,从疫情暴发以来,我一直时刻关注着疫情的防控工作,也协助了我所在的江苏省徐州市白云社区的志愿防控工作。我的父亲是一名共产党员,社区管控期间,他便在社区党支部的组织下参与防疫志愿服务,而我也被社区的党员同志们的先锋精神所感染,为防疫做了力所能及的工作。从前期"我是党员我先上"的党员先锋岗,到后期社区卡口志愿者,我都积极贡献了一份力量。见证了家乡疫情防控形势的变化,见证了全国疫情形势的变化,我不由得感叹,只有坚持中国共产党的领导,坚持科学防控,才能最终达成防疫胜利的目标。通过一个月的重大部署、科学防控、精准施策,目前疫情处于关键期,但这并不是可以放松警惕的时候。钟南山院士说过:"这是一场没有硝烟的持久战。"那些替我们负重前行的白衣天使们还在前线不分日夜地奋斗,我们也要做到不给国家添乱,做好自己的本职工作,万众一心、众志成城,共同打赢这场没有硝烟的战斗。

万众一心,没有翻不过的山;心手相牵,没有跨不过的坎。我坚信,有以习近平同志为核心的党中央的坚强领导,有社会主义集中力量办大事的制度优势,有全国人民的守望相助,有人民军队的强力支援,有无数逆行者的拼搏奋斗,我们一定能够战胜疫情,打赢这场疫情防控的特殊战,确保人民群众的生命安全和身体健康。

附件一

大学生志愿服务疫情防控工作情况登记表

姓名	刘亮	性别	男	
出生年月	████	籍贯	江苏省徐州市	
年级	2019硕	联系方式	████	
学校及专业	北京理工大学导航制导与控制			
志愿服务单位	江苏省徐州市鼓楼区丰财街道自云社区			
志愿服务时间	2020年2月21日至2020年3月5日			
主要工作内容	防疫物资管理、社区人员登记、出入人员身份登记、身份核查、体温登记等。			
服务单位意见	刘亮同学能在疫情期间主动参与志愿服务。 （盖章） 2020年4月26日			

注：服务单位意见可在表中填写，也可另附相关证明材料。

以上就是我这段时期的思想汇报，请党组织批评指正！也请党组织继续对我培养、教育和帮助。

2020 年 4 月 25 日

走在阳光路上

自动化学院 刘庭欣

敬爱的党组织：

　　时间如白驹过隙。在预备期的这一年里，成为正式党员的信念不断激励着我，成为我学习、生活的动力。2019年也是意义非凡的一年，纪念五四运动100周年、国庆70周年，我的亲身经历以及所见所闻，让我对爱国、奉献、如何成为一名优秀的共产党员有了新的体会和认识，现将我近段时间的思想、学习和生活情况向党组织汇报。

我们走在大路上

　　最近，一部大型文献专题片《我们走在大路上》刷爆了朋友圈，受到了广泛的关注。这部专题片呈现出亿万中国人民在社会主义道路上不懈奋斗谱写的壮丽史诗，展现了中华民族从站起来、富起来到强起来的巨大飞跃。我在观看了其中几集后，心中久久不能平静。我们党带领广大人民经历了艰苦卓绝的伟大斗争，绘就了一幅波澜壮阔、气势恢宏的历史画卷，谱写了一曲感天动地、气壮山河的奋斗赞歌。这部专题片让我明白中国走在大路上，人民走在大路上，就要有一往无前、历经磨难愈挫越勇、身处绝境向死而生的大无畏精神。此时，我为自己是一个中国人而感到自豪！这种心中油然而生的民族自豪感，就是爱国情怀的真实反映！

共和国最闪亮的星

　　在2019年9月30日，上映了一部名为《我和我的祖国》的电影。电影取材于中华人民共和国成立以来经历的7个历史性经典瞬间，分别是：1949年10月1日中华人民共和国成立，1964年10月16日中国第一颗原子弹爆炸成功，1984年8月8日中国女排奥运会夺冠，1997年7月1日香港回归，

2008年8月8日北京奥运会开幕式，2015年9月3日纪念抗战胜利70周年阅兵，2016年"神舟十一号"飞船返回舱成功着陆。这7个历史性时刻也是新中国发展的历史缩影。中华人民共和国从刚成立时的一穷二白、百废待兴到现在取得举世瞩目的历史性成就，都离不开那些做出卓越贡献的人们！近日，国家授予了袁隆平、屠呦呦、孙家栋等人"共和国勋章"的称号，表彰他们为党和国家的事业做出的巨大贡献。表彰大会的一个细节让我动容。当时袁隆平院士被身穿便衣的武警官兵抬进了人民大会堂，受到了最高的礼遇。"你把人民放在心上，人民就把你高高举起，你爱国、爱人民，人民自然也会爱戴你！"中国的强大，是70年来社会各界人士共同努力的结果，而把大家凝聚在一起的正是我们心中那一份对祖国的热爱！

前段时间，我有幸聆听了中国工程院院士、"神舟"飞船首任总设计师戚发轫老先生的讲述。他说他们那个年代的人经历了中国落后挨打的屈辱历史，深刻地明白了只有祖国强大了，人民才会有好的生活。于是一大批人投入国防事业和国家建设中，国家需要什么，他们就搞什么，在恶劣的环境中奉献着自己的光和热，他们用实际行动诠释了什么是爱国！除了他们，还有很多平凡的人为国家贡献着他们的青春，甚至一生。那些为新中国而献出生命的烈士们，那些为中国国防事业奉献的科学家们，那些为中国脱贫致富而奔波劳累的乡村干部们，他们都是我们心中的英雄，都是共和国最闪亮的星！

这盛世，如您所愿

今年是中华人民共和国成立70周年，我也有幸参与了国庆70周年的庆祝活动。在长达两个多月的准备和排练过程中，我收获了很多。依稀记得2019年7月16日那天上午，第一次参加了联欢活动的排练。但每一个篇章的每一个动作，每一首歌曲的每一句歌词，两个多月下来，我们经过不断的排练和细节的打磨，歌曲和动作早已烂熟于心。而这段经历带给我的影响和变化，远远不止记住了动作和歌词这么简单。

在两个多月的训练中，发放物资、组织训练等工作始终是党员同志冲在最前面。这次联欢活动的排练任务重、时间紧，学校成立了临时党支部，通过训练佩戴党徽、召开组织生活会、重温入党誓言等活动，将思想政治教育融入我们的日常训练中。我从中深刻体会到了一名党员的责任与担当，也更加坚定了我要成为一名共产党员的决心。在联欢大队临时党支部门组织生活会上,党员代表讲述了自己在艰苦的训练之余,没有放松科研任务,做到了科研和训练两不误。我在训练的空闲时间,参与了学校国庆灯光秀的组织和准备工作。从 2019 年 9 月开始每个宿舍灯光设备的安装,到后续每层楼的调试工作,只要我没有训练任务都会主动参与其中,很多时候都是刚训练完,就要投入灯光秀的准备活动。但是我心中没有半点的懈怠和不情愿,因为我认为这是一件很有意义的事情,这次的灯光秀是我们送给祖国母亲的一份独特礼物!9 月 25 日,灯光秀圆满成功,作为幕后工作人员的我虽然没有亲眼见证这一时刻,但是我的内心还是十分激动的。此时我也体会到那些为祖国默默奉献的无名英雄的伟大,向他们致敬!

2019 年 10 月 1 日上午,在天安门广场举行了盛大的阅兵仪式,现场展示的新型作战武器和装备让我热血沸腾。记得在 1949 年开国大典的阅兵仪式上,仅有的飞机凑不够空中梯队,周恩来总理便安排第一组飞行队绕一圈后,回来接着后面一组再飞一圈,让场面显得更壮观些。现在想到这件事情,感慨颇多。现在的中国已是国富民强,周总理,这盛世如您所愿!10 月 1 日的晚上,我们在天安门前集结,等待最后的检阅。此时夜幕初降,十里长安街灯光璀璨,一片热闹非凡的景象。随着音乐的响起,整个天安门广场一片欢歌笑语,我们尽力做好每一个动作,不停地奔跑、跳跃、欢呼,尽情地展现着我们作为中华儿女的自豪与喜悦之情,表达我们对于祖国的热爱!到了最后合唱《歌唱祖国》的环节,美丽绚烂的烟花在空中激情绽放,五星红旗在天安门广场迎风飘扬,此刻的我再也按捺不住心里的情绪,高呼着:"祖国万岁!祖国我爱您!"这是我内心最纯粹的情感和最真诚的表达,这是我对祖国由衷的热爱!

联欢活动圆满结束,这段经历和记忆我将永远珍藏,我将以这段经历来激励我自己,不断向优秀的共产党员看齐,争取早日成为一名正式党员,为祖国的事业添砖加瓦。七十载峥嵘岁月,几代人复兴之路,正如我们联欢活动中《阳光路上》这首歌唱道的:"走过了风和雨,走在阳光的路上,鸽子用哨音告诉我,幸福在前方;展一幅盛世画卷,阅尽了壮丽辉煌,风景独好的神州,前程多宽广。"我相信,在中国共产党的坚强领导下,在全国人民的共同努力下,不断进步和强大的中国,一定会克服各种艰难险阻,朝着实现中华民族伟大复兴的中国梦不懈奋进!

2019 年 10 月 2 日

异国求学,心系祖国

自动化学院 吴 楚

敬爱的党组织:

我是一名公派出国交流博士生,也是一名入党积极分子。到荷兰已经有三个月了,心中对祖国的牵挂难以言表,毕竟这是我第一次离开家到异国他乡求学。陌生的国度、新鲜的事物无不刺激我的好奇心,也一定程度上缓解了自己思乡之苦。学习生活基本安顿下来以后,我第一时间想到的就是保持和组织的联系,并将自己对所见所闻的感想汇报给组织。

首先,我在国外虽然不能亲自参加国内党课培训教育,但是利用先进的网络资源,我们留学生团体也可以进行自我教育。在资本主义国家中,各种各样的宗教信仰、思想和言论比比皆是,我应该勤于思考,不断提高辨别是非能力,提高思想水平,增强自身素质,坚决抵制各种思想的入侵。我时刻牢记自己是一名入党积极分子,要在中国留学生圈子里起到先锋模范作用,无论何时何地都要牢记党的根本宗旨,时刻以马克思列宁主义、毛泽东思想、邓小平理论、"三个代表"重要思想、科学发展观、习近平新时代中国特色社会主义思想作为自己的行动指南,处处严格要求自己,同时发扬吃苦耐劳、服务群众的精神,坚定共产主义信仰。

其次,我应该刻苦学习科学文化知识,提高为人民服务的本领,来日为祖国建设做出个人的最大贡献。我们出国学习是为了能够掌握国外的先进技术,熟悉国外的人文与社会。我深深地懂得,国家兴盛,人才为本,而人才素质必须同经济社会发展相适应。因此,我应注重加强思想政治修养,树立正确的世界观、人生观、价值观,不断在实践中完善自己、在竞争中提高自己、在奋斗中充实自己。我们的国家在社会主义市场经济条件下,面临许多新问题、新矛盾,如果我们没有雄厚的文化知识、管理知识、现代科技知识,即使有再好的愿望也是很难为祖国建设贡献力量的。我们在任何时候都必须勤于学习、善于学习，不断丰富自己的工作技能和实践本领，善于在工作中开拓创新，提出新的思路和见解，这样才能把良好的愿望和实际工作效果结合起来，实现动机与效果的统一。实践证明，科技是第一生产力，只有先进技术的运用才能带动经济的发展。我国的社会主义建设，必须从我国的国情出发，走中国特色社会主义道路。坚持改革开放是我们的强国之路。开放就要发展对外经济技术交流与合作，更多更好地利用外来资金、资源和技术，吸收和借鉴人类社会创造的一切文明成果，包括西方发达国家的一切反映现代社会化生产规律的先进经营方式、管理方法。作为公派出国交流的博士生，我会尽力学习发达国家的先进文化知识，"师夷长技以自强"，为回国后促进祖国更加繁荣富强打下基础。

经过三个月的国外生活，我看到了我国与国外在技术上、管理上的差距，也发现了我国在多年的发展中也有不少已经超越国外的地方。最让我印象深刻的是两点：一个是基础建设，另一个是移动支付。迄今为止，中国的高速公路总里程数已经达到 14 万公里，远超世界排名第二的美国；中国的高铁里程，比全世界其他国家加起来都要多，更别说那些引以为豪的大工程。而荷兰的交通虽然建设得早，但是多年来故步自封，火车速度和里程数已经远不如中国，不同城市的铁路建设水平相去甚远。同样的，近年来条码支付在中国迅速普及。特别在高频、小额的日常生活交易场景下，条码支付以其便捷性和低成本的优势得到了广泛应用，对现金和银行卡支付产生了明显的替代效应。2018 年，中国移动支付用户人数接近 9 亿，条码支付的 C 端用户数量超过 8 亿人，占中国 16~70 岁人口的 80% 左右。而荷兰的主流支付方式仍然是刷卡支付，虽然各个银行也开通了二维码支付方式，但是并未大规模普及。可以看出，在这些领域，我国处在世界前列，应该长远布局，高瞻远瞩，加强与世界各国的基础建设合作，并协调各方面力量推动条码支付在全球零售支付体系中的普及和发展。作为公派出国交流的博士生，我会发挥我国的先进领域科技优势与同事们合作，同时向国外展示中国的新面貌，改变国外对中国的刻板印象。

最后，我要坚定对党、对国家的信心，不盲目崇拜国外。当我到国外以后，仔细观察身边的人与事，发现其实这里并不是想象中的那样，他们也同样贫富差距很大，也有很多穷人、无家可归的人。他们之所以现在发展比我们快,是由于他们上百年的资本积累。正因为如此,国家才需要有人到国外学习先进的东西,然后把学到的知识和经验带回国。这更坚定了我要报效祖国的决心。每当我看到中国同学有这样的疑问时,我都会和他们交流自己的思想,谈祖国近年来蓬勃发展的状况,坚定他们对祖国、对党的信心。同时,每逢中国传统节假日,我都会和他们一起聚会,炒些家常菜、包饺子,缓解思乡之情。

  远在国外,我一定会利用网络资源加强自身的学习和教育。希望自己可以早日完成学业,尽快回到祖国的怀抱,更好地报效祖国、报效人民、报效我们伟大的党。

2018 年 12 月 20 日

传承抗美援朝精神,发扬优良革命传统

自动化学院 王 丹

敬爱的党组织：

今年恰好是纪念中国人民志愿军抗美援朝出国作战 70 周年，本季度，我观看了《抗美援朝保家卫国》系列纪录片。现将观看学习中的心得感悟总结如下。

我们始终没有忘记老一辈革命家为维护国际正义、捍卫世界和平、保卫新生共和国所建立的不朽功勋，始终没有忘记党中央和毛泽东同志当年作出中国人民志愿军出国作战重大决策的深远意义。人性的光辉在这里放出万丈光芒，我看到了拿起炸药包同敌人同归于尽的杨根思，我看到了用自己的胸膛堵住敌人机关枪口的黄继光，我看到了为了隐蔽大部队在烈火中默默牺牲的邱少云，我看到了在冰雪中一动不动铸成了冰雕的志愿军战士……他们无愧为祖国的英雄儿女，他们就是最可爱的人。毛主席作出的英明决策让我们看到：美帝国主义不是不可战胜的，中国人民志愿军用钢铁般的意志打破了美帝国主义不可战胜的神话，中国人民用全民族的空前团结，向世界证明："西方侵略者几百年来，只要在东方的一个海岸上架起几尊大炮，就可以霸占一个国家的时代是一去不复返了。"

我们始终没有忘记谱写了气壮山河英雄赞歌的中国人民志愿军战士，以及所有为这场战争胜利做出贡献的人们。人民是历史的创造者，人民是真正的英雄，这点我坚信不疑。没有英勇的中国人民志愿军，没有支持志愿军保家卫国的人们，就不会有伟大的抗美援朝。这时我的耳边不禁响起了《英雄赞歌》动听的旋律："为什么战旗美如画？英雄的鲜血染红了它，为什么大地春常在？英雄的生命开鲜花。"

我们始终没有忘记在抗美援朝中英勇牺牲的烈士们。1953 年 4 月，英雄黄继光的母亲邓芳芝作为代表出席全国妇女大会，毛泽东特地请她到中南海做客。毛泽东紧紧握着邓芳芝的手,动情地说道:"你失去了一个儿子,我也失去了一个儿子,他们牺牲得光荣。"毛泽东的儿子毛岸英也在抗美援朝中牺牲。时为毛泽东卫士的李家骥回忆起主席得知噩耗时的反应不禁泪眼汪汪,这是主席最喜爱最骄傲的儿子啊!可是毛泽东说:"打仗总是要死人的,中国人民志愿军已经献出了那么多指战员的生命,他们的牺牲是光荣的。岸英是一个普通战士,不要因为是我的儿子就当成一件大事。"主席无私的话语使我更加仰慕主席的伟大。我定将永远不忘历史,不忘舍生忘死的革命烈士,继承他们的光荣传统,将革命精神发扬光大。

经此一战,中国人民粉碎了侵略者陈兵国门,进而将新中国扼杀在摇篮之中的图谋,可谓"打得一拳开,免得百拳来",帝国主义再也不敢做出武力进犯新中国的尝试,新中国真正站稳了脚跟。中国人民彻底扫除了近代以来任人宰割、仰人鼻息的百年耻辱,彻底扔掉了"东亚病夫"的帽子,中国人民真正扬眉吐气了。中国人民打败了侵略者,震动了全世界,奠定了新中国在亚洲和国际事务中的重要地位,彰显了新中国的大国地位。我们现在之所以可以生活在这片和平、稳定、繁荣的土地上,之所以能骄傲地说出我是中国人,是革命先辈们无私的付出和奉献才换来的。我们要继承他们光荣的传统,不辜负他们的重托,担当使命,继续朝着共产主义理想努力奋斗!

经此一战,人民军队在战争中学习战争,愈战愈勇,越打越强,取得了重要军事经验,实现了由单一军种向合成军队转变,极大促进了国防和军队现代化。第二次世界大战结束后,亚洲乃至世界的战略格局得到了深刻塑造,全世界被压迫民族和人民争取民族独立与人民解放的正义事业受到极大鼓舞,有力推动了世界和平和人类进步。我们的人民军队是可靠的军队,我们的人民军队是可信任的军队,我们的人民军队听党的话、为人民、信仰共产主义,因此他们就是战无不胜的最强悍的军队。我深刻地意识到要想实现伟大的事业,必须坚持中国共产党的领导,坚持以人民为中心,一切为了人民,一切依靠人民。

进入中国特色社会主义新时代,我们更应铭记抗美援朝伟大胜利背后的艰辛,弘扬抗美援朝精神,继续推进中华民族复兴的伟大事业,坚持推进经济社会发展,不断壮大我国综合国力,加快推进国防和军队现代化,把人民军队全面建成世界一流军队,维护世界和平和正义,推动构建人类命运共同体。北京理工大学是中国共产党创办的第一所理工科大学，也是新中国第一所国防工业院校，我定当努力学习专业知识，为我国的国防现代化做出自己的贡献。

从抗美援朝中，我受到了启迪：世界是各国人民的世界，世界面临的困难和挑战需要各国人民同舟共济、携手应对，和平发展、合作共赢才是人间正道。当今世界，任何单边主义、保护主义、极端利己主义，任何讹诈、封锁、极限施压的方式，任何我行我素、唯我独尊，搞霸权、霸道、霸凌的行径，都是根本行不通的！因此，中国一贯奉行防御性国防政策，我们的人民军队始终是维护世界和平的坚定力量。中国永远不称霸、不扩张，坚决反对霸权主义和强权政治。我们决不会坐视国家主权、安全、发展利益受损，绝不会允许任何人、任何势力侵犯和分裂祖国的神圣领土。一旦发生这样的严重情况，中国人民必将予以迎头痛击！

以上就是我学习的心得体会，请组织指导指正！

2020 年 12 月 15 日

追忆革命先贤,坚定理想信念

法学院 孙晓璞

敬爱的党组织:

近期,我光荣地参加了党课培训,在思想上和行动上都进一步向党组织靠拢。下面是我本次参加党课培训的汇报。

此次党课学习过程中,我主要学习了"习近平新时代中国特色社会主义思想""四史教育""党的基本知识"等模块。其中让我感触最深的就是"理想信念教育"模块。在平时学校的各类教育活动中,我们都或多或少地接触过党的理想信念教育,但是这一次的系统学习,使我对于党的理想信念、对于共产党人的历史使命有了更为深层次的认知。学习之前,我可能只是简单地知道:为中国人民谋幸福是共产党的初心,为中华民族谋复兴是共产党的历史使命,但是对党的初心与使命并没有更深层次的认知。深入学习之后,我才明白党的初心与使命从何而来,为何党的十九大强调不忘初心、牢记使命,高举中国特色社会主义伟大旗帜,决胜全面建成小康社会,夺取新时代中国特色社会主义伟大胜利,为实现中华民族伟大复兴的中国梦不懈奋斗。理想信念是信仰的表现形式,可能所有人对于信仰的理解都有所不同,不同群体可能也会有不同的信仰。党一直以来只有一个政治信仰,那就是马克思主义。正是因为我们有这种信仰,才会在革命的道路上披荆斩棘,取得一个又一个的伟大胜利。正是因为有这种信仰作为支撑,才会有无数革命先辈们赴汤蹈火、视死如归,才会有了董存瑞、黄继光等革命烈士一幕幕生命的讴歌,才会有了新中国。

在课程学习中,对共产主义信仰的理解越深刻,我就越能想起曾经观摩的一个电影《周恩来的四个昼夜》,越发对老一辈革命家敬佩。我认为周恩来总理从一个方面代表了一个时代共产党人的共产主义信仰,也是我们现阶段更应该学习的。这个影片讲述了三年自然灾害期间,周恩来总理在伯延公社进行调研的四天四夜。影片只是记录了简简单单的四个昼夜，我却深刻感受到了共产主义信仰的强大力量。周恩来总理不知疲倦地走遍了整个公社，对每一户每一家进行调研。公社主任为了不给周总理添麻烦，而将公社的情况粉饰后呈现给总理看，总理却从一个个的蛛丝马迹中了解到了真实的情况。在这几天几夜中，总理只睡了几个小时；大病初愈却只和大家一起吃窝窝头；知道大家打水困难便将清水倒回一半；老太太为了总理的一顿拽面，当掉了寿材，也被总理发觉并买回……这一幕幕让我真切感受到了中国共产党的伟大之处。共产党所称的"全心全意为人民服务"真的不仅仅只是一句口号。

2020年年初，新冠疫情突然暴发，深深地威胁到了每一个人民。在这紧急关头，在党的带领下，无数的医护人员、防疫人员都奋不顾身地冲往一线，所有的党员同志们都冲在最前面。中国抗疫的重大胜利，向全世界人民展现了习近平新时代中国特色社会主义思想领导下的中国力量。

作为一名主动向党组织靠拢的积极分子，作为新时代的法律硕士研究生，我有着自己的人生理想，我愿一生用法律工具为社会消除不公，实现正义。我始终认为，为诉讼而诉讼始终是小而狭隘的，法律人应当做的是使用法律来消除社会矛盾，投身于国家法治建设。这也是我凭着一腔热血，放弃本科阶段所学专业知识，转而学习法律的一个推动力。曾经我觉得说出这种人生理想非常不切实际，也有些大而空。但是经过学习后，我更加坚实了自己的人生理想，我相信当我秉承着共产主义的信仰，任何伟大的目标都值得我去奋斗实现。作为积极向党组织靠拢的法律人，"为天地立心、为生民立命、为往圣继绝学、为万世开太平"就应当是所有法律人的人生理想！为此我会加强专业基础理论知识的学习，做到博观而约取，希望有幸可以投身于我国的法制建设当中。

此篇汇报仅仅是此次党员培训课程所学之皮毛，在未来我将会更加注重党的理论学习，努力提升自身党性修养，提升专业知识水平，努力成为一名有党性、有信仰、能担起中华民族伟大复兴的中国共产党人！

请党组织在实践中考验我！

2020年9月25日

争做热血青年,为祖国建设助力

国际教育学院 蒋若彤

敬爱的党组织:

时光飞逝,日月如梭。转眼已经是2020年的第四季度。在年末之际,回想一年的心路历程,感想良多。现向党组织汇报一下我近期的思想情况。

2020年是不平凡的一年。抗疫之战是一场没有硝烟的战争,但并不亚于刀枪火海。往日热闹的城市变得沉寂,原本车水马龙的街道冷冷清清。阖家团圆的中国年平添了沉重肃穆的气氛。全国的学校都推迟了开学,我虽在家中,仍心系着抗疫一线。全国的医务工作者驰援武汉,一方有难,八方支援,各地的救援物资源源不断。医护人员中有大批的"90"后年轻人,他们已经可以担当民族大任,成为中国的脊梁。我的姐姐在武汉读研究生,因为疫情她无法回家过年,全家人都很担心她的情况,她反而淡定地嘱托我们做好防护工作,参与了武汉防疫志愿服务,帮助他人。我为姐姐自豪,同时深受鼓舞,也报名参加了社区志愿服务,在小区门口协助测量体温、维持秩序。

如今,最严峻的时期已经过去,全社会已复工复产复学,一切都在向好的方向发展。为何中国能够战胜疫情?我想这是因为我们有不屈不挠的中国精神,有抗疫战线上每一个人的不懈抗争汇聚的无穷能量。从遭遇战到阻击战,再到化身主动方,我们由背水一战到游刃有余。非常时期、非常手段、非常心态面对非常挑战,我们主动去面对面抵抗病毒。从党的英明决策到构筑起群众防治的严密防线,从共产党员到志愿者的逆向而行……越是困难,越能增强中国人民的不屈精神和凝聚力,更能激发广大人民创造的潜力。疫情考验着国家防治体系的能力,坚韧不屈的民族精神支持着我们不断向前!

怀着对疫情防控成果的深刻体会,我将这份温暖与感动传递了出去。在2020年学院的深秋歌会上,我作为社长,带领话剧社的成员们编创了一部音乐剧《爱,永不逆行》。在之前选择题材时,大家不约而同想到选取"抗疫"

这个主题。经过讨论后，我们用一下午时间就写好了完整的剧本，并查阅了大量的新闻资料。我们最终选用了内蒙古女医生王颖丽的事迹作为故事背景。王颖丽是一名"80后"党员，内蒙古自治区第四医院护士长、副主任护师。疫情暴发后她不顾甲亢主动请战，20多天的奋战取得7名患者无一例重症病例、院内零感染的佳绩，而后再一次请战提前8天进入隔离区。"非典"时期她亦如此，她已经在传染病战线上奋斗了19年，并且荣获了2020年"五四青年奖章"。这个让人动容的抗疫故事，被我们同学以出色的表演展示了出来，将晚会的气氛推向了顶点，赢得了雷鸣般的掌声。在创作、排练和表演的过程中，无论是演员、指导老师还是观众，都再一次深切感受到了全国上下万众一心、不畏艰险、顽强不屈，自觉服从疫情防控大局需要，主动投身疫情防控斗争的精神。

  在闲暇之余，我也经常会观看"青年大学习"的课程，不断提升自己的觉悟与思想水平。回顾这五年，在以习近平同志为核心的党中央领导下，在新的治国理政思想、新战略的科学指引下，我们国家度过了一个不平凡的五年。中华民族伟大复兴的中国梦正在不断前进。我们应该扎扎实实做好每一项工作，牢记实现伟大复兴这一历史使命，推动风清气正、心齐气顺的良好局面。

  要当一名为祖国建设鞠躬尽瘁的热血青年，决不当一个自私狭隘的看客。我将时刻保持清楚的认识，明确目标，传播党的思想，为祖国建设不断助力！

2020年12月14日

增强使命担当，投身脱贫攻坚

机械与车辆学院　首懿纹

敬爱的党组织：

2020年9月，我顺利地进入北京理工大学攻读硕士学位，进行下一步的学习和提升。全国人民所瞩目的十九届五中全会于2020年10月26—29日在北京顺利召开。我们党支部组织了关于十九届五中全会精神及内容的学习，同时特邀支部理论导师白影春老师进行了主题发言和领学。学习中重点提到了农村建设相关内容。农村产业是薄弱环节，必须借助外力才能有所发展，要以农业供给侧结构性改革为主线，促进三大产业融合发展，将农业与文化、旅游、乡村休闲等产业深度链接，打造生态农业、田园乡村、生态乡村，吸引市民下乡，增加农民的经营性收入。

其中农业农村部部长韩长赋表示，中国有三件大事要干好：

第一件大事：巩固拓展脱贫攻坚成果，接着持续推进乡村振兴。

第二件大事：提高农业质量效益和竞争力，加快推进农业现代化。

第三件大事：实施乡村建设行动，不断推进农村现代化。

关于农业农村发展建设，我有深刻感触。由于国家扶贫工作的需要，我的父亲有幸被市委抽调到扶贫一线，作为湖南省郴州市汝城县马桥镇金宝村第一书记全面负责该村的脱贫攻坚工作。2020年暑假，我随父亲前往金宝村，与村民、干部一同吃住，交流生活、学习、工作。这一个月的生活让我对党和国家农业农村建设，尤其在脱贫攻坚方面的努力，有了深刻的体悟。

这里曾是国家重点贫困地。有的村民没有成家、没有子女，老无所依，老无所养，生活拮据；有的村民生了大病，没钱看病，许多青年村民为了生计只能外出打工……总的来说，如果没有外力帮助，他们真的没有办法走出贫困！

由于走访工作的需要，我随父亲一同前往某重点贫困户家中。门锁了，人不在，透过窗户纸的缝隙，能看到的只有无助的黑暗。他的电话没有拨通，于是我们在门口旁的杂草地等待，十多分钟后年迈的他迈着缓慢的步子回来了，跟我们解释说因为舍不得开灯的电耗，所以出去溜达了。看到工作队员来访，他很兴奋，脸上一直洋溢着笑容。打开那扇上了两把锁的门，打开屋内唯一的一盏电灯，我得以看清屋内情况——过去只能在纪录片中才看见的贫困景象。工作队员为他带来了生活所需的药物，以及他一直也舍不得买的集市上的面包，这都是工作队员自掏腰包购置的。

也许是兴奋的缘故，他很健谈，一直向工作队员表示感谢，并说最近自己生活很好，身体很健康。聊天时，他讲起十年前远房亲戚带他去过县城的事情，甚至细致到具体路线、具体时间、具体事情，都记忆犹新，因为这是他这辈子难得的走出去的机会，所以印象尤为深刻。而这，也是千万贫困户的缩影。

在与工作队的交谈中，我了解到，过去村民们各种各的地，收成勉强维持生计。实际上，小规模的耕作极大地浪费了劳动力，根据党和国家因地制宜的方针，扶贫干部带领村民们大力发展生姜、辣椒产业，通过整合良地、集中耕作，获得了农产品的丰收，农民收入也不断增长。县委、县政府还在当地举办生姜文化节，将生姜品牌打出去，并通过互联网、新媒体的便捷性，联系商家收购，促成本地生姜的实际产业效应。通过县委、县政府的搭桥，联系各地收购当地的优质生姜。据统计，第二届生姜文化节的签约总量高达

11 400 吨。节后，停在镇集市的货运车队浩浩荡荡，满载生姜销往全国各地。这满载的不仅仅是生姜，更是老百姓实实在在的幸福。

过去，这里的孩子上学的机会很少，很多人是真的不明白读书的好，常常需要工作队员去反复劝说孩子去读书，但他们这种"真的不明白"，也是因为环境所迫。孩子读书而不去打工，靠什么糊口？家庭怎么办？随着脱贫攻坚政策的逐年完善，村民的意识也有了变化，愿意送孩子去读书了。如今，在村委会门前建起了一所小学，低年级的孩子再也不用长途翻山，不必出村，就能坐在课堂学习知识。同时新学校的设施设备齐全，有多媒体，有运动器材、娱乐设施、钢琴教室，这都是我们党和国家实实在在的举措。通过亲身实践走访民生，我深刻领悟到，正是在以习近平同志为核心的党中央的坚强领导下，在无数党员干部"我将无我、不负人民"的无私奉献下，全面打赢了脱贫攻坚战，顺利迈入"十四五"时期的新发展阶段。

这次学习中的另外一个重点是创新，这也是国际上聚焦的突出问题。贸易战，让人们更清晰地看到了中国在技术领域与发达国家的差距，看到了"卡脖子"技术与国外的鸿沟，但追赶不能盲目，必须有科学性的指导和方针。这次大会中"创新"是一个高频词。创新不能凭空捏造，创新需要且必须有足够的知识基础，不然就不叫创新，而是空想了。我们作为研究生需要培养一个很重要的能力，即质疑能力。当我们所学达到一定量时，就需要质疑了。不可轻信，要有根据，尤其做学问、做研究，不可盲从。我们还应具备实践能力。当有质疑时，实践是证明的必要步骤。正如"实践是检验真理的唯一标准"一样，尽管实践比纸上谈兵要烦琐，可这是必要的，也是必须拥有的能力。纵观历史，创新关乎国家民族的生存与发展。放眼未来，创新是文化繁荣发展的不竭动力。

"雄关漫道真如铁，而今迈步从头越。"抓创新就是抓发展，这更需要当代学生拥有创新精神和能力。学校给我们的美好环境不能被浪费，学到真东西，不仅是对自己，更是对国家有利。国家发展靠创新，国家创新还看当代学生！

2020 年 11 月 20 日

以青春之我，献礼青春之党

求是书院　苏　涵

敬爱的党组织：

不平凡的2020年已接近尾声，而即将到来的2021年，是中国共产党成立100周年。我不禁思索，百年的时光有多久？它很短，是宇宙洪荒斗转星移中的一瞬，是时间长河奔流不息里的涓滴。它也很长，"朝菌无晦朔，蟪蛄不春秋"。俯仰间天地瞬息，于一人言，许是穷尽其一生脚步也无法完整丈量。

那么，立足于当下的时间坐标，回望百年，我问自己，有何所见？百年前的中国，是哀鸿遍野、民生凋敝，是异族进犯、群狼环伺，是国家衰微、民族危亡，是内外交困、情势危急。而今天，我们的国家再次屹立于世界东方，14亿中国人民实现了全面建成小康社会以及脱贫攻坚的伟大成就，相较于历史上任何时刻都更接近中华民族伟大复兴中国梦的实现。同时，面对着全球百年未有之大变局，举国同心攻坚克难，在建设自身的同时也在主动为世界提供治理的"中国方案"。这便是中国共产党自诞生以来，筚路蓝缕、风雨兼程的100年，是初心不改、用牺牲与奉献服务于人民、国家与民族的100年——真是好一番力挽狂澜、改天换地！

如果我们把视角由宏观切换至微观，也许更能真真切切地感知百年间种种巨变的波澜壮阔、难能可贵，以及其背后历程之艰辛，以及无数前仆后继为之奋斗的先辈们的理想之热烈、信仰之坚定。百年前，硝烟四起、战火纷飞直至"偌大华北再也放不下一张安静的书桌"；而今，生逢崭新时代的我，成长在华北平原的土地，由中国共产党建立的第一所城市高中石家庄一中踏入了中国共产党创办的第一所理工科院校北京理工大学。

忆往昔峥嵘岁月稠。还记得上一学期所学习的中国近代史纲要课程，其中有两讲的内容让我印象尤为深刻。老师以我们的党成立以来历次党代会的内容为线索，带领我们回顾了近百年来党栉风沐雨、砥砺前行的红色光辉历程。结合课程期间学习的我国近代史，以及在整体历史大背景下学习党史，我对党史有了更深入、丰富、全面的体会与感悟。

租界一隅、南湖游船，一群年轻人，坚守责任、信念、奋斗、为民之初心，创立了中国共产党——这件开天辟地的大事曾被毛泽东主席引用《庄子》中"其作始也简，其将毕也必巨"来评价。星星之火的发端，孕育了如今我们耳熟能详的红船精神：开天辟地、敢为人先的首创精神，坚定理想、百折不挠的奋斗精神，立党为公、忠诚为民的奉献精神。自成立以来，中国共产党以无数共产党人接续不断的奋斗为基础，伴随着马克思主义的中国化，百年之间在中华大地书写下史诗般波澜壮阔的画卷：从南昌起义创立人民军队，到井冈山上红旗飘扬；从三大纪律八项注意，到"雄关漫道真如铁"的长征胜利会师；从抗战烽火中挽救民族危亡，到"百万雄师过大江"结束解放战争，夺取新民主主义革命的胜利；从新中国诞生，结束近代以来中华民族困于半殖民地半封建社会的屈辱历史，中国人民终于站立起来，到"三大改造"确立社会主义制度，开展社会主义建设探索，再到改革开放，创立发展中国特色社会主义，努力建成小康社会……

百年风雨一路走来，党是历史和人民的选择。从开天辟地的大事件到中国革命的新道路，从新民主主义革命到新时代中国特色社会主义建设，党带领国家与人民由站起来到富起来，再到如今朝向强起来的目标不断奋斗，具有深刻的历史必然性。"一万年太久，只争朝夕"，也正是这份精神，让坚守为民服务初心的党，能够在百年之间回春河山、改换天地。其间，无数先辈用丹心热血铸就了不朽的丰功伟绩，留下了无数激励后人的宝贵精神财富。

在崭新的时代背景下，党带领人民前进的脚步更加坚定、轻快。很多时候，我们常说："这是最好的时代，也是最坏的时代。"是的，机遇与挑战总是相伴相生：中国特色社会主义建设不断取得成就，国家综合实力不断提升，也意味着发展与改革进入深水区，需要攻克的困难则更多地变为了"硬骨头"；国际社会如今面临的"百年未有之大变局"、新冠肺炎疫情等突发事件的冲击给发展带来重重阻力的同时，也更凸显出中国共产党领导下我国社会制度的优越性，共克时艰中举国上下更加凝心聚力。在2020年这个不平凡的开局之年，面对来势汹汹的新冠肺炎疫情以及由此引发动荡更甚的国际局势，无数党员冲锋在前、勇担责任、牺牲奉献，中国人民也在党的坚强领导下同舟共济、渡过难关。如今在2020年年末，我们自豪而欣慰地看到，脱贫攻坚战获得历史性胜利，全面建成小康社会取得历史性成就，14亿中国人民真真切切、一个也不能少地实现了富起来的目标。再放眼未来，"十四五"规划与2035远景描绘的理想蓝图已在我们面前徐徐铺展开来。浩渺行无极，扬帆但信风。

这便是我们百年的党，亦是青春的党。流淌的时间并未磨灭党的初心，相反，那坚定的誓言被刻写得更加清晰。岁月的风霜会使每个人在青春流逝后老去，但对于一群人则不然——党的不朽青春，是其为人民服务的宗旨所决定的，是一代又一代共产党人用自己的理想信念与热血青春铸就的，久久屹立在时代的惊涛骇浪与风起云涌之中，成为每个怀揣理想的追梦人星辰大海征途上不灭的灯塔。

有幸，青春的我们能遇到百年奋斗积淀而仍风华正茂的党，此刻，接力的薪火即将传递到我们手中。面对当前内部外部的种种挑战，面对中华民族伟大复兴的中国梦，时代赋予的使命大任正待我们担当。抬眼，无数的青年榜样为我们发挥宝贵青春价值提供了模板：投身抗疫前线的青年医护人员、脱贫攻坚一线宵衣旰食的年轻干部……他们用自己的光和热，用自己的信仰与担当，点燃了民族的光明未来。

其实，我们身边也有许许多多类似的青年党员榜样。求是书院学涯工作室的李靖学长，充分利用自己学业方面的特长服务集体，在课余时间为同学们耐心细致辅导答疑，组织过十几场学科串讲。朋辈导师彭景辰学长，品学兼优，用心为同学们分享学习生活与生涯规划中自己的心得体悟，在上一次参与我班团日活动时认真讲述了自己入党以来思想水平的提升，为班集体注入了满满的正能量，同学们获益良多。曾与我班联合开展团日活动的纪欣彤学姐，耐心向我介绍开展团日活动与领学的经验心得，同时，作为党员的她积极参加志愿服务活动。每每看到她的朋友圈动态我都很受鼓舞。在他们的身上，我们能够感受到温暖与向上的力量。

正所谓"合抱之木，生于毫末；九层之台，起于垒土"。于现在的我们而言，其实不需惊天动地，有一分光就发一分热，尽力做好学习生活中的点滴小事，追随党的脚步为家国贡献青春力量的"毫末"与"垒土"。

"未觉池塘春草梦，阶前梧叶已秋声。"我定将珍惜时光，以梦为马，不负韶华，砥砺前行，以青春之我，献礼青春之党，服务青春之国家。

以上是我这段时间的思想、学习情况，如有不妥之处，请党组织指正！

2020 年 12 月 21 日

在疫情防控一线贡献青春力量

马克思主义学院　林怡爽

敬爱的党组织：

2020年伊始，一场突如其来的疫情打乱了我们的生活。在举国上下共同抗疫的过程中，我深深感受到党的领导是我们最坚实的依靠，在此将我的思想情况向党组织汇报。

在这次全民抗疫的过程中，无数党员干部冲在前面，奋战在抗疫一线，为了人民的生命安全不顾个人安危，舍小家为大家，令我由衷敬佩。同样，我也看到，许多与我们年纪相仿的"90后"青年群体也坚守着自己的岗位，他们将自己的青春力量投入疫情防控一线，以志愿者、医护人员等角色向人民展示他们的风采，令我更加坚定了自己的理想信念，那就是将个人的成长发展融入国家和民族的发展中，不断积累自己的专业素养，向这些优秀青年榜样学习。在我的身边，就有很多社区党员群体，他们自发投入地区抗疫工作，为社区居民的健康安全奔波忙碌。我想，党组织的力量就是这么温暖有力，在面对突发危机的时候，是每一位党员同志的实际行动和团结一致，让整个社会处于稳定有序的状态下。在此过程中，我始终关注疫情的发展变化，积极参与线上募捐活动，发挥专业优势展开相关研究。经历了这一场疫情，在思考人生方向和道路的时候，我更加坚定自己的理想信念。在这场全民齐心、共同抗疫的过程中，党的先进性、号召力、凝聚力及中国特色社会主义制度的优越性得到了充分发挥。习近平总书记高度重视、党中央快速反应极大地保障了中国人民的生命健康安全，为抗疫指明了方向。在党的集中统一领导下，全国人民上下一心、团结抗疫，国内疫情防控救治取得了显著的效果和成果。这场全民抗疫阻击战，给我留下的是满满的敬佩和感动。

其一，我更深刻地认识到党员的责任和担当。在这场没有硝烟的战斗中，党员同志们持续奋战在一线，坚守工作岗位，向群众们无声地传递着战胜疫情的坚定信心，展现了新时代奋斗者的风采。无论是疫情暴发初期的艰苦时刻，还是在疫情防控形势向好、着力恢复生产生活秩序阶段，党员群体都顽强奋战，在扎实工作中践行初心使命，为中华民族谋复兴，为中国人民谋幸福，将个人价值的实现融入社会发展之中，将个人的小我汇入国家的大我之中。我更加向往能够成为他们中的一员，也一直在审视和反思自己的不足，希望能够从当下生活工作中的小事做起，密切联系群众，尽我最大努力做好每一份工作。

其二，我更加崇敬共产党员不畏艰阻、勇往直前的精神。自中国共产党成立以来，带领中国人民走过了一个又一个难关，才有了如今人民生活稳定、国家繁荣的大好局面。在这漫长的岁月里，共产党人负重前行，成为各项攻坚克难事业的排头兵。革命战争时期"不拿群众一针一线"的口号流传至今；面对自由主义、个人享乐主义的腐蚀，中国共产党以壮士断腕的勇气坚持自我革命，保持先进性、纯洁性。中国共产党是一支能打胜仗、敢打敢拼、逆流而上的队伍，既能刀刃向外，同自然危机、复杂社会问题做斗争，也能刀刃向内，自我革命，从严治党。这让我倍感自豪，深感震撼。一个党员就是一面旗帜，一个支部就是一座堡垒，在习近平总书记提出让党旗在防控疫情斗争第一线高高飘扬的指示后，这一场景在中华大地生动展现。它们是新时代广大党员干部继承革命先辈精神，传扬中国共产党人英勇奋斗、挺身而出精神的真实写照。这极大地激励着我向这些同志们学习，向不畏艰险、无私奉献的党员看齐。共产党是一支有组织、有纪律、有担当、有作为的队伍。作为一名积极分子，我要以这样的标准规范自己的言行，继续加强学习。

请党组织在实践中考验我！

2020 年 9 月 20 日

第四篇　心怀鸿鹄志向
　　　　筑梦个人成长

  北理工学子深入学习贯彻习近平新时代中国特色社会主义思想，自觉学习党的创新理论，使之入脑入心、学以致用；传承"延安根、军工魂"红色基因，将延安精神、军工文化融入血脉，坚定理想信念，弘扬爱国主义精神，把握青春韶华，主动肩负时代重任，慎思笃行、修身立德、奋发有为。他们通过撰写个人自传，以书面形式向党组织汇报成长经历和思想演变过程，展现积极投身科研报国、军工报国、勇担使命、特立潮头的时代风貌。

愿以吾辈之青春，成就盛世之中华

光电学院　郝　伟

我叫郝伟，男，汉族，甘肃省宁县人，出生在甘肃省白银市平川区，目前是北京理工大学光电学院的一名大四学生。

我生在一个普通工人家庭，我的父亲和母亲是甘肃省白银市普通职工。父亲坚强勤劳，正直刚强，母亲勤劳节俭，是个热心肠。在我成长的过程中，父亲和母亲给了我无微不至的照顾疼爱，以身作则教会了我为人处事的道理。我对这个世界最初的认识都源于父亲和母亲的言传身教，他们是我生命中最重要的人。我20年的生命历程中取得的每个成绩，都离不开父亲和母亲对我的教诲。除了父母，我的其他亲人也是我人生中不可缺少的角色。舅舅一家人给了我无尽的关爱。外祖母是一名退休小学教师，我儿时很长一段时间都是由外祖母照顾。在我还懵懂的时候，外祖母就教我读书、写作文。从她讲述的故事中，我第一次知道了毛主席，知道了"东方红，太阳升"。今天我能成为北京理工大学的一名大学生，离不开外祖母小时候的启蒙教育。

2004年，父母把送我到了白银市平川区靖煤第二小学（现白银市平川区第二小学）接受小学教育。由于家庭教育的提前铺垫，我在小学时的成绩还算优异，当上了班长。我的班主任何老师是一名严肃、敬业的语文老师，他常常会早早来到教室，在黑板上写下我们当天要学习的成语诗句。他抬手书写的背影、粉笔和黑板碰撞的点点声响，陪伴了我6年的小学时光。我小时候好动，何老师常严肃地指出我的问题，提醒我改正，这让我学会了约束和克制。为了培养我的兴趣爱好，父母送我学习绘画，从此画笔成为我创造力的来源。绘画学习一直持续到上高中，其间我还考取了省级素描B1证书，绘画是我生命中不可或缺的一部分。小学让我激动的事情是我成为一名少先队员，胸前鲜红的红领巾是我的骄傲。老师会在课堂内外给我们讲述战斗英雄的故事。从老师的故事中，我认识了黄继光、邱少云等英雄人物，这些英雄人物在我稚嫩的心里埋下了一颗种子，一颗信仰的种子。

2010年8月，我进入了白银市第四中学，开始了初中生活。我的初中班主任是龚老师。在我的生命中，她扮演了重要的角色，是除家人以外对我影响最大的人。小时候我不是一个自信的孩子，在外不敢和陌生人说话，与身边的人相处，又十分在意别人的看法。自卑和忧伤时时在我头顶编织乌云。但是要强的性格又不愿意在别人面前显得软弱，总是假装出大大咧咧不在乎的样子。龚老师发现了我的问题，给予了我极大的关怀和包容。她常常会和我谈心，她温暖的笑容和清朗的声音在青春的雨季里照亮了我。由于不愿倾诉，龚老师便鼓励我用笔将心里话写下来，用文字的形式记录所思所感。因此我的"小心思"情感细腻，写出来的作文常常"韵味十足"，龚老师常常会将我的作文作为优秀范文和班里同学分享，我的自信心就这样在分享中慢慢建立了起来。2011年9月，我加入了中国共产主义青年团，那是我第一次感受到光荣。初中时，随着阅读量的增长，我逐步接触了一些党史，对党的发展历程有了认识。在课堂上，我也学到了很多毛主席的诗作，一句"俱往矣，数风流人物，还看今朝"常常让我心潮澎湃。既能写出气吞山河的壮丽诗篇，又能运筹帷幄、决胜千里之外，毛主席的光辉形象深深地烙在了我的心里。

初中时候的我，每天都有用不完的精力，为强健体魄、丰富课余生活，除了绘画外，我学习了跆拳道和吉他，我还考取了跆拳道蓝绿带等级。初中的每一天都过得丰富而充实。

2013年6月，我以区第二名的成绩完成了中考，为初中生活画上了一个句号。同年8月我又迎来了一个新的开始——高中。高中我就读于平川区实验中学。它是平川区最严格的高中，实行军事化管理。为了全身心投入学习，为高考打好基础，我取消了周末兴趣班的学习，专心致志投入学习中。高中的班主任王老师是一名化学老师，从入学的那一天起，王老师就对我们严格要求。比如每天6点到校开始早读，晚上11点后才能离开学校。为了能适应高强度的学习，身体素质必须跟上，在课间的时候学校还会组织我们集体跑步。一开始进入高中，军事化的管理对我来说是一个巨大的挑战。不过在班上同学的陪伴下，在老师的鼓励下，很快适应了高中生活。随着年龄的增长、知识的增长，在高中时期，我对中国共产党有了较为全面的认识，但是这种认识并不深刻，还停留在表面。

2016年8月，我接到了北京理工大学的录取通知书，来到了北京，开始了我的求学之路。大学的主基调依然是学习，"实事求是、不自以为是"的学风深深影响着我，无论是良乡校区还是中关村校区，自习室和图书馆永远都坐满了人，每个同学都在为了自己的梦想默默耕耘。我积极融入了学习大军，规划自己的未来。

大一时，在学长学姐的介绍下，我加入了北京理工大学光电学院共产主义理论学习会（简称"共学会"）和北京理工大学光电学院分团委，在分团委志愿公益部工作。我们去敬老院、流浪猫狗救助站做志愿服务，用自己小小的光亮为社会奉献温暖。2017年，我加入了北京市良乡科技中心组织的中小学教育帮助工作，成为一名志愿老师，每周去首都师范大学房山附属小学给孩子们上科技课程。志愿公益成为我生活中重要的部分。

2017年的夏天，在学院的支持下，我和一群燃烧着志愿公益热情的志愿者共同创立了北京理工大学光电学院萤火志愿者协会（简称志协），并担任常务副主席，这是光电学院的第一个志愿公益组织。同年8月，志协面向全校招收志愿者，开展并承办各种志愿活动，致力于服务学院、服务学校、服务社会、服务同学，推广志愿服务。作为志协负责人，我严格要求自己，以身作则，与学校周围社区、儿童福利院、养老院、兄弟院校等组织积极联系开展志愿公益活动。三年的时间里，志协完成了200多个小时的志愿工作。志愿的力量，是一颗赤子之心、一份助人之善。我始终记得当初学长说的那句话"我们做的事情，是用生命影响生命"。

除了志愿活动，我积极参与理论学习，用理论知识武装我的头脑。共学会是组织大家学习共产主义理论体系的组织，经常举办党史、党章学习课，分析和解读党的理论、政策。在共学会的活动中，通过优秀的学长学姐，专业老师的帮助下，我的思想水平、理论水平得到了提升，有了质的飞跃。入党的想法也正是在共学会的学习中变得更加坚定，入党的决定也是我大学中所做的最重要的决定。

上小学时，在父母与老师的教导下，共产党员的形象在我眼里是高大光辉的，共产党员的身份对我来说是一种荣誉。当时的我幼稚地认为只要成为共产党员，就能够说明自己足够优秀，就能得到更多人的认可。随着年龄的增长,我学习到更多关于党的理论,了解了党史。上了大学之后,在学习生活中接触到了更多的党员,他们有的是我的老师,有的是我的学长学姐,在和他们的相处和学习中,我慢慢地发现身为党员的他们有着对于信仰的坚定信念。我渐渐端正了入党动机,明白了党员意味着承担为国家谋复兴、为人民谋幸福的责任,明白了入党不是一个阶段性的考察,而是终身的考验。我郑重写下入党申请书,并接受党组织考察。

作为新时代的大学生,我一定时时刻刻以一个党员的标准严格要求自己:努力完善不足,加强意志锻炼,多与他人沟通,事事模范先行;潜心钻研学问,探索创新求知,为未来承担起时代所赋予的责任和使命做好准备。

恍惚之间,我已20岁出头,有幸生在炎黄疆土,长于中华国度,自幼食高原谷、饮黄河水、识唐文、习汉书,听的是隋唐汉武的丰功伟绩,唱的是宋词元曲的顿挫抑扬。这片壮丽的锦绣河山绵延流淌的是每一个中国人炽热滚烫的挚爱。在过去的20年里,我看到国家无论面对怎样的挑战,都迈着不服输的步子,昂着头一步一步向前走去,一心只想变得更强大,蜕变成该有的雄姿英发的样子,保卫960多万平方公里的热土,守护十四亿中华儿女的崛起雄梦。

愿以吾辈之青春,成就盛世之中华!

2019年11月6日

延续梦想，埋下希望的种子

材料学院　高铭达

我叫高铭达，男，汉族，出生于河北省石家庄市正定县，2019年9月进入北京理工大学攻读硕士研究生学位，现为材料学院的一名学生。

我出生于河北省石家庄市正定县的一个普通家庭。我是在党的教育下成长起来的。祖母是共产党员，她为人处事的方式深深影响着我和父亲。祖母作为一名经历过抗日战争的党员，时刻告诉父亲和我是中国共产党带领全国人民建立了新中国，让人民过上了幸福的日子。她还告诉我要珍惜现在的生活，并懂得感恩。这些话语在我幼小的心灵中留下了关于党的最初印象。我的父亲是一个正直、言行一致并且乐于助人的党员，他具有较好的工作能力，并且能够很好地处理家庭与工作的关系。我的母亲是一个善良细致的人民教师。母亲教给了我很多做人的道理，常常鼓励我向党组织靠拢。我的母亲曾经与成为一名光荣的共产党员擦肩而过，所以她的梦想后来成了我的梦想，并在我幼小懵懂的心中埋下了一颗希望的种子。

2003年9月，我进入河北省石家庄市正定县解放街小学，并且在这个地方度过了充实快乐的六年。初入小学的时候，高年级同学佩戴的红领巾给我留下了深刻的印象，当时我的心中充满了羡慕与敬意，我认为只有优秀的同学才能佩戴红领巾，心中暗暗发誓也要成为他们中的一员。在学习上，我认真努力，认真完成老师布置的作业以及任务。我主动参与竞选了红领巾广播站的广播员，虽然当时有很多读不懂的新闻稿，但这也是我第一次在鲜艳的红领巾的指引下，初步了解中国共产党的性质以及共产党员的先进事迹，内心的红色光亮又明亮了些。终于在2004年，经过评选我光荣地加入了中国少年先锋队，后来又作为少年先锋队优秀队员为新加入的队员佩戴红领巾，心中充满了自豪和喜悦。

2009年9月，我进入河北省石家庄市正定县正定镇中学读初中。随着进入初中，我发现学校中也有一批优秀的人，他们是共青团员。虽然当时懵懵懂懂，但是本着向优秀的人靠拢自己也会变优秀的初衷，为能够成为一名共青团员而努力着。后来，在老师的介绍中，我知道了中国共产主义青年团是中国共产党领导的先进青年的群众组织，是广大青年在实践中学习共产主义的学校，是中国共产党的助手和后备军。在学习与成长中，我逐步明白了要想成为祖母那样受人爱戴、受人尊敬的党员，先要成为一名共青团员。于是，我主动担任了班长，帮助老师处理各种工作，每天按制订的学习计划完成学习任务。非常感激遇上了一批尽职尽责、无私奉献的老师们，让我拥有了正确的价值观、高效的学习方法、勤奋认真的态度以及乐观向上的性格。随着学习的进步与思想的慢慢成长，2010年5月，我有幸作为班内第一批加入中国共产主义青年团的人员，成为一名共青团员。当我在团旗下举起右手庄严宣誓的时候，万分欣喜，因为我离党的距离又近了一步。加入共青团以后，我对自己的要求又上升了一层：好好学习，全面发展，在各方面都要起模范带头作用。在团组织老师的指导下，我深入地了解了中国共产党的性质和宗旨，并将其熟记于心。印象深刻的是，随着学习的深入加上初中政治课的学习，我始终对于"理论指导实践"这句话不得要领，无法明白它的操作方法和真正含义，这也成为一个伴随我多年的疑惑。

2012年9月，我进入了河北省石家庄市正定县正定中学读书。都说高中的学习是辛苦的，但是我感觉到更多的是充实，在学习上有着非常优秀的老师带领，有刻苦认真的同学拧成一股绳，共同营造着向上的学风。在高中期间，我并未觉得学习是一件痛苦的事情，大家相互鼓励，共同进步。与此同时我仍在寻求自己的答案，在读书的过程中，我逐渐明白了："理论不可照搬，应当根据情况的变化而变化，相同的理论在不同事件中的具体表现可能不同。"大概花费了三年的时间我才对这个道理有了模糊的认识，但是如何指导我的实践行动，当时的我并不能理解，不过我认识到理论指导实践，其科学含义是要求把普遍的真理同具体实际结合起来，走适合自己的道路。在高中的读书与思考的过程中，我感叹于中国共产党的革命道路艰难曲折，中国共产党人理想信念之坚定，同时也看到了他们勇敢面对一切困难的勇气和担当。虽然党在发展过程中走过弯路，但是最后总有人站出来带领人民走向正确的道路。后来，随着学习的深入，少了年少轻狂，多了踏实沉稳，我明白了现阶段自己能做的且必须要做的，就是用功学习科学文化知识，努力在思想上追求上进，努力向党组织靠拢。

2015年9月我考入了中国地质大学（北京）。由于高考发挥失常没有考入自己喜欢的专业，我在大学之初曾经迷茫了很久，每天处于浑浑噩噩的状态，不知道自己未来的路在哪里，也不知道自己应该做什么。令人庆幸的是，在许多热心的老师和学长学姐的帮助下，我找到了属于自己的道路，学习成绩也稳步提升。这些优秀的老师和学长学姐们都是党员，我心中的那团火再度熊熊燃烧。在两年的不断学习和自我提升之后，2017年2月1日，我在中国地质大学（北京）向党组织提交了入党申请书。

随着党课学习的深入，再加上生活阅历的丰富，我逐渐明白：以科研为例，实事求是告诉我们在实验中要尊重实验结果，不能弄虚作假；脚踏实地告诉我们不能好高骛远，做实验应该一步一个脚印稳扎稳打。通过学习培训，我对党的性质、纲领、宗旨、组织原则和纪律、党员权利及义务等有了比较系统的了解，提高了对党的认识，懂得了怎样做一名合格的共产党员。党的先进思想对我产生了重大的影响，帮助我树立了正确的人生观和价值观，并时刻告诫着我无论身在何处都要成为一个正直的人。

2019年9月，我进入北京理工大学攻读硕士研究生学位。进入北京理工大学之后要重新进行党课学习。这是党组织的考验，我要不断完善自己，提升自己。当时对我产生深刻影响的还有令世界瞩目的国庆70周年阅兵，天安门广场前一排排士兵昂首挺胸、口号嘹亮，鲜艳的五星红旗迎风飘扬。更令我羡慕的是3 000多名北理工师生组成了"与时俱进"方阵，身边许多优秀的党员都参与了方阵表演；在阅兵中检阅的武器装备中看到了北京理工大学参与研制的许多武器装备。我在为学校感到自豪之余，也希望自己的研究某一天也可以为祖国做出贡献，为保卫祖国和人民贡献自己的力量。我认为在入党的过程中最应当具有的品质是坚持不懈，经得起党组织的考验才能成为合格的党员，并且对党的认识应当是逐步深入的过程，只有将自身的实际情况与党的先进思想联系起来才能更好地指导具体工作。

在北京理工大学就读的一年中，我的思想也产生着变化。2020年是全面建成小康社会的决胜阶段，这本应是充满希望的一年，然而新年之初就出现了令所有人想不到的疫情，一场没有硝烟的战斗打响。在这次抗击疫情战斗中，我们认识了无数可歌可泣的人，见证了中华人民共和国的伟大。武汉封城按下暂停键，人类历史上第一个人口超越千万的城市的封锁，我们在党的领导下敢为天下先，竭尽全力遏制病毒的蔓延。在这场战役中，无数共产党员主动请缨，支援武汉，在火神山和雷神山的建设工地上日夜奋战，让世界见证了"中国速度"，让世界见证了党保护人民的决心。

在疫情防控中，基层一线涌现了很多先进的党员。我父亲所在的单位需要协调全县的疫情防控工作，虽然他不再年轻，头上也有了些许白发，但是他心中的热情从未消减。那天，父亲还没吃完年夜饭便回到单位开始工作，直到2020年的5月，他都未曾休息一天，每一项工作他都认真负责、加班加点完成。父亲的行为给我的内心带来了极大地鼓舞。疫情防控期间，我逐渐想清楚了为什么党员会敢为人先，因为他们都有一颗无私的心，有一颗保护他人安全、守护人民利益的心。为此，我主动报名小区的疫情防控岗位，我坚信父亲能做到的我也能做到，党员能做到的我也能做到！劝退非本小区的人员，对小区的内部人员测量体温，那时我明白了我守护的不只是家人的安全，更是整个小区居民的安全。"非典"时期我还只是个在众人庇护下的孩子，但是在抗击新冠疫情时，我却能贡献出自己微弱的力量。这让我感到非常荣幸和骄傲。

在暑期的"奋进新时代，小康路上看中国"主题社会调研中，我深刻认识到教育是国家发展中非常重要的一环，并且教育的提升不能一蹴而就。从中美贸易战到中美芯片战，我们国家吃了太多缺少尖端技术的亏，这警示着我们每一个科研人，只有刻苦钻研，研制出我们自己的尖端技术，自身强大才能不被欺负。从自身发展来看，在求学五年中，我的思想得到了提升、文化知识得到了丰富，但是还远未达到凭借自身力量来为国家和人民做贡献的水准。因此，作为一名研究生，我应该坚持学习。在科技日新月异的今天，只有不断地学习才能跟得上时代的脚步。研究生学习能力的高低一定程度上决定着国家科技发展的速度。我应该学习党的先进理论知识，提高自己明辨是非的能力，进而成为一名有责任、有担当的科研工作者；要时刻谨记"科学无国界，但是科学家有国界"，牢记学得知识之后应该报效祖国。作为一名发展对象，我时刻提醒自己不忘初心，争取早日回报那些在风雨中庇护我们的人，要努力成长，早日成为一名独当一面报效祖国的人。我要努力做到在科研中实事求是、脚踏实地，努力为祖国的发展做出贡献；在生活中乐于助人，守护人民利益，敢于担当，时刻牢记要为人民服务。

  回想自己这一路走来，我更加深刻地意识到，是党的教育和培养，让我在不断努力提升过程中得到了积累和完善。正是这种思想上的引导和鼓舞，使我逐步确立了正确的世界观、人生观、价值观，确立了要为共产主义事业而奋斗终身的政治信仰。我一定不会辜负党对我的教育和培养，我要在今后学习和科研中严格以党员的标准来要求自己，不断地进步。

  请党组织在实践中考验我。

2020 年 12 月 19 日

传承红色基因,争做合格接班人

法学院 张箫予

我叫张箫予,女,汉族,出生于云南省曲靖市麒麟区越州镇,2019年9月成为北京理工大学硕士研究生。

我是在党的教育下成长起来的。我的父亲是一名光荣的共产党员,影响了我的母亲和我。在我刚出生的时候,我的父亲正好在党校学习,由于母亲工作太忙,照顾我的主要任务由父亲承担,所以最后就演变成了父亲每天带着我去上党课。那个时候,父亲自行车的车篮就是我的摇篮,而党课则是能够让我安静下来的摇篮曲。都说人对于世界的认知起于婴儿时期,那么我对世界的认知最早则是由党课组成的,虽然没有留在我尚属稚嫩的海马体中,但是却刻在了我的骨血中。从这个方面来说,选择入党是我出于本能的选择。除了党课,父亲作为党员的言传身教是我从有记忆开始最早接触的与党有关的存在。父亲在工作和生活中一直秉承着"信念坚定、为民服务、勤政务实、敢于担当、清正廉洁"的标准,宽以待人、严于律己,这一切耳濡目染地感染着我。俗话说"三岁看老",那么可以说父亲给我的人生打下了极为坚固的地基。

2003年9月,我进入越钢小学就读。到了小学,我接触知识的来源不再只是父母和识字书,我拥有了很多学科的老师,他们不但教导我知识,同时也教导我作为一个合格的人需要具有的品格。我的老师曾告诉我,鲜艳的红领巾是用革命先辈的鲜血染红的,是少年先锋队的标志,要像解放军战士那样不怕苦,只有最勇敢的人才配戴上它。因此,在成为少先队员以后,我非常珍惜红领巾,在弄丢了第一块红领巾时曾经大哭一场,认为辜负了战士的热血。虽然最后解除了误会,但是解放军战士的坚韧和勇敢却依然在我幼小的心里印上了深深的印记,我以自己是少先队的一员为荣,并时刻准备着能够更进一步,成为共青团员。

2009年9月,我进入越州镇第一中学就读初中。我早早地立下志向要成为共青团员,我要让自己变得更加优秀,只有这样才能更加接近我所憧憬的人。于是我认真履行我作为一个学生的职责,努力学习,同时不忘坚定信念,在信念的指导下全面发展。通过团组织的帮助和自己的努力,2010年4月,我光荣地加入中国共产主义青年团,成为我所在年级最早的一批共青团员之一。共青团是中国先进青年的群众组织,是中国共产党的得力助手和后备军。当我在团旗下举起右手庄严宣誓时,心潮澎湃!我下定决心:一定要不忘初心,继续好好学习,全面发展,在各方面都要起模范带头作用,把自己培养成为跨世纪的社会主义建设者和接班人,为我国的社会主义现代化建设贡献自己的力量。

2012年9月,经过三年的刻苦学习,我考入市里重点高中曲靖市第一中学。曲靖一中作为一所历史悠久的高中,是一路经历抗日战争炮火洗礼走来的,至今,学校里仍保留着刻着弹痕的著名书法文物——爨碑。在优秀的革命精神的洗礼之下,我刻苦学习科学文化知识,积极参加社会实践活动,热情为同学服务。同时,我认真学习党的历史和基本知识,增进对党的了解和认识。随着科技的发展,网络也成为我获取知识的重要渠道,我因此了解到更多没有被历史记录下来的无名英雄,深刻地明白了人民才是历史的创造者,是历史前进发展的主体。在我的学校中,也留存着无数先辈抗击日军的身影。虽然他们没有留下姓名,但是他们留下了一个和平且充满希望的时代。我们因此得以安稳地生活,不再担惊受怕。我幸福并感激着,同时坚定了入党的信念。为此我不断提升自己,经过刻苦学习以优秀的成绩通过高考。

2015年9月,我考入北京理工大学。北京理工大学是一所拥有深厚红色基因的大学,她的岁月里镌刻着党一步步带领人民抗战胜利,最终走向解放的足迹。我在自豪的同时,更加迫切想要加入党组织,成为一名优秀的共产党员。在大一时,我郑重向党组织递交了入党申请书并参加了院党课培训。通过学习培训,我对党的性质、纲领、宗旨、组织原则和纪律等有了比较系统的了解,提高了对党的认识,懂得了怎样做一名合格的共产党员。但是,丰富多彩的大学生活,让经历了高三高压的我放松了对于自己的要求。虽然在学习上不曾掉队,但是却在社会实践方面有所欠缺,参加了志愿者组织,却没有坚持到最后,同时对学生工作的贡献也较少。虽然我也取得了一些成就，比如获得了学校"世纪杯"三等奖，但相比其他同学，还远远不够。我及时反省，学习、实践两手抓，思想、行动同进步。在不懈地努力下，2018年9月，我获得了学校保研名额。在本科期间，我利用闲暇时间选修了硕士研究生的课程，为以后进一步提升自己打下基础。在本科毕业的暑假，我有幸获得参与国庆70周年庆祝活动的机会。在国庆活动的筹备中，我感受到了国家心往一处靠、力往一处使、齐心协力办大事的制度优势。同时，我也结识了很多具有优秀品格的党员们，他们认真负责、积极努力地发挥先锋模范作用。经历这次活动，我更加坚定了我要成为党员的决心，这也成为我人生中珍贵的一课。

2019年9月，我成为北京理工大学法学院民商法专业的一名硕士研究生，作为入党积极分子继续向党组织靠拢。我积极参加党支部活动，对党的认识也越发深刻，对于党员身上的使命也越加了解，获益良多。记得一次党日活动是去香山瞻仰毛主席旧居，我震撼于毛主席居所的简朴，以及床边放着的已经被翻起毛边的书籍。这让我对于党在血雨腥风中一路走来的艰难路程以及带领党走到现在的伟人们有了更加深刻的了解。还有一次党日活动，我们参观了中华人民共和国成立70周年伟大成就展。正是这样仿佛穿越时空般的游览，使我更加鲜明地感受到中华人民共和国变化之大，取得的成果之卓越。曾经有经济学家说，谁能够研究出中国经济的飞速发展是基于什么，那么他将毫无疑问地获得诺贝尔经济学奖，可见我国的建设历程不仅仅只是称为建设而已，它应该称作奇迹，而这样的奇迹是在中国共产党领导下实实在在地发生的。展览的最后，写着"人民有信仰、民族有希望、国家有力量"，我油然而生出更强的使命感和自豪感。

我参加了院党课和校党课的培训，两次党课结合十九大提出的"不忘初心、牢记使命"主题对我们进行了极为深刻的教育。我在不断汲取知识的同时，深刻理解了共产党是中国特色社会主义的最大优势的原因，也明白了党是在如何的高标准、严要求之下保持自身的先进性和纯洁性的。加入中国共产党，不仅意味着自身能够更加优秀，也意味着能够在今后的祖国建设中发挥更多的作用，实现自己的人生价值和社会价值。随着思想觉悟的提升，我顺利通过了党课培训。之后我仍然积极参加党日活动，同时也不忘参与学校、学院的工作，在工作中磨砺自身能力。我有幸在2020年6月担任了北京理工大学法律援助中心主任，将普法任务与自己的专业知识相结合，积极响应国家全面依法治国的基本方略，带头尊法、学法、守法、用法，为健全普法教育机制、加强公共法律服务体系建设提供一份力量。同时，我系统地学习了党的基础知识，阅读了中国革命史，更加坚定了加入党组织的决心。在生活中，我更加严格要求自己，积极学习，主动找党员同志谈心，向党组织汇报思想。2020年11月，我经团支部考察，党支部党员投票，被列为发展对象，一直以来的努力获得了认可。我知道我仍需更加努力，努力成为一名合格的党员。

回顾过去，我深深感到，正是这种思想上、政治上的引导和鼓舞，使我逐步确立起马克思主义的世界观、人生观、价值观。我绝不辜负党组织对我的培养，今后一定加倍努力学习、工作，用实际行动接受党组织的考验和群众的监督，虚心接受批评并进行自我批评，不断进步。

2020年12月1日

青春的我与党同向同行

管理与经济学院　郝宏毓

本人郝宏毓，女，汉族，出生于吉林省吉林市永吉县，现就读于北京理工大学管理与经济学院。

我出生在东北的一个普通又温暖的家庭，我的父母都是普通工人，在他们的悉心教导下，我快乐健康地成长。我的父亲是普通的人民群众，但是他对祖国的热爱时刻影响着我。从小我就陪着父亲一起看《亮剑》等抗日剧，剧里的抗战英雄不畏牺牲和英勇奋战感染了我，在我年幼的心里埋下了爱国的种子。每一年的国庆，父亲都会坚持买一面五星红旗；每一次的大阅兵，父亲都会带着我和母亲守在电视机前观看。他告诉我，鲜艳的五星红旗是先辈们用鲜血染红的，今天的美好生活、胜利阅兵都是先烈们用生命换来的。在 2007 年，我进入了小学，还记得当时我戴着红领巾代表优秀少先队员讲话，稚嫩的话语中饱含着对党的向往与崇拜。

在爱国主义教育下，我时刻以胸前的红领巾为骄傲。通过努力学习，在 2012 年进入了永吉县第十中学，在中学时期，我当选了班级的团支书，从此，我以更高的标准要求自己，团结同学，积极将团支部的意见传达给同学们。在此期间，通过认真学习党史，我理解了"没有共产党就没有新中国"。这句话深深镌刻在我心里。

2015 年 9 月，我进入了永吉县高级实验中学就读。进了高中，学习任务繁重，但是我仍然没有忘记心中的目标。通过高中三年的刻苦学习，在 2018 年的高考中取得了优异的成绩，以 651 分考入北京理工大学的管理与经济学院。

刚刚进入大学，丰富的大学生活让我感到好奇，我加入了学生会等组织。由于出生月份较小，未满 18 周岁的我不能提交入党申请书，但不影响我更加努力学习，时刻准备向党组织提出申请，积极向党组织靠拢。为了锻炼自己服务他人的能力，我加入了管理学院学生会的外联部，同时在班级担任学习委员。

　　国庆 70 周年之际，我有幸参加了群众游行方阵。当我将这个消息告诉父母时，父亲激动地说："这真是可以值得骄傲一辈子的事情。"母亲叮嘱我，有无数人都梦想着在这一天能到天安门见证这一历史时刻，一定要珍惜这次机会。带着父母的叮嘱和对此次活动的期盼，我开始了两个多月的认真训练，还被选拔到了标兵排。还记得在北京八九月份烈日下的大汗淋漓，还记得在初秋的凌晨露宿长安街头，还记得一次又一次的排练和修整。9 月 30 日凌晨，我们在长安街集结，训练了两个多月终于要在全中国、全世界人民面前展示，如学校动员誓师会说的那样，"在全世界最大的舞台，聆听祖国母亲的心跳，向祖国报到"！看着天安门广场上空战机翱翔，突然想起 70 年前的开国大典，周总理说飞机不够就飞两遍，如今战机再也不用飞两遍了。那一刻我真正明白了国泰民安的真正含义。在这样美好的日子里，我在心里默念："敬爱的总理，这盛世，如您所愿。"

　　在这次激动人心的游行活动结束后不久，我终于年满 18 岁，有资格提交入党申请书了，迎来了心中期待已久的时刻。没有共产党就没有新中国，没有共产党就没有如今繁荣昌盛的祖国。我深深知道入党不是虚荣心，中国共产党是为人民服务的。如果我能光荣地成为一名党员，我一定会感到无上荣光，并且时刻牢记党员的责任与义务，为人民服务。

　　2020 年，是特殊的一年，经历了疫情的沉重打击，中国人民再次向全世界展现了社会主义的团结与伟大，中国共产党也再一次用实践诠释了为人民服务的理念，中国向全世界展示了一个团结奉献的大国姿态。中国最大限度地控制住了疫情，并且伸出援助之手，这就是大国风范。疫情下的中国力量，党员的无畏奉献，再次感染了我，也让我从中汲取了精神力量。

　　2021 年，迎来了中国共产党成立 100 周年。回顾党这 100 年的奋斗史，我们伟大的党一路走来初心不改、矢志不渝，带领中国人民攻克了一个又一个看似不可能完成的难关，创造了一个又一个让世界瞩目的成绩。从 1921 年南湖上的红船到 1949 年高高飘扬的五星红旗，我们的党带领人民反帝反封，建立了中华人民共和国，让中国人民站起来；中华人民共和国成立以后，我们党带领人民完成社会主义改造，确立了社会主义基本制度，推进社会主建设；为了让中国人民富起来，我们党带领人民改革开放，开辟了中国特色社会主义道路。步入新世纪，蛟龙入水，港珠澳大桥横跨南海，实现"一桥飞架南北"……经济、人文、科技百花齐放。在党的领导下，各行各业朝气蓬勃，人民生活发生了翻天覆地的变化。

　　这100年，我们党带领人民创造出了举世瞩目的成绩，中国也不断走向国际化，屹立于世界民族之林。下个100年我们仍有使命在身，要为实现中华民族的伟大复兴，要为实现伟大的中国梦而努力拼搏。未来，我愿投身社会主义建设，在党的领导下，青春的我同百年的党共同奋斗！

2020年12月23日

锤炼思想品德，练就过硬本领

化学与化工学院　苗　雨

敬爱的党组织：

　　我叫苗雨，女，汉族，出生于河北省泊头市一个普通家庭。小学就读于泊头市实验小学，初中就读于泊头市第四中学，于2013年考入泊头市第一中学，2016年考入河北科技大学化学与制药工程学院化学工程与工艺专业，并在学院担任辅导员助理一职。我的父母都是勤劳朴素的群众，在我幼时，他们就教育我要珍惜现在的学习机会，好好学习，增长才干，尊敬师长，与同学团结友爱，做一个对社会有用的人。我始终秉承着他们甘于吃苦、踏实稳重、兢兢业业的品格。

　　2004年9月—2010年8月，我在泊头市实验小学学习。第一次内心深受震撼是在开学典礼上，伴随着国歌的响起，校长亲自为优秀的高年级哥哥姐姐佩戴红领巾、颁发奖状。老师告诉我们，红领巾之所以是鲜红色的，是革命先烈用鲜血染红的，现在的美好生活是无数无私奉献的共产党员用生命换来的。在2008年的北京奥运会上，奥运健儿在运动场上斩获多枚奖牌，每当五星红旗冉冉升起、国歌响彻全场时，我总是热泪盈眶，为自己是一名中国人而感到无比荣耀。在学校学习期间，我一直好好学习，以优秀同学为标杆，成绩一直处于班级中上游。终于，我光荣地加入了中国少年先锋队。在学习上，我更加刻苦努力，并在学习有余力的情况下尽自己所能帮助同学；在劳动中，我被老师任命为小组长，带领同学们打扫好班级卫生，多次受到老师的表扬；在课余时间，我积极参加竞赛并多次获奖。

　　2010年9月，我考入了泊头市第四中学，继续完成初中学业。升入初中后，我意识到课程知识难度增加了，学习环境也不再熟悉，我应该加倍努力。我主动担任班级课代表，帮助老师收发作业，认真工作，得到了老师和同学们的一致好评。

2013年9月，我以优异的成绩考入泊头市第一中学。刚到新环境的我不忘初心，继续努力学习，并把早日加入中国共产主义青年团当作奋斗目标。终于在高二年级，我加入中国共产主义青年团，成为一名光荣且优秀的共青团员。此后，在历史课上，我了解到了中国共产党的奋斗历程，在感叹那段艰辛岁月的同时，认识到只有共产党才能救中国。共产党人身上的大爱感动着我，我也深刻明白只有优秀的人才能加入中国共产党。我努力学习，保证成绩优异，同时本着为班级服务的初心，主动承担多项任务。在高中学习的三年生活，我学会的不只有知识，还有为他人服务的奉献精神和集体意识。

　　2016年9月，我考入河北科技大学化学与制药工程学院化学工程与工艺专业，这是我人生的又一新起点。入学之初，我主动找到辅导员提出了当班委的想法，那时老师就告诉我，做班委除了提升自身能力外，更重要的是为同学们服务。从那时起，服务奉献的种子深深地埋在我心里。大一入学，我便向党组织递交了入党申请书，表明了自己的理想和目标，立志做一名有理想、有责任、有追求、有担当的优秀大学生。在之后的大学生活里，我一直为此不懈努力着。在思想上，我认真学习党的基础知识、各项方针政策，认真完成党课考试和实践。我深知我们之所以现在能有幸福的生活，是因为我们党走的是群众路线，这是中国共产党长期革命和建设经验的总结，是党的根本路线，是由我们党全心全意为人民服务的宗旨所决定的。在学习上，我始终保持刻苦勤奋的学习态度，在综合测评中连续三年均位于班级前列，连续两年获得校级三等奖学金。在工作上，我担任辅导员助理，积极工作，做好老师与班级的桥梁。在生活中，我积极与同学们沟通，了解他们在生活、学习中遇到的问题，并提供力所能及的帮助，和老师、同学们关系良好。此外，我积极参加了"创青春"创新创业大赛、"互联网+"比赛、宿舍风采大赛等活动，并获得了国奖一项、省奖两项及校奖数项。课余活动丰富了我的经历、增长了我的见识，实现了全方面发展。

　　进入新时代，中国共产党为实现"两个一百年"奋斗目标和中华民族伟大复兴的中国梦不断探索。我们作为大学生，更应该跟紧党的步伐，积极向党组织靠拢。当然我深知，对照党员的标准，我还有很大的差距。我要努力学习理论知识，保持热爱生活、积极向上、戒骄戒躁的心态，正视自己，及时发现自身的不足，努力成长为一名合格的共产党员。我们新时代青年肩负着祖国和人民的重托，应紧跟党的步伐，与时俱进，用过硬的本领、过硬的素质来迎接未来的挑战。

请党组织考验我！

2019 年 11 月 13 日

昂首阔步走路,抬头挺胸做人

机械与车辆学院 杨梓弘

我叫杨梓弘,男,汉族,湖南省常德市鼎城区人,现为北京理工大学2019级硕士研究生。

我于1997年出生在常德市的一个普通家庭,父亲是教师,母亲是医生。父亲严谨细致的工作作风从小就深深地感染着我。外公和外婆都是共产党员,他们的言行举止、行为准则深深地影响了我。

2003年6月,我进入常德市鼎城区常沅小学。曾参与抗日战争的太姥爷在我临上学前教育我,鲜艳的红领巾是用革命先辈的鲜血染红的,是少年先锋队的标志,要我像解放军战士那样不怕苦,昂首阔步走路,抬头挺胸做人。我的父亲是该小学的一名教师,从小教导我德智体美劳全面发展。我牢记太姥爷和父亲的话:学习上,努力刻苦,争当先进;劳动中,不怕脏,不怕累。在小学一年级的国庆期间,我光荣地加入了中国少年先锋队。

2006年2月,我转入常德市武陵区育英小学继续读书。外婆的精心照料与严厉教导,让我成长为一个温暖而又果敢的人。外婆是从小学语文教师岗位退休的,她不断督促我背诵经典名篇,这为我的人文素养打下了坚实的基础。外公作为一名老党员,他用实际行动践行党员义务,扎根基层、建设农村,彼时年少的我,也将为人民服务的种子悄然埋在了心底。

2009年9月,我进入常德市第十一中学就读初中。多年从事农、渔工作的奶奶来到城里,她勤俭的作风与善良的品质不断影响着我。随着知识的积累和年龄的增长,我逐渐懂得了,青年人要成长进步必须靠近团组织,主动接受团组织的教育和培养。通过团组织的帮助和自己的努力,2010年5月,我光荣地加入中国共产主义青年团。共青团是中国先进青年的群众组织,是中国共产党的得力助手和后备军。当我在团旗下举起右手庄严宣誓时,心潮澎湃。我下定决心:一定好好学习,全面发展,在各方面都要起模范带头作用，把自己培养成为优秀的社会主义建设者和接班人，为我国的社会主义现代化建设贡献自己的力量。我在学习上也有了更大的突破，多次荣获"学习标兵"称号；乐于助人的我也时常为身边同学的学习问题排忧解难，因而建立了良好的群众基础。

2012年9月，我被保送进入常德市芷兰实验学校就读高中。我刻苦学习文化知识，积极参加实践活动。课业学习上，我多次荣获学校奖学金；学科竞赛上，曾获2013年青少年英语能力大赛湖南省一等奖、2014年数学竞赛湖南省一等奖、2014年物理竞赛常德市二等奖，征文《所谓成长》获常德市首届"读者杯"中学生网络作文大赛二等奖。高中三年，我曾担任多个学科的课代表，我热衷于为同学服务，组织同学参加学校辩论赛、英语歌唱比赛等活动，多个任科老师对我的综合能力给出了较高的评价，同学们也积极反馈，这让我充满了获得感与满足感。同时，我也一直在认真学习党史，增进了对党的了解和认识。通过各种媒体，我看到许多共产党员在危难时刻挺身而出，在日常工作中发挥先锋模范作用。从平凡而伟大的共产主义战士雷锋，到把荒山变成绿洲的"人民的好书记"杨善洲，再到与艰苦为伴的"守岛英雄"王继才，还有科研攻关、填补国内技术空白的"千人计划"专家黄大年等，他们的事迹让我对中国共产党人乐于奉献、勇于担当、敢于挑战的精神心生崇敬。加入中国共产党的想法开始在我的心中生根发芽。

2015年9月，我考入北京理工大学。入校之际，我便被延河之星志愿者总队深深吸引，就此"团结、友爱、互助、进步"的志愿者精神便一直陪伴我至今。加入志愿者总队后，我历任直属中心干事、直属中心主任、总队副队长（校级学生组织副主席）。在任期间，总队获评校级"雷锋团队"以及北京市"青年文明号"等称号。同学们对我们工作的好评与总队的一步步壮大，一直不断激励着我。丰富的学生工作经历让我熟悉了各项工作的流程与方法，也总结出了一些联系群众的经验。我广泛而深入地参与校内外的各项志愿服务活动，例如"温暖衣冬""西部温暖""跳蚤市场"等校内活动，以及"敬老院联欢会""希望小学运动会""中国气象局开放日"等校外活动，还有"2016一带一路国际葡萄酒大赛""2018欢乐跑北京站""2019中国慕课大会"等大型赛会志愿活动，迄今累计志愿服务时长达700小时。值得一提的是，我在2017年暑期随教育基金会赴江西婺源参与支教，为山区孩子们带去知识与欢乐；在"2018年中非合作论坛"中，为我国主场外交贡献自己的力量；在"2019年中国工程院院士增选大会"中，为我国的"科研脊梁"们提供了志愿服务。这些志愿活动在很大程度上拓宽了我的视野，从社会、生态、科技、教育、外交等多个维度上对我的认知进行了拓展；同时，这些志愿活动也从多个层面锻炼了我的实践能力，尤其是待人接物的能力与突发事件的应变能力。更为重要的是，我对志愿活动本质的认知也得到了升华，我理解了志愿服务是指在不求回报的情况下，为改善社会，促进社会进步而自愿付出个人的时间及精力所做出的服务工作。众所周知，志愿服务是社会文明程度的重要标志，也是丰富多元文化的重要载体。我想志愿服务也为"把我国建设成为富强民主文明和谐美丽的社会主义现代化强国"中"文明"和"和谐"部分贡献了力量。对于在志愿服务中担任学生干部的我来说，这更是一个赋予了强大活力的创造性工作，是联系群众的过程，我十分享受并怀念这段给予我能力巨大提升的志愿工作。

在本科阶段，我曾在大一阶段就读于化学与化工学院，但是随着对学习的进一步加深，我发现我在机械领域更有所擅长，比如绘图建模、机械原理等，经过一番思考，结合我校的专业优势，我在大二学年之初转到了车辆工程专业，并在该专业完成了本科的全部学习任务。本科期间我曾荣获"国家奖学金""工信部创新创业奖学金二等奖"等多项奖励，以及"北京市优秀毕业生""校优秀学生""校优秀团员"等多项荣誉称号。然而，成绩单里的、奖状上写着的，那都属于过去，如今在研究生阶段的我必须以更高的标准来要求自己，奋发进取。在学习过程中，我坚持着与同学互帮互助。我参与课程串讲分享，把自己所擅长的学科知识与考试技巧分享给其他同学。同时，我也积极向其他同学取经，尤其是在大二转专业之后的关键时期内，我得到了不少同学的帮助。这个互动的过程强化了我的群众基础，也让我对自己有了更为完整的认知。我想这便是"批评与自我批评"的裨益所在，敢于揭露、勇于改正，如此我们的认知与能力才能循环迭代前进。

2017年暑期至2018年暑期，我加入北京理工大学光电创新教育实践基地张忠廉教授团队进行学习与实践，参加"第八届全国大学生机械创新设计大赛"。在张教授等指导老师的悉心指导下，我凭借实物作品《落地式苹果采摘机》荣获全国一等奖。张教授虽年逾八旬，仍奋战在教学一线，致力于探索实践教学改革之路，培养了数千名创新型科技人才，其中有一些还获得了国家科技进步奖。张教授常常用先进党员的事迹激发我们专心科研、报效祖国的决心，这也让我更加坚定了入党的决心。当时我面临毕业，故而选择了读研时再递交入党申请书。也正是在这个阶段，我对党的认识，从感性层面慢慢深化到理性层面。

2019年9月，我被保送进入北京理工大学攻读硕士学位。2019年9月2日，我郑重向党组织递交了入党申请书。2019年10月9日，经团支部推荐，我被确定为入党积极分子，并参加了后续的入党积极分子培训班。通过两次院党课的学习培训，我对党的性质、纲领、宗旨、组织原则和纪律等有了比较系统的了解，再次深化了对党的认识，懂得了如何做一名合格的共产党员。我始终坚持以党员标准严格要求自己，认真学习专业知识，积极参加相关实践活动，以实际行动接受党组织的考验。经过组织上的深入谈话，我认真梳理了对党的认识和入党动机；经过培养联系人对我思想汇报的考察与评价，我逐渐清晰了自己与党员的差距。

2019年9月至10月，我参与了国庆70周年庆祝活动的志愿服务。志愿活动中，我同万余名服务保障志愿者们一道，为祖国华诞献上了自己的祝福。2020年9月，我参与了北京理工大学80周年校庆庆祝活动的志愿服务。在校庆大会上进行引导组织服务的我心潮澎湃，母校的红色基因与辉煌成就激励着我们不断开拓进取——"特立潮头，开创未来"。在参与并组织各类志愿活动的过程中，我深刻感受到志愿者们用一点一滴的奉献在校园里、在社会上凝聚成巨大力量。中国共产党领导人民建设社会主义精神文明，实行依法治国和以德治国相结合，提高全民族的思想道德素质和科学文化素质。我想志愿活动便是一个绝佳的载体，能将校庆的荣校情结培养、国庆的爱国主义教育和自身发展与实践有机结合起来，迸发出更强大的生命力与感召力。只有精神世界强大、精神动力充足的青年一代，才能更好地服务于改革开放和社会主义现代化建设。面向2022北京冬奥会，我将继续抱以无尽热忱，用志愿助力辉煌盛事，展现中国青年一代应有的风采。

2020年年初，新冠肺炎疫情暴发，整个中华大地被疫情笼罩。钟南山、李兰娟、张定宇等优秀共产党员们挺身而出、身先士卒，为亿万中国人民筑起了坚实堡垒。疫情的有效控制，离不开党中央的高度重视与积极部署。党中央全面加强对疫情防控的集中统一领导，提出了坚定信心、同舟共济、科学防治、精准施策的总要求。疫情防控期间，全国各地有多批医务人员加入了党组织，鲜艳的党旗构筑起了白衣天使们的精神长城。我的妈妈作为一名基层医生，也递交了自己的入党申请书。我为我的医生母亲及广大前线医务人员感到自豪，更为我们有中国共产党的领导感到骄傲。

2020年10月10日，我被支部确定为发展对象。如今我们的国家进入了中国特色社会主义新时代，迎来了实现中华民族伟大复兴的光明前景，彰显出社会主义制度在21世纪的强大生机活力。在建设新时代中国特色社会主义强国的征程中，我们这一代人将直接参与并见证全程。这份沉甸甸的使命，终将化为我们的荣耀；这份当仁不让的责任，便是我们的家国担当。

回顾走过的路，我深深感到，没有党的教育和培养，就没有今天的我。正是这种思想上和行动上的引导和鼓舞，使我逐步确立起马克思主义的世界观、人生观、价值观，确立起为共产主义事业奋斗终身的政治信仰，为党、为祖国、为人民无私奉献的崇高理想。我绝不辜负党对我的培养，今后一定加倍努力学习、勤勉踏实工作，在生活、学习、工作与作风等各个方面向优秀党员们看齐，用实际行动接受党组织的考验和群众的监督。

2020年11月20日

立鸿鹄志，做奋斗者

明德书院　杨宇雅

我叫杨宇雅，女，汉族，山西潞城人，现在是北京理工大学 2018 级本科生。

2000 年农历庚辰龙年，中国千万"世纪宝宝"出生，我便是其一。新世纪的中国欣欣向荣，身处新时代的我从未体验过饥寒交迫，伴随我成长的是丰厚的物质条件。但经历过苦日子的爷爷从小培养我勤俭节约、艰苦奋斗的优良品质。儿时饭桌上，我淘气不好好吃饭，爷爷说："一粥一饭，当思来之不易。"写作业时偷巧玩耍，被爷爷发现，爷爷说："以前生活条件困难，我没读完书，但现在条件好了，你却不知道抓住机会好好读书！"他失望地看了我一眼，摇了摇头。那时，我虽然年少，但那个失望的眼神让我揪心，以至于我到现在都记得。后来，我去城里求学，小学、初中、高中、大学，离家越来越远，离爷爷也越来越远。但爷爷教给我的任何时候都要脚踏实地、艰苦奋斗，无论走多远我都没有忘记。

爷爷是一名中共党员，是村干部，也是一个地地道道的农民。他善良淳朴，凡事喜欢先想他人后想自己。奶奶总刀子嘴豆腐心地唠叨爷爷，说怎么会有这样"傻"的人，但爷爷也只是傻呵呵地乐，然后说："你看今年的村民选票，我又是最多！"后来，爷爷才告诉我，他虽然不懂什么文化知识，但他紧跟党走，思想先进，明白党员就要为人民服务，就要起模范先锋作用，而且村民的选票就是他最大的动力和欣慰。当时我对党知之甚少，只是简单地点了点头："噢，那我也要思想先进。"爷爷摸了摸我的头，说："好孩子。"后来，随着年龄的增加，我对党的了解越来越深，更加坚定了我的信心。当我把自己递交入党申请书后思想上的进步告诉爷爷时，爷爷还会鼓励我："好啊，求进步！"爷爷是给我儿时播下思想种子的人，也用他的言传身教助力这颗种子发芽绽叶。

2006年9月，我踏入小学的大门。在小学，我的第一位班主任是一名像妈妈般和蔼可亲的老师，但就在我们参加完第一次升国旗仪式后，老师发怒了。原来是刚刚一年级的孩子忘记了老师在教室里说的话："升国旗、奏国歌是一件十分严肃的事情，这是体现我们爱党、爱国的大事，不得马虎！"我们在参加升国旗仪式时打打闹闹。老师的教导让我更深刻地理解了爱党、爱国不是口号，而是体现在每个人生活的点滴之中。此后，我谨记老师教诲，努力学习，争做先锋，学习成绩从班级中等一步步上升为班级前列；六年的班长工作也锻炼了我的能力。其间，我有过犯错时的惭愧，有过被表扬时的欣喜，但更多的是一种成长。懂得了当老师不在教室时如何才能让同学们心服口服地安静上自习，懂得了如何动员整个班的同学共同参与活动，懂得了如何调解同学与同学之间的矛盾，懂得如何当好老师与同学之间的桥梁……还清楚地记得，一年级时，学校要选拔少先队员，被选为少先队员对当时的我们来说是很重要很光荣的事情。我很想第一批加入少先队员，因为这不仅是对我的肯定，更是一种激励。宣布第一批入选少先队员时，我很紧张，听到自己名字之后，很开心，但马上又感觉到身上背负了一种责任。这份责任支撑着我在小学六年里刻苦学习、争做先锋。我在每年六一儿童节上获得的"优秀班干部""三好学生"就是对这份责任的见证。

  2012年9月，我告别小学来到初中。我是一个慢热型的人，小升初的分班考试又是位于班级中等水平，但这并不影响我对当下做出思考，积极调整，采取行动并重新优秀。鉴于对自己成绩的不满意，初一我并没有参与班长的选拔，而是将主要精力放在学业上。除了学习，我也在班级举办的各种活动中当了一个观察者，当时想的最多的问题是如果这个活动交给我办，那我会怎么做。终于，经过一年的课前预习、课上认真听讲、课后复习，我的成绩回归到了班里前十。恰好，我当选为班长，开始了一段带领整个班级前进的日子。其间，我更加懂得了群众的力量和如何有效沟通。除此之外，最令我惊喜的是我的成绩竟然排到了班级第三，年级前十！我之前认为做学生工作会浪费大量的时间，不利于课程压力陡增的初中。但是现实告诉我，即使是在"两极分化"尤其严重的初二，做学生工作带给我的更多的是自信和不断进步的决心！同时，随着学习成绩、学生工作的全面开花，我在2014年5月4日荣幸地加入共青团，成为一名共青团员。之后，我按部就班地承担自己职责，多了份信仰和使命。初三，我过得越来越得心应手，最终也成功考入市重点高中。

2015年9月，我步入高中。不出之前所料，一个新环境总是要花很长的时间来适应。在适应环境的过程中，按照老师的要求避免"两耳不闻窗外事，一心只读圣贤书"，开始关注国家大事、时事热点。因为这不仅是高考的导向，更是我们必备的素质。2015年11月27—28日，中央扶贫工作会议举行，要求到2020年所有贫困地区和贫困人口一道迈入全面小康社会。2015年11月29日，中共中央、国务院颁布《中共中央国务院关于打赢脱贫攻坚战的决定》。刚刚步入高中的我，对党的认识又加深了。中国共产党是中国工人阶级的先锋队，代表中国最广大人民的根本利益。让贫困人口和贫困地区同全国人民一道进入全面小康社会是我们党的庄严承诺。总而言之，打赢脱贫攻坚战是中国共产党的执政宗旨、政治优势和制度优势的充分彰显。越来越多的党员干部深入到基层，以精准扶贫的新理念，帮助贫困群众摆脱贫困，改变贫困现状。2016年是全面从严治党的重要一年，将惩治腐败持续向前推进；这一年党的十八届六中全会审议通过了《关于新形势下党内政治生活的若干准则》和《中国共产党党内监督条例》，全面从严治党制度建设令人称道。古人有云"水能载舟，亦能覆舟"，经过长期的发展，我们党提升了人民的生活水平，发展壮大了经济、军事、文化的领域。但党同时也看到了党内出现个别腐败分子，威胁党群、干群关系。党的十八大以来，查处贪官人数之多、级别之高、行动密度之大、涉及领域之广都是前所未有的。我看到了党为保持先进性和纯洁性所做出的自我革新，摒弃糟粕的决心和力度，更加坚定了加入中国共产党的信念。2017年3月，中共中央办公厅印发了《关于推进"两学一做"学习教育常态化制度化的意见》。推进"两学一做"学习教育常态化制度化，对于进一步用习近平总书记系列重要讲话精神武装全党，确保全党更加紧密地团结在以习近平同志为核心的党中央周围，具有重大而深远的意义。从这里，我看到了党通过学习不断追求思想进步。综上所述，高中的我在逐步形成自己的世界观、人生观、价值观的过程中，开始了解党内大事。在脱贫攻坚战中，党以实际行动回应群众的需求；在全面从严治党中，党始终保持自身的先进性与纯洁性；在推进"两学一做"学习教育常态化、制度化中，党通过学习不断追求思想进步。中国共产党是以人民为根本，不断学习、追求先进的党组织，这也是我渴望入党的重要原因之一。

　　2018年9月，我考入北京理工大学。北京理工大学是中国共产党创办的第一所理工科大学，"延安根、军工魂"红色基因代代传承。在这里，我的思想进一步升华。开学典礼上，张军校长发表题为"用奋斗书写自己的青春故事"的讲话。校长表示2018年学校启动了新时期最大规模、最深层次的人才培养改革，正在实施"书院制"育人体系，我们恰逢其时，是被寄予厚望的第一批"书生"。之后，他向我们分享了几个故事：60多年前北理工人艰苦奋斗、创业报国，研制成我国首台大型天象仪和"东方"系列固体二级探空火箭；毛二可院士参与设计实现了中国第一个相控阵雷达，84岁高龄仍对真理极致追求，带队孜孜不倦、求真探索；优秀学长苏江舟热心公益，研发高性能手指假肢，创办"展翼计划"帮助50多名残障儿童定制机械义肢；优秀校友代表、小米科技副总裁刘德实现小米产品工程创新与艺术融合；老校长王越院士86岁高龄仍然每天西装革履走上讲台，成为同学们心中潜心育人、德教双馨的"大先生"。他希望与中国梦同向同行的新一代北理工学子，能立志、求真、崇善、尚美，不负时代、不负韶华，用远大理想指引人生方向，用求真求实铸就本领力量，用仁爱包容回馈社会培养，用大美情怀擎起历史担当，成为建设社会主义现代化强国、实现中华民族伟大复兴的中坚力量，以青春和奋斗的笔墨绘就大学精彩画卷！谨记校长的教诲，我开启了我的大学旅程。学业上，每节课我都紧跟老师的步伐，从上课搞懂微积分的每个知识点，到不错过法理课每个令人耳目一新的知识点，从爱上社会学概论的每个有趣的案例，再到思修课上勇敢地参与辩论等，我在课堂上沉淀自己，挑战自己，充实而又满足。课下，我也积极地与老师交流，小到上课时PPT的细节错误、社会实践的选题，大到自身的专业选择等，我在与老师的交流过程中不断调整、不断改进，努力提升自己。终于在大一结束后成绩优良率100%，获得一等奖学金一次、二等奖学金一次，被评为"校优秀学生"、明德书院青春榜样。在思想方面，军训期间我就正式地向党组织递交了入党申请书，积极参与学院组织的理论课程学习，并将理论应用于学习、工作和生活中。我不断增强自身的党性原则，按照党章规定的党员义务来要求自己。我还积极参加集体活动和社会实践：在国家典籍博物馆参观了"钢铁长城——纪念中国人民解放军建军90周年馆藏文献展"，在国家博物馆参观了

"伟大的变革——庆祝改革开放40周年大型展览"。通过观看展览,我明白国家只有通过改革开放取得新进展,才能实现激荡百年的民族复兴之梦。作为高校大学生的我,更加体会到了身上的重任。

  2019年7月27日晚,我踏上了回京的火车,准备参加国庆70周年群众游行方阵的训练。当作为"与时俱进"方阵的一名成员从天安门前走过时,我从未像那一刻那般深切地感受到祖国的繁荣富强,也从未有我与伟大的祖国竟如此紧紧相依的触动。那一刻,就在那一刻,这种感受涌上心头并久久不能平复。当时最大的感受是,小时候,爸妈、老师总告诉我,要对自己负责、对家庭负责,就在我走过天安门时,我突然惊醒,原来我也要为我的国家做些事情。如果说之前都是学习中的感悟,那么这次暑期专项活动是实打实的实践中的感悟。我真切地感受到了祖国的伟大,很想为祖国做些事情,而加入中国共产党便意味着可以和更多更加优秀的前辈为伍,共同为实现共产主义奋斗!

  在专项活动中,思政教育更是必不可少贯穿整个专项活动的始终。小到各个大队的不同形式的思政教育活动,大到学校的两次院士思政教育课,都让我真切地了解到祖国的繁荣昌盛来之不易,我辈仍须撸起袖子加油干。在第四大队的思政教育活动中,我们学习了《国家》的手语歌、《大中华》的配乐动作,观看了国庆60周年的盛况录像,共同观影了《建国大业》。每当这两首音乐响起时,我的内心就泛起层层涟漪,爱国心、报国志也愈发坚定。在学校的院士思政教育课上,我从孙逢春院士身上读到了他清贫留学、奋发直追、励志报国的故事,这是将青春的梦想融入国家梦想并取得了不平凡成就的故事,而这个故事感染着我们在座的每一个人。我从张军校长的授课中学习到了建设世界一流大学对一个国家繁荣昌盛的重要作用。我们,未来的继承者、接班人又该有何种作为才能担当得起如此之大任呢?"今日复今日,今日何其少?今日又不为,此事何时了?人生百年几今日,今日不为真可惜!若言姑待明朝至,明朝又有明朝事。为君聊赋今日诗,努力请从今日始。"给了我们答案。

  这是如歌的岁月。1949年祖国带着满目疮痍走来。为了新中国,革命先辈付出了生命,没有共产党就没有新中国。终于,春天来了,一切都在解冻,一切都在生长。如今,我们正在创造着一个又一个的"中国奇迹":减贫脱贫见效显著;"新四大发明"便捷高效;"绿水青山就是金山银山"理念深入人心;2018年人均国民总收入高于中等收入国家平均水平;积极推进共建"一带一路",得到160多个国家(地区)和国际组织的积极响应;倡议构建人类命运共同体,在全球治理体系变革中贡献中国智慧。

这是火热的青春。新时代的我们是幸运的,我们有和平的环境、优越的生活条件和学习条件。我们今天的幸福来之不易,我们要怀着一颗感恩的心,珍惜时光,努力学习,将来做对国家、对社会、对人民有用的人。要成为一名对国家、对社会、对人民有用的人,在学生时代就要爱国、励志、求真、力行。爱国,忠于祖国、忠于人民,把自己的理想同祖国的前途、把自己的人生同民族的命运紧密地联系在一起,扎根人民、奉献国家。立鸿鹄志,做奋斗者;志不立,天下无可成之事。励志、立志,对一个人的一生具有重要的意义。我们要理想坚定、信念执着,不怕困难、勇于开拓、顽强拼搏、永不气馁。求真,求真学问,练真本领。不能满足于碎片化的信息、快餐化的知识,要通过学习知识,掌握事物发展规律,通晓天下道理,丰富学识、增长见识。力行,知行合一,做实干家。"纸上得来终觉浅,绝知此事要躬行。"不应该只停留在书上,而应落实在实际行动中。道虽远,不行不至;事虽小,不为不成。每一项事业,无论大小都是靠脚踏实地一点一滴干出来的。

当2020年全面建成小康社会之时,我20岁;当2035年基本实现社会主义现代化时,我35岁;当2050年把我国建设成为富强民主文明和谐美丽的社会主义现代化强国时,我50岁。我们正青春,而将青春之我融入国家的复兴中,这必然是我们这代人的使命。因此,我渴望在党的关怀和培育下,追求更有高度、更有境界、更有品位的人生,不辜负党的期望、人民的期望、民族的重托,不辜负我们这个伟大时代。

2019年11月20日

在绿色军营成长，向红色梦想迈进

徐特立学院 钱宇梁

我叫钱宇梁，男，汉族，北京市西城区复兴门外大街人，现就读于北京理工大学特立书院。

我于 2001 年 10 月生于一个军人家庭。我的父亲、母亲、姥姥、姥爷都是军人，也都是共产党员，我能从他们每个人身上感受到对于中国共产党的敬仰和信赖。正是因为家庭的缘故，我自出生起就被浓浓的红色气息浸润着。从小生长在军营中，我每天看到的是那片坚毅的绿色海洋，每天听到的是一句句军歌嘹亮。我的父亲喜欢唱歌，尤其喜欢唱军歌、唱红歌。"万泉河水清又清，我编斗笠送红军……""没有共产党就没有新中国……"儿时的我可能不能理解这些歌词背后的苦难与辉煌，但这生活中的一点一滴在我心中逐渐树立起了中国共产党的形象———一个神圣的组织，带领着中国人民走出了战乱与贫穷，给予了无数人幸福和希望。

2007 年 9 月，我进入了中关村第一小学。入学不久，学校便组织大家加入少先队。记得老师告诉我们，成为少先队员是最光荣的事情，红领巾是国旗的一角，红色象征着鲜血与革命。到如今这些话还深深地印在我的脑海中，加入少先队是我向党组织迈出的第一步。当我第一次戴上红领巾，一种自豪感便油然而生。队歌里唱到"我们是共产主义接班人……"，虽然年幼的我可能并不清楚到底什么是共产主义，但这个"接班人"的使命从那时起便生根发芽。在六年级时，我被安排去给一年级的同学讲解少先队的相关知识，教他们系红领巾。在准备讲解材料的时候，我又一次认真地了解了少先队，了解了共产党。看到自己的学弟学妹们第一次自己系上红领巾时的兴奋，我感受到少先队组织的力量。

2013 年 9 月，我升入北京市上地实验学校读初中。初中期间对我的思想影响最大的无疑是我加入共产主义青年团的历程。初中时，每个班加入共青团的名额十分有限，我所在的班级第一批仅有两个入团名额。遗憾的是，我没能争取到第一批入团的名额，我暗暗下定决心继续努力，下次一定要拿到入团的资格。

很快，第二批入团的名额来了。经历了一个学期的努力用功，我终于如愿加入了共青团。那时的我由于学习成绩在班里屡次拔得头筹，还担任了班长的职务，深得同学和老师的喜爱，这也让我有些飘飘然。然而入团的考核十分严格，要求背诵大部分团章的内容，我没有下功夫去背，只想着自己随便考考就能够通过团校考核，可上了考场我就傻了眼，大部分题目我都答不出来。最后，我成为全年级唯一一个没有通过那次团校考试的人，浪费了我们班一个宝贵的入团名额。记得班主任还有团委的老师都找我谈了话，她们跟我长谈了入团的意义和入团动机的问题，她们希望我能够从向党团组织方向靠拢思考入团的意义，而非单纯地去争得一个荣誉、一个名额。她们也鼓励我端正态度，继续去争取下一次机会。经历了这一次风波之后，我对于加入共青团有了全新的认识，整个人也变得越发沉稳踏实。那次"入团失败"的事件对于当时的我仿佛是天塌了一样的打击，现在我却觉得，这是一次对于我的成长以及思想变化有着重大影响的经历。

在第三次组织入团时，我痛定思痛，鼓起勇气站上讲台向全班同学和老师诚恳道歉，深刻反思了自己之前存在的问题，再加上平时的表现，大家再次信任我，我也不负众望，终于顺利通过考核，加入了共青团。在拿到那本墨绿色的团员证时，我的手忍不住微微颤抖。入团的经历虽然曲折，但却成为我端正动机、成长成熟的催化剂，也成为我向党组织靠拢的推动力。

2016年9月，我以优异的成绩考入北京市第一零一中学，顺利升入高中。北京市第一零一中学是一所有着悠久历史的红色传统学校，在这里我继续受到红色氛围的熏陶。每年的"一二·九"歌咏比赛是一零一中学的重要活动，每个班级、每位同学都十分重视。每到11月时，学校里的各个角落便回荡起红色歌曲的旋律。每次排练之前，班里都会邀请一些老师来给大家讲解歌曲的创作背景。高中的我已经能够慢慢理解革命先辈们经历的战火硝烟，也对他们能在战争岁月苦中作乐的精神感到由衷敬佩。

在高中三年内，我积极参与各类红色学习教育活动。我于2017年参与了海淀区业余党校的学习。为期两天的集中培训中，我学习了党的理论知识，还与班级内的老师和同学就入党进行了深入的讨论，最后以出色的表现顺利结业。我于2017年参加了赴西柏坡学习实践团，前往革命圣地、革命老区参观学习，还到西柏坡当地小学参与了支教活动，老区的人和物给我留下了深刻的印象。我于2018年参与了赴南京游学活动，在此期间前往南京大屠杀纪念馆进行参观，一串串冰冷数字的冲击，一个个鲜活生命的消逝让我感到无比沉重。通过参加这些活动，我接触到了更多党的理论知识，也实地感受到了中国共产党建设初期的艰难却光辉的历程，心里对党多了一分敬仰，也多了一分向往。

此外，我还热心于公益志愿服务。我长期在志愿北京的"爱在人间"志愿服务队参加志愿服务工作。我于2018年暑假期间在"志愿北京"总部党团办协助进行文件整理工作，并参加了共享单车整理活动。在毛主席纪念堂、CBA篮球联赛、北京时代美术馆、致敬达·芬奇展览馆等多地担任志愿者，均得到了主办方、服务队负责人的好评。参与志愿活动、服务他人的过程让我感到温暖而有成就感。在志愿服务期间，我有幸结识了一位年逾八旬的志愿者——蔡奶奶。在交流过程中，我了解到蔡奶奶曾在战争年代做过情报和翻译工作。她屡次向我提到她共产党员的身份，她说正因为觉得自己是党员，才在退休多年之后来到了"志愿北京"，长期参与各类志愿服务，想一直这样服务他人，直到自己干不动了为止。看着面前鹤发童颜、目光坚定的蔡奶奶，我感受到了一个老共产党员身上那种最纯粹的党性和使命感。

我的父亲曾到一线参与抗震救灾的任务，几天才能打来一次电话，这令年幼的我隐隐担忧。他一去就是100多天，回来的时候皮肤晒得黝黑。我的母亲长期在基层部队工作，几乎从我记事起每年的除夕夜都是在单位度过。我的姥爷是军事哲学领域的专家，虽然已经退休多年，但遇到难啃的课题，他总是笔耕不辍。记得前年的除夕，难得赶上母亲工作岗位调动，不用在单位值班，父亲感慨地说："这是这么长时间以来咱们三个第一次一块过年啊。"我的眼眶莫名湿润——原来从小到大，中国共产党的党性与原则就在我的身边，就在我最亲的亲人身上。他们用生活、工作上的一点一滴，向我耳语了18年——这或许就是党员的执着与奉献吧。

2019年9月，我考入北京理工大学，进入徐特立书院就读。其实以我超出录取分数线13分的高考分数，我有不少高校可以选择，但我最终还是坚定地选择了北京理工大学，其中的重要原因就是因为北京理工大学身上如同烙印般的红色基因和文化。我对于这片红色沃土有着独特的感情。从大一刚入学时赵长禄书记给我们讲的思政第一课，到刚结束不久的红色气息浓郁的校庆晚会，在来到这里一年的时间里，我仿佛触摸到了这所历史悠久的大学的"延安根、军工魂"。

来到特立书院一年，徐特立老先生的精神更是成为我前进路上的无穷力量。从大一时参加徐特立精神宣讲会，到本学期开学时参与徐特立手册的设计制作，我了解了很多徐老的事迹，对于这位坚强的老战士充满了敬佩和叹服。弱冠之年破产读书，而立之时教育救亡、断指明志，古稀之年仍制订廿载计划，徐老身上精忠无我、实事求是和终身勤笃的精神深深地打动了我。我由衷地希望自己能够把徐老精神融入自身血液，常伴自己。同时，在徐特立书院"立德铸魂、博雅学术、名师精育、自我驱动"的拔尖人才培养理念的指引下，我逐步适应了大学生活，稳步朝着新时代领军领导人才的方向不断迈进。

大一开学后不久，我就十分明确地书写了我们入党申请书。一年前的我已经能够基本认识到我为什么要加入共产党，我有信心承担起属于党员的那份责任、那份重担。随后在2019年11月我通过了团支部的推优大会，并被顺利发展为入党积极分子。

成为入党积极分子一年多以来，我积极参与党支部活动，坚持落实学院"党员早一天返校，迟一天放假"的要求；参加党员先锋班的学习，与所在党支部的老师和同学对于入党动机以及学院人才培养进行讨论，获得了大家的一致好评；参与所在支部与清华大学191党支部联合开展的线上党日活动，在活动中向与会同学分享学习习近平总书记对北京大学援鄂医疗队的回信的感想；撰写了有关全国"两会"顺利开幕的心得体会，成功发表在了北京理工大学、北京学联的公众号上；参与党支部的线上政治生日会，并为活动撰写了新闻稿。

我先后参加了院党课暨"青马工程"培训班，以及校党课的培训，均顺利通过考核。在过去一年中，我继续端正自己的入党动机，认真撰写好每一篇思想汇报，坚持学习党的理论知识，关心国家大事，关注世界局势。回看自己的四篇思想汇报，我看到了一个青年人思想不断进步、不断成熟的过程。

与此同时，我在各个方面对自己严格要求，都取得了出色的成绩。学习方面，我取得了一等学业奖学金、进步奖学金，综合测评排名曾列年级前十；文体方面，我担任学院"一二·九"合唱比赛的指挥，并和同学们一起拿到了第三名的优秀成绩，还成功进入深秋歌会复赛，加入学院篮球队并参加比赛；学生工作方面，我先后担任了 30011904 班班长和特立书院团委宣传部部长，工作期间表现出色，所在班级获得了"优秀班集体"和"优秀新媒体平台"称号。

现如今的我停下来审视自身，回首过去的 19 年，我看到了自己的成长与进步，同时也认识到存在的缺陷与不足。从一个懵懂孩童成长为朝气蓬勃的大学生，我对于中国共产党的认识不断加深，入党的动机愈发纯正，加入党组织的欲望也愈发强烈。总的来说，我的成长之路可以说是比较顺利的，虽然我在每个时期都或多或少经历过一些波折，但如今回看起来都是一些小事情，没有经历过什么大风大浪，也没有在重大的人生转折点中经历失败和挫折。但我时刻提醒自己要不断提升面对失败、对抗挫折的能力，向老一辈的无产阶级革命家学习，做到不怕困难、不惧失败、实事求是。

在我的人生道路上，中国共产党始终是我前行时的指路明灯，指引着我不断地朝正确的方向前进。正如习近平总书记所说："只有把人生理想融入国家和民族的事业中，才能最终成就一番事业。"作为新时代新青年，想要实现自己的人生理想，就应当为国家、为民族事业不懈奋斗，而中国共产党便是这一切的有力领导者。我将以身边优秀共产党员为榜样，对照自身不足，不断改正提升。我会抓好主责主业，勤奋学习，敏思好问，让自己的学习成绩往前站，给同学们做出表率；我会积极参加党团活动，端正自己的入党动机；我会认真负责好学生工作，踏踏实实完成每一项任务，服务好同学，不辜负组织信任；我会继续坚持体育锻炼，保证自己拥有良好的体魄，力争为党和人民健康工作一辈子！

2020 年 11 月 20 日

莫忘初心,有始有终

睿信书院　毛著章

本人毛著章,男,汉族,现就读于北京理工大学睿信书院电子信息工程。

我出生于甘肃省金昌市永昌县一个普通的家庭。祖父母、外祖父母都是勤劳、本分的农民;父亲在县供销社上班,是一名党员干部;母亲在县城一所小学任教。父母在自己的岗位上兢兢业业、任劳任怨地工作,使我从小就耳濡目染他们认真严谨的工作作风,知道了一个人不管是做什么事,都必须踏踏实实、认真负责。

2005年秋天,我开始了小学生活。在老师的严格要求、父母的谆谆教导下,我从入学那天起就认真学习、遵守纪律、尊敬老师,与同学和睦相处。戴上红领巾后,我感到无比光荣,进步的信心日益高涨,多次被学校评为优秀少先队员和三好学生。2011年,我以优异的成绩进入中学,新的环境并没有改变我的初衷,我更加勤奋地学习,严格地要求自己,对照身边的榜样,不断寻找差距,完善自我。随着知识的积累和阅历的增长,我渐渐开始了对人生的思考,明白了一个人不光要自己成长、奋斗,还要担负起光荣而重要的家国使命。担任班长期间,在班主任刘老师的指导下,我组织同学们积极参加学校活动和各种竞赛,我们班多次被学校评为先进集体。后来我光荣地加入了共青团,在各种团组织的活动中,我切身体会到了共青团是中国共产党领导的先进青年的群团组织。在这个熔炉里我的思想经受了洗礼,对共产主义思想有了深刻的认识。文化课的学习积累,也使我进一步了解了中国共产党从成立之初到逐渐强大的历史,从内心深处知道了没有共产党就没有新中国,就没有我们幸福的生活。到了高中阶段,尽管学业繁忙,但学校对我们的思想政治教育并没有放松,班主任朱世明老师经常组织我们共青团员参加社会调查和实践活动,我对社会有了一些理性的认识。使命感和忧患意识常常促使我更加努力学习,立志一定要到大学这个广阔的天地中,寻求先进的思想和知识，学有所成后为社会尽一份自己的绵薄之力。在闲暇之余，我还经常读书看报、收听新闻时事，了解国内外大事。我深深地体会到自己生活在一个和平、发展、充满希望的国度里，中国特色社会主义建设的伟大成就，使中华民族这条巨龙再次腾飞起来，使我们每一个中国人扬眉吐气、豪情万丈。当然，也还有许多亟待发展的地方，要实现中华民族的复兴事业、实现美好的中国梦，还需要所有建设者不懈的努力，我们年轻人更是责无旁贷。

2018年金秋，我怀着青春的梦想，信心满满地踏入北京理工大学，开启了我人生新的篇章。这所学校是中国共产党创办的第一所理工科大学，是一所富有国防特色的军工院校。学校始终秉承延安精神的宝贵传统，在长期发展历程中积淀优良办学传统、教育思想观念、校园文化。"德以明理、学以精工"的校训激励着无数有志青年刻苦学习和不懈追求。被学校浓郁的科学氛围和深厚的红色基因深深感染着，我迅速投入紧张而忙碌的学习中，奔波于教室、图书馆、实验室之间。我积极参加校内校外的各种活动，在学术科研、课外竞赛、学生工作、社会实践中历练自己，学会勇于担当、甘于奉献，努力实现将小我融入大我之中，向往着将来学有所成后能担当起建设祖国、造福人民的使命和责任。

北京理工大学培养了许多成就斐然的科技人才和优秀建设者，他们在不同领域辛勤耕耘，不负韶华，任青丝变白发，默默无闻地把自己的青春年华和学识才略奉献给了祖国和人民。这些榜样的力量给了我莫大的鼓舞，成了我人生的指南。我的人生理想和价值追求发生了巨大的变化，我渴望进步，渴望加入中国共产党这个伟大的组织，重塑自己的价值观和世界观，接受人生锤炼，以求实现"天下兴亡，匹夫有责"的担当。在业余时间我阅读了关于党的书籍和文章，加深了自己对共产主义的理解，有了一定的理论知识和素养。我知道了中国共产党是中华人民共和国唯一的执政党，是中国工人阶级的先锋队，代表中国最广大人民的根本利益，始终和广大人民同呼吸、共命运，坚守着"为人民服务"的初心，始终坚持为人民谋求幸福、为民族谋复兴，始终建设自身、强壮自身，永葆创造力、凝聚力和战斗力！

在国庆70周年前夕，我暂别了大学生活，经过严格选拔，到预备役部队方队接受阅兵训练。在这个环境中，我不但经受了身体的锻炼和意志上的考验，也经历了灵魂深处的洗礼。在炎炎烈日下，我每天和战友们一起训练，一起磨砺，高强度的体能训练和高标准的军姿站立，成了我们日常生活的主要部分。为了把排面走整齐，把正步踢好，我强忍身体各个部位的肿胀疼痛，每天晚上脚腕肿得连脱鞋都困难，手上、脚上的伤疤是退了又结，结了又退。可是，这一切并没有使我胆怯，使我退缩，我抛弃了大学生的青涩，把艰辛和委屈深深藏在心底，很快就适应了紧张刻苦的训练，适应了令行禁止的纪律。父母知道我吃了很多苦，非常牵挂，我却反过来安慰他们，劝他们放心。一次，因为擦枪，手上残留的枪油不慎进入我的左眼。过了几天脸部麻木，左眼又肿又痛，无法睁开，医生给我做了个小手术，没有麻醉的疼痛让我苦不堪言，但我硬是坚持了下来。休息了两天，我就摘下纱布，加入训练，汗珠滚下来滴在伤口里，钻心的疼痛，可是训练却一分钟也没有停止过。经过7个月的军营生活，我的身体和思想都发生了巨大的转变，我觉得自己成熟了，内心坚强了，就像一个真正的战士一样，有了军营男儿的铮铮铁骨。

　　凡事莫忘初心，才能有始有终。经过7个月的艰苦训练，2019年10月1日，我和战友们身着戎装，手持钢枪，昂首阔步走过天安门城楼前，接受了祖国和人民的检阅。那一刻，我见证了祖国的强大，我为自己是一个中国人，为自己是预备役部队方队中的一员而感到无上的荣光！

　　这段特殊的经历使我见证了军人的顽强和拼搏，见证了共产党领导的人民军队的威武和雄壮，也真正体会到了我们静好的生活，是因为有他们在负重前行、在无怨无悔地付出。也正是这一段峥嵘岁月，成就了我淬火的青春，坚定了我的理想信念。我明白了一个人活着不能只贪图享受，不能只沉浸在个人的狭小角落里，要站得高，看得远，胸怀天下，把自己的理想和民族的命运联系在一起，把自己的奋斗和社会的发展进步融为一体。为人民服务成为我的人生信条！

　　2018年春天，四川木里森林发生了火灾，30位英雄因为救火牺牲在那里，其中有一位是我的同乡——金昌籍战士孟兆星。在他的笔记本最新一页，这样写道："要弘扬伟大的长征精神，走好今天的长征路，为崇高理想而奋斗……"当时，我从报道上看到这些，心灵受到了强烈的震撼：他和我是同龄人，人生才刚刚开始，但为了国家和人民的利益，他义无反顾，英勇牺牲在了救火现场。我想起了在革命年代、社会主义建设进程中，无数仁人志士为国家、为人民奉献了全部。一切的一切，都使我认识到要成为新时代有责任、有担当的青年人。

在危险和灾难面前，我看到冲在最前面的总是共产党员和人民子弟兵，他们置自己的安危不顾，心系民族大义，护佑苍生黎民。他们向死而生，逆行而上，他们是中国人民和中华民族的先锋队，是新时代最可爱的人！在建设中国特色的社会主义事业中，广大共产党员们披荆斩棘、勇于开拓，为人民谋福祉，为民族谋复兴，始终代表着最广大人民的根本利益。从他们身上，我看到了党的优良传统，看到了党的光辉前程，看到了国家和民族的未来，也更加激发了我加入中国共产党的坚定决心。记得美国的知华派人士、科学家、投资专家罗伯特·库恩博士说："纵览中国共产党的历史，绝对堪称是人类历史上最伟大的故事。"他说，中国人民选择中国共产党、选择社会主义发展模式是符合中国国情及发展需要的。中国共产党不仅带领中国从半殖民地半封建社会走入了繁荣富强的时代，使政治、经济、文化、科技、国防等都走上了发展的快车道，而且在治理国家方面的成就，也为世界其他国家提供了借鉴。作为一个新时代的大学生，我一定要成为马克思主义的信仰者，伟大的中国共产党的追随者，我要向党组织靠拢，投入到党的怀抱。

向党组织递交入党申请书，是我人生历程中最庄严神圣的一件事，但我知道，自己身上还有许多缺点和不足，和先进党员相对照，还有不小的差距。我将会从以下方面入手，努力提高自己的政治修养和思想素质，不断充实自我、完善自我。

一是认真学习党的思想理论。学习习近平新时代中国特色社会主义思想，并作为自己的行动指南。树立共产主义远大理想，关心时事，始终牢记党的根本宗旨，时刻铭记党的光荣历史，发扬优良传统，真正树立共产党员的初心，内化于心、外化于行。

二是认真学习文化知识。既要掌握比较深厚的基础理论和专业知识，还要重视各种能力的培养，养成自主学习的习惯，扎实掌握本专业的前沿知识和技术，为自己以后的工作提供充足的动力储备。

三是生活上崇尚勤俭节约的风尚。作为新时代的大学生，应该树立正确的生活观：生活上不攀比，学习上不落伍。静以修身，俭以养德，厉行节俭生活，提高人生境界！

四是积极参加学院和班级的活动，锻炼自己。在丰富多彩的活动中开拓视野，培养特长，提高自己的组织沟通能力，开放思想，包容交流。

如果组织现在还不能接受我，那就说明我还有很多缺点和不足，我决不气馁，希望学校，希望党组织更加严格地要求我，使我提高认识，尽快缩小差距。我要不断努力，坚持自律，戒骄戒躁，争取早日加入党组织，实现自己的理想！

请党组织在实践中考验我！

2019 年 12 月 1 日

坚定信心，务实笃行

宇航学院　孙云辉

敬爱的党组织：

我叫孙云辉，男，出生于河南省周口市，本科毕业于北京理工大学，现于北京理工大学攻读博士学位。

2002年9月，刚5岁的我进入当地的贾楼小学进行学习。因为上学比较早，我比同届的学生一般都要小一到两岁，这样的情况伴随了我整个的学生生涯。我的小学数学老师宋老师对我影响很大，他以其多年的教学经验，结合生动的课堂氛围，让我对数学产生了极大兴趣，不仅帮我打下了良好的数学基础，也为我以后高中选择学习理科埋下了种子。

2008年，对于中国是特殊的一年，同样也是我最难忘的一年。5月12日，当所有同学正在班里准备上课时，突然被行色匆匆的老师召集到室外，这时我才得知发生了地震的消息。因为我们离震中汶川比较远，所以几乎没有震感，但是回到家，从电视上看到了灾区满目疮痍的景象，我才了解到此次灾害的严重性。地震发生后的第一时间，党中央迅速部署抗震救灾任务，党和国家领导人亲临现场指挥，救援部队迅速响应，克服重重困难，投入灾区救援，救援物资也不断向灾区汇集，社会志愿者冒险自发前往灾区参与协助救援。与死神抗争，和时间赛跑，只要有一丝生命的希望，就付出百分百的努力去挽救。一方有难，八方支援，震区的救援工作牵动着举国上下和海外同胞的心，大家都伸出援助之手，捐款捐物，为救援奉献自己的爱心。灾害无情人有情，地震中，涌现出了一大批感人事迹，有用血肉之躯顶住倾倒的墙壁保护学生的老师，有担心大型器械造成二次伤害而用手清理废墟的战士，有顾不上寻找地震中失联的亲人就投入当地救灾工作的共产党员……这些事迹给我留下了深刻印象，也是从这时起，我逐渐开始懂得了生命的宝贵和意义，看到了人民军队、消防、警察和志愿者在拯救人民于苦难时无私奉献、向死而生的精神，领会了党以人民为中心的执政理念，体会到了身处中国的强大归属感和荣誉感，我知道了我深深地热爱我的祖国。

2008年9月，我进入东王营乡中学开始了初中生活。当时，父亲是我的政治老师。初一的政治课更多的是侧重于学生的心理健康和人格建设，父亲的课可以说使我受益终身。也正是这一年，我了解到我们可以申请加入中国共青团的消息。尽管在那之前我从没有了解过中国共青团，也没有想过自己要入团，但是在班主任为我们讲解了共青团的基本知识之后，我知道了入团可以帮助我成为一个对国家更加有用的人。我的心中燃起了一丝火苗，一个信念开始在心中扎根生长。于是我向班主任表达了想要入团的想法，班主任也积极鼓励我，帮助我完成入团所需要的申请和手续。在拿到团员证的那一刻，我更加坚定了自己要积极向上的决心，在同学中勇当先锋的信念。

初中三年是一个稳定进步的过程。我从刚入学的全校前二十名，到初二成为班里的第一，再到中招考试的全校第一。一路走来，有许多老师给我提供了帮助，他们的耐心教导促成了我的不断进步。我的数理化成绩在学习过程逐渐提升，自己的兴趣也逐渐浓厚，我选择学习理科的道路开始变得明朗，也为现在从事力学研究奠下了基础。我知道要想成为一个合格的共青团员，自己必须保持学习和思想上的进步，因此我时刻以一名优秀共青团员的标准严格要求自己，努力给身边同学起到模范带头作用。我团结周围同学，帮助他们解决学习中遇到的困难；主动抓紧学习进度，争取每一次考试都有提升，为自己的学习负责，这也促成了我学习成绩的稳定上升。我不喜欢把一个人的优秀全部归结于天资聪颖，我认为个人的努力才是最重要的部分。当你在努力前行时，你总是会超越那些走不动、懒得走，甚至退步的人，只有永不停下前进的脚步，才会不断提升。我相信是身为一名共青团员的高要求在支撑着我不断进步，这种高要求到现在仍然在推动着我前行的脚步，是我积极向上的动力源泉。

2011年初中毕业，我以初中全校第一的成绩进入西华一高火箭班学习。这里几乎汇集了这一届西华县绝大多数优秀的学生，而我的成绩在班里只能算是中下游水平，看到身边都是比自己优秀的孩子，初来时心里是有很大落差的。但是我清楚摆在面前的不是困难挫折，而是良好的发展机会，只有在这样的环境里我才能不断突破自己，向更强的自己迈进。在封闭式管理的校园内，我沉下心来认真学习，珍惜学校为我们提供的优秀教育资源，有问题主动找老师或者同学请教，和班里同学的成绩差距逐渐缩小。

高中是从小孩子向大人转变的分水岭，是个人世界观和价值观形成的重要阶段，同时也是个人最迷茫的阶段。我经常会思考自己的价值，思考自己每天努力学习和提高的目的是什么，自己的前方又在哪里。我的父亲教育我说："一个人的价值不体现在他有多少钱，有多大的知名度，而是体现在他是否能被认可，他所创造的东西是否能帮助更多的人解决问题，而你想寻找自己的价值，就要想办法提升自己的能力，这样才能为他人、为国家多创造价值。"这时我也明白了身为共青团员要保持先进性，不单单只是为了提升个人能力和素质，更重要的是要为国家和社会多做贡献。高一下学期文理分科时我坚定地选择了理科，希望今后可以在工程和科学研究方面有更多作为，为国家建设或者基础研究多做贡献，成为对国家有用的栋梁之材，在国家进步和社会发展的进程中不断探寻自己的价值。

我于2014年参加高考，按照河南省历年的招生情况，我当时有几个可以选择的学校，但是我最终确定了北京理工大学作为我的目标学校。因为北京理工大学是中国共产党创办的第一所理工科大学，不仅拥有雄厚的师资力量和科研实力，更重要的是具有很深的军工特色，服务于国家重大战略需求，为国家培育了许多高素质国防科技专业人才，我相信在这里我可以大展身手，圆自己的报国梦。此外，北理工从延安走来，红色基因源远流长，这里能接受到红色教育的熏陶，能和优秀的共产党员更加接近。

当年9月份，我顺利进入北京理工大学力学专业开始本科学习。力学应用很广，许多专业，如机械、土木、建筑、水利、航空航天等，都要以力学作为基础课，因此也被认为是"万金油"专业。而上述专业都是解决国家重要需求、改善人民生活的热门方向，因此我对力学燃起了很大兴趣。我努力学习基础课程，提高专业实力，不仅出色完成了自己的课程学习，同时还帮助身边的同学学习。每学期我都参与班内组织的期末统一复习，给班里同学串讲课程知识点，分析难点和易错点，力争带着所有同学通过课程考试，不落下任何一人。除了专业课程学习，我还接受了思政课教育。在思政课上，我学习了中国共产党的基础知识，了解了中国共产党诞生于那个支离破碎的年代，以先进的马克思主义思想为指导，成立了伟大的中华人民共和国，带领中国走上了社会主义发展道路。在共产党人心中有一个无比宏伟的目标：建立共产主义社会。那是一个没有阶级制度、没有剥削、没有压迫，实现人类自我解放的社会，是所有人都能过上好日子的社会。我不禁对中国共产党产生了向往，希望自己能成为这一优秀集体中的一员，希望自己能以一名光荣党员的身份为建设国家和实现共产主义贡献力量。但我仍担心自己能力不够，达不到党员的标准，所以入党就一直被当作一个神圣的梦想留存在脑海之中。不过我仍在不断努力，提升自己的思想水平，希望有一天能够向党组织郑重递交自己的入党申请书。

大学是一座大熔炉，这里不仅仅是接受高等教育的地方，也是个人心智逐渐成熟的地方。我认识到提升个人能力不是只追求优秀的学习成绩那么简单，更重要的是个人的综合素质。大一伊始，我报名参加了学校的绿风志愿者协会，加入了手语部学习手语，并参与手语宣传活动。在闲暇时间，我也会跟随公益部前往社区做志愿活动，或去学校旁边的希望小学参与支教活动。在志愿活动中，我体会到了服务他人的快乐，同时个人的社交能力也得到了锻炼。在这里，我不仅遇到了许多值得交心的朋友，也结识了能力很强的学长学姐，我时刻要求自己向他们看齐，不管说话做事都谨慎思考，努力成为像他们一样优秀的人。大二时，我有幸被选为手语部的副部长，参与日常的手语教学和活动策划组织。在那之前，我只是作为一个参与者在部长的带领下积极活跃在各项活动中。但是成为副部长后，我突然发觉自己肩膀上压了担子。我要对我的部员负责，不仅要带领他们开展日常活动，完成部门职能，更重要的是希望他们能在这里得到充分的锻炼。彼时的我刚满 18 岁，但我相信组织的判断和对我的信任，我必须尽我所能做到最好。我积极团结部员，尽管自己是个比较内向的人，但仍主动和部员聊天、交朋友，鼓励大家参与活动，在活动中联络大家的感情。同时我也关注部员们的学习和生活，帮助他们解决学习中遇到的问题，就生活中遇到的困惑给出有参考价值的建议。在志愿者协会成员的帮助和自己的努力下，我完成了许多任务，实现了自我突破，在这里的两年，我不仅得到了很多锻炼机会，同时也提升了自信心。

2018 年大学毕业，我获得了保研资格，选择继续留在北京理工大学直博，师从刘青泉教授攻读流体力学方向博士学位。进入博士研究生阶段，开启了新征程，这时的我的思想已逐渐成熟，个人能力有了极大提高，对自己的人生道路和理想也有了初步的认识。我知道我们党和国家的发展急需具备出色本领的高素质人才、掌握前沿科技的研究型人才、能为国家建设建言献策的智慧型人才，而博士研究生恰恰是将学生培养成为这样人才的关键一步。博士入学后，我在2018年10月9日正式提交了入党申请书。我积极参与党支部组织的各项活动，向优秀的党员同志看齐，主动学习党的理论知识，及时总结学习心得。经过院党课和校党课的学习，我进一步提升了理论水平和对中国共产党的认识。作为一名入党积极分子，我时刻注意个人言行，争当先锋模范，以身作则，给周围同学树立榜样；时刻牢记党和人民的利益高于一切，不计较个人得失，甘愿无私奉献；坚定不移听党话、跟党走，将党的最高理想同个人理想结合起来，将共产主义作为毕生追求。

我十分喜欢《钢铁是怎样炼成的》中主人公保尔·柯察金说的一句话："一个人的生命应当这样度过：当他回首往事的时候，不因虚度年华而悔恨，也不因碌碌无为而羞愧。"在今后的岁月里，我希望我能够继续成长和进步，脚踏实地，为我钟爱的国家和人民奉献自己的力量，在国家进步和人民生活幸福安康中创造自己的人生价值。

2020年9月19日